La société des eaux cachées du Saïss

Peter Lang

Bruxelles · Bern · Berlin · New York · Oxford · Wien

Rhoda Fofack-Garcia

La société des eaux cachées du Saïss

Ethnographie d'un basculement hydro-technique

EcoPolis
Vol. 35

Cette publication a fait l'objet d'une évaluation par les pairs.

Cet ouvrage a été financé par le Laboratoire dynamiques sociales et recompositions sociales du CNRS (UMR 7533 LADYSS) et par l'Unité mixte de recherche Gestion de l'Eau, Acteurs, Usages (UMR G-EAU) du CIRAD.

Image de couverture: Puits équipé d'une pompe à axe vertical, plaine du Saïss, juin 2015. (c) Rhoda Fofack-Garcia.

Éditions scientifiques internationales
Bruxelles, 2021
1 avenue Maurice, B-1050 Bruxelles, Belgique
www.peterlang.com ; brussels@peterlang.com

ISSN 1377-7238
ISBN 978-2-8076-1400-0
ePDF 978-2-8076-1401-7
ePub 978-2-8076-1402-4
DOI 10.3726/b18150
D/2021/5678/11

Information bibliographique publiée par « Die Deutsche Bibliothek »

« Die Deutsche Bibliothek » répertorie cette publication dans la « Deutsche Nationalbibliografie » ; les données bibliographiques détaillées sont disponibles sur le site <http://dnb.ddb.de>.

Remerciements

Tous mes remerciements à Jean-Paul Billaud, Marcel Kuper et Olivier Petit pour m'avoir accompagnée dans la réalisation de cet ouvrage. Je les remercie pour la générosité, la finesse et la précision avec laquelle ils ont été attentifs à mon travail, de m'avoir à la fois ouvert la voie et suivie dans mes pérégrinations marocaines.

Cet ouvrage a été conçu dans le cadre du projet « Groundwater ARENA » (CEP S 9/11) financé par l'Agence Nationale de la Recherche (ANR), lequel s'inscrit dans le réseau de recherche SIRMA. Merci à l'ensemble de ce collectif interdisciplinaire pour nos échanges réguliers et pour les partages d'expériences. Merci à Fatah Ameur, Hassan Abdelaoui, Mohamed El Amrani, Mostapha Errahj, Nicolas Faysse, Hassan Quarouch, Christian Leduc, Caroline Lejars, Sylvain Massuel, Lhassan Bekkari et Jeanne Riaux.

Je remercie Madeleine Akrich, Rémi Barbier, Zhour Bouzidi, Patrick Caron et Marc Mormont pour leurs critiques constructives sur une version antérieure de ce travail, et qui m'ont encouragée à le publier. Merci également, pour leurs conseils et remarques avisés, les relecteurs anonymes de la collection Ecopolis des éditions Peter Lang, ainsi qu'à Xavier Arnauld de Sartre pour le suivi scientifique de cette publication.

En tout premier lieu, merci aux protagonistes principaux de cet ouvrage, artisans, agriculteurs, gestionnaires et acteurs politiques, qui m'ont de bon gré accordé du temps, et donné sens à cette recherche.

Préface

Le titre de cet ouvrage invite au dévoilement. Les « eaux cachées », selon cette belle dénomination d'une nappe souterraine par un érudit du début du XIe siècle, les mettre en lumière suppose une quête d'une autre nature que celle auxquelles nous ont habitué les nombreux travaux sur les eaux de surface, en particulier ceux portant sur les périmètres irrigués. Ceux-ci mettent plutôt en avant la notion de « communauté », renvoyant à la figure idéale où la ressource est au fondement même d'un collectif humain. En effet, l'eau est alors un objet-frontière avec ses ayant-droit, ses règles partagées ou transgressées. Ces « communautés de l'eau » ne vont évidemment pas de soi, mais elles sont repérables à partir du moment où un système technique construit et borne des interdépendances comme c'est le cas dans un périmètre irrigué. Rien de tout cela ici, dans ce que la littérature désigne par la Groundwater Economy : des nappes d'eau souterraine invisibles, un système technique atomisé (puits et forages) qui fonde et encourage un rapport individualisé à la ressource, là où les interdépendances dans un périmètre irrigué à partir des eaux de surface sont immédiates comme entre un amont et un aval, comme entre voisins liés par la simple circulation de l'eau. La question n'est donc pas : à quelle communauté de l'eau a-t-on affaire (de fait, elle ne peut pas se donner à voir), mais quels types d'assemblage du social sont générés à partir du moment où un travail de mise en visibilité est en cours ?

Tout est en effet affaire de mise en visibilité. Les acteurs de terrain, publics comme privés, y participent, avec leurs instruments de mesure de la ressource, par l'intermédiaire des règles de droit ou par le contrôle qu'ils exercent, par leurs discours d'alerte sur un possible épuisement de la nappe, et, parmi eux, en tout premier lieu les agriculteurs qui donnent corps (dans une logique minière ou patrimoniale, avec une expérience ou non de la limite dans les stratégies de forage) à une ressource et consacrent son utilité. Mais l'originalité de l'observation de Rhoda Fofack-Garcia est qu'elle se soit portée aussi sur tous ces intermédiaires qui jalonnent, par leurs équipements et leurs compétences, le processus de mise en visibilité. Puisatiers, sourciers, foreurs, venant d'horizons divers et sans frontières, au plus près du geste technique d'extraction de la ressource. Mais aussi, et surtout, ce monde de l'artisanat que sont ces petits garages qui constituent dans leurs imbrications ce qu'elle nomme la « salle des machines », monde complexe qui, sous son apparence « traditionnelle », innove, bricole, s'adapte pour répondre à des situations jamais stabilisées. Soit une belle illustration de ce que les sociologues nomment un « réseau socio-technique » fait d'agencements complexes entre des hommes, des techniques et une ressource. L'observation est fine et précise, d'inspiration ethnographique, appuyée sur une présence de nombreux mois sur le terrain et sur près de 150 entretiens attentifs aux trajectoires des individus et à leurs expériences personnelles.

Mais tout se joue aussi dans l'appropriation de cette mise en visibilité par un collectif soucieux de transformer le devenir de l'aquifère en préoccupation commune. L'aquifère a-t-elle son porte-parole ? L'ouvrage de Rhoda Fofack-Garcia pose de ce point de vue une question d'une actualité brûlante à l'aune de nos enjeux climatiques et de biodiversité : comment rendre compte d'une dérive collective qui fait que chacun, malgré l'expérience croissante de la baisse du niveau de la nappe, concourt à son épuisement ? On pourrait y voir une « tragédie des communs » assez classique mais rien n'est moins simple. L'histoire longue de l'usage de la ressource en eau dans la plaine du Saïss, telle qu'elle nous est restituée ici, montre bien que l'expérience de la limite en fait partie. Depuis le pastoralisme jusqu'à l'agriculture pluviale, puis depuis la généralisation des puits jusqu'à celle, contemporaine car assimilée à une nécessaire modernisation, des forages, pénurie et abondance se succèdent dans les perceptions comme dans les imaginaires mais sans jamais totalement s'effacer. Une telle tension entre la limite et l'inépuisable parcourt cette société minière consciente de la finitude de la ressource mais entraînée collectivement vers une issue où seule l'option individuelle s'impose. C'est le recours à la mobilité une fois le « filon » épuisé, tout au moins pour ceux qui n'ont pas d'attachement particulier à cette plaine et qui sont plus sensibles aux appels du capital qu'à ceux de la terre. La « solidarité technique », faite des interactions et des interdépendances sociales générées par les objets permettant l'exploitation d'une nappe, souterraine, après l'épuisement de la nappe superficielle, n'implique donc pas une conscience commune, en l'occurrence la conscience d'un destin partagé lié à l'exploitation de la ressource, et donc à sa finitude. S'il y a expérience d'un commun, c'est au travers du partage d'apprentissages cognitifs et pratiques dans l'innovation incrémentale qui anime un microcosme allant du garage à la parcelle irriguée. Mais force est de reconnaître que la régulation de ce « monde des eaux souterraines » est entièrement tributaire du marché, renforcée en cela par les options majeures de l'État avec le Plan Maroc Vert, et qu'aucun « collectif pertinent » n'est en émergence à partir de cette « solidarité technique ».

Reste une appréhension possible de cette délicate question au travers de la convocation dans l'analyse de cette institution tutélaire qu'est le bazar dans l'espace marocain, si bien étudiée par Geertz. Peut-elle constituer une matrice d'interprétation de ce « social » que construit l'exploitation des eaux souterraines ? Il ne s'agit ici que d'une intuition qui mérite d'être confortée mais qui laisse entendre que les valeurs et normes sociales qui régissent les échanges au sein du bazar – la parole donnée, la droiture, la confiance – ont constitué des ressources et des vecteurs pour rendre possible la construction d'un monde capable de s'approprier les « eaux cachées ». Une telle plasticité accordée aux structures héritées, dans leur confrontation avec la dynamique du capitalisme, n'est pas une surprise si l'on se rappelle les travaux de Paul Pascon qui, au travers de son concept de « société composite », analysait les modalités et les conséquences d'un tissage entre les modes de production anciens (tribal, caïdal, makhzanien, patriarcal) et notre modernité issue de la domination du capitalisme. Cet ouvrage vient en cela enrichir la réflexion sur la sociologie du Maroc.

Pour terminer, je voudrais saluer ce que représente ce travail dans le parcours de Rhoda Fofack-Garcia. Tiré d'une thèse universitaire que j'ai eu le plaisir de diriger, il est aussi le fruit d'une collaboration entre Marcel Kuper (Cirad), Olivier Petit (Université d'Artois) et moi, exemplaire d'une démarche interdisciplinaire où compétences et amitié ont fait leur œuvre. Mais il est également l'aboutissement du parcours multiculturel de Rhoda Fofack-Garcia qui, d'origine camerounaise, a d'abord étudié le droit international au Cameroun, puis la science politique, la sociologie et l'économie politique à Sciences Po Lille, pour s'approprier *in fine* la démarche sociologique sur un terrain marocain. Un parcours d'une grande ouverture intellectuelle dont témoigne ce bel ouvrage qui mérite toute attention.

Jean-Paul Billaud
CNRS

Table des matières

Introduction générale

En 1017, Mohammad Al Karagi publiait un traité intitulé « *La civilisation des eaux cachées. Traité sur l'exploitation des eaux souterraines* ». Il s'agissait déjà d'une étude novatrice et pionnière sur la compréhension des pratiques et usages des eaux souterraines chez les populations vivant dans des zones sèches, arides et semi-arides, et dont l'existence est intimement liée à l'accès à ces eaux souterraines (Al Karagi, 1017 [1973])[1]. Cet écrit illustre le fait que la question des « eaux cachées » est une très vieille problématique. Cependant, elle fait référence à une ligne temporelle remarquable : inscrite dans l'histoire, cette question s'insère avec acuité dans les grands débats actuels. Partant d'un questionnement complètement réactivé par le contexte actuel de changement climatique, les enjeux liés aux eaux souterraines et à leur gestion prennent une envergure certes déjà présente, mais qui va devenir de plus en plus forte. Tandis que la demande en eau (tous usages confondus : domestiques, industriels et agricoles) augmente d'environ 1 % par an[2], la prise de conscience sociale et politique de l'épuisement des ressources se construit progressivement. Au fil des décennies, sous le prisme de l'urgence climatique, le statut écologique des nappes dans diverses régions du globe a émergé dans un agenda commun international, remettant ainsi la question des eaux cachées au centre des réflexions relatives à leur gestion, et aux solutions dont cette gestion pourrait s'enrichir. C'est dans ce contexte historique et international que s'inscrit cet ouvrage sur les eaux cachées.

En matière de gouvernance, plusieurs solutions visant à éviter, réduire ou compenser les pressions sur les eaux souterraines ont été proposées. Certaines solutions se concentrent sur les acteurs, leurs institutions (formelles ou informelles) en questionnant notamment les pratiques liées à l'eau et les interactions sociales qui en découlent. D'autres solutions privilégient l'analyse des cadres normatifs dans lesquels les acteurs évoluent

---

1 Al Karagi M., 1017 [1973]. La civilisation des eaux cachées. Traité sur l'exploitation des eaux souterraines [Texte établi, traduit et commenté par Mazaheri Aly], Institut d'études et de recherches interethniques et interculturelles (Études préliminaires-IDERIC, vol. 6), Nice.

2 Unesco, 2018. Rapport mondial sur l'eau 2018 « Les solutions fondées sur la nature ».

et qui influencent leurs manières d'agir et de se représenter ces ressources. Enfin, on rencontre de plus en plus de solutions qui mettent plutôt l'accent sur la ressource proprement dite. Celles-ci visent à instrumenter les processus écologiques (bio-géo-chimiques) pour optimiser l'utilisation de l'eau tout en en réduisant les externalités. C'est dans ce cadre que s'inscrit l'approche par les services écosystémiques, qui constitue un des principaux axes de la gouvernance mondiale actuelle de l'eau qui tend à valoriser les *« solutions fondées sur la nature »* (Unesco, 2018).

Les diverses solutions préconisées sont riches d'enseignements pour la gestion durable des eaux souterraines. Cependant, en insistant sur les inventaires des mécanismes d'action ou sur leurs mises en œuvre, elles se concentrent sur des aspects visibles (la ressource en elle-même, les acteurs) et n'abordent qu'en surface la question des eaux cachées. Le travail conduit dans cet ouvrage vise une dimension moins visible, mais pourtant déterminante de la manière d'utiliser ou gérer les eaux cachées : il s'agit du socle social qui guide, oriente, explique et éclaire les mécanismes et processus sociaux qui se déploient autour de l'exploitation des eaux souterraines.

Cet ouvrage est conçu comme une réponse sociologique à la problématique des eaux cachées. Il s'adresse à une communauté scientifique – de l'eau au sens large – au sein de laquelle la question du sens social construit dans des interactions eaux-sociétés, est encore peu explorée. Précisément, l'objectif de l'ouvrage est de comprendre la nature du social qui se construit à partir de – en même temps qu'elle façonne – l'exploitation des eaux souterraines. Au cœur des eaux cachées, l'ouvrage interroge le type d'assemblages du social généré – tout en y contribuant – par la dynamique d'exploitation des ressources en eaux souterraines. Sur un cas de figure particulier, celui de l'aquifère du Saïss au Maroc, il tente de cerner ce que peut être ou ce qui se joue dans une société qui se construit à partir des eaux souterraines : quel type de société cette activité d'extraction minière fait-elle émerger ? L'enjeu sous-jacent à un tel questionnement est double : un enjeu de mise en visibilité des ressources en eaux, cachées dans l'aquifère ; et une mise en visibilité d'un « commun » social sur des ressources pourtant fortement privatisées.

Entre nature et sociétés, les techniques jouent un rôle de premier plan dans cette entreprise de mise en visibilité, bien que souvent occultées, tant l'attention est portée sur leur finalité qui est de trouver l'eau. Ici cependant, les objets techniques sont à la fois le point d'entrée et le fil conducteur de la recherche. Objets intermédiaires incontournables pour l'extraction des eaux souterraines, les puits, forages, moteurs et pompes contribuent pourtant à circonscrire aussi bien le type de ressources exploitables (nappe phréatique ou nappe profonde) que les collectifs qui se font, se défont, se mêlent et se reconstituent autour de ces objets sociotechniques.

Loin d'être anecdotique, le cas d'étude du Saïss au Maroc permet de se rendre compte à quel point la problématique des eaux cachées fait désormais écho dans plusieurs régions du monde, quel que soit le degré de développement technologique de la société concernée. Les résultats présentés dans cet ouvrage forment une proposition de cadrage des éléments fondamentaux caractéristiques d'une société des eaux cachées, par définition celle dont le développement est basé sur l'exploitation des ressources en eaux souterraines. Pour résumer, cinq points fondamentaux permettent aujourd'hui de qualifier une société des eaux cachées.

- Premièrement, c'est l'existence d'un basculement de mondes socio-écologiques (marqué par le passage d'une exploitation des eaux phréatiques à celles des eaux profondes) et sociotechniques (marqué par le changement de techniques opératoires).
- On y observe, deuxièmement, l'émergence d'une véritable société minière dont l'ensemble des activités contribue à accélérer l'état d'épuisement des ressources en eau.
- Troisièmement, une telle société repose essentiellement sur les concepteurs des techniques, leurs capacités d'innovation technique et d'adaptation à des contraintes structurelles d'accès aux ressources. Par leur dynamisme, ils façonnent de nouvelles formes d'interdépendances socio-politiques.
- Quatrièmement, la structure et le fonctionnement de ces interdépendances étant fortement liés au contexte socio-culturel, on assiste au Maghreb à la naissance d'un système d'échanges réactivant les principes du *bazar* traditionnel pour s'insérer dans le capitalisme actuel.
- Enfin, c'est le soutien ambigu des politiques publiques tantôt incitatives tantôt plus mesurées vis-à-vis des innovations techniques et des mondes qu'elles font émerger.

L'ouvrage aborde une question de portée générale, qui vaut pour toutes les situations où des ressources en eau (souterraines et de surface) sont mises à l'épreuve d'un « basculement » *a priori* d'origine économique, lequel passe par des innovations techniques et la nécessaire recomposition des représentations et des rapports sociaux à ces ressources. Le parti a été pris de documenter les trajectoires et bifurcations de trois unités d'analyse : l'aquifère, les acteurs et les objets techniques, considérant avec la même attention les produits de leurs interactions croisées.

En somme, les principaux cadres théoriques qui jalonnent les chapitres de l'ouvrage sont convoqués pour renforcer et orienter les enquêtes, en incitant à prêter attention et à mettre en lumière sous un angle différent, le traitement d'un problème d'environnement par divers acteurs privés et publics : la baisse des niveaux des eaux souterraines. L'ouvrage articule ces cadres théoriques et méthodologiques pour mener deux réflexions complémentaires. D'une part, comprendre comment la recherche de solutions à ce problème environnemental contribue à tisser de nouveaux liens sur l'aquifère, entendu comme un espace investi par des réseaux d'acteurs, et marqué par des usages et des pratiques nouveaux. D'autre part, comprendre dans quelle mesure cette quête de solutions révèle dans le même temps *« de nouveaux champs de relation et d'organisation qui débordent des cadres traditionnels de l'action* (Billaud, 2012 : 110).

En dépit de singularités très marquées dans les processus d'appropriation des eaux souterraines, l'aquifère constituerait un territoire au sein duquel les acteurs (agriculteurs, vendeurs et artisans de moteurs et pompes) partagent un même objectif (l'accès aux nappes phréatique et/ou profonde), et constituent collectivement des ressources matérielles et immatérielles afin de réaliser cet objectif. Un objectif d'abord, qui est sans cesse réévalué en fonction des perceptions des niveaux des nappes afin d'assurer la continuité des pompages dans un contexte de déclin structurel des niveaux piézométriques. La problématique environnementale ici présente implique pour les acteurs de rechercher continuellement de nouvelles solutions techniques adaptées à l'évolution des besoins. Ensuite, il existe une diversité de profils d'usagers, de fonctions et d'échelles, une diversité de situations agronomiques, qui appellent à des solutions adaptées à chaque cas. Enfin, les objets techniques deviennent des objets-frontières qui, de par leur structure et leur mode de fonctionnement, rendent inévitables le croisement des individualités et la constitution de chaînes d'action entre acteurs hétéroclites. Toutefois, les objets techniques, les acteurs et leurs objectifs, et même l'aquifère, tous ont évolué et se sont transformés à mesure que le niveau de la nappe phréatique diminuait et qu'il fallait désormais avoir accès aux eaux souterraines profondes.

Le passage aux eaux souterraines profondes marque le début de l'âge d'or de ces pompages dans la plaine du Saïss. Les techniques se perfectionnent, les savoirs et connaissances qui les sous-tendent changent avec l'arrivée de nouvelles formes d'expertise, et surtout, la dynamique des acteurs et des réseaux s'élargit sur les plans socio-territorial, économique et politique. On assiste alors à un basculement décisif dans les usages des nappes, produit des conditions environnementales, sociales et techniques, et dont les contours restent à clarifier. Néanmoins, un trait spécifique de ce basculement est son mode opératoire. En effet, il se caractérise par une transition technique dans les modes de pompage : des puits qui captent les eaux superficielles de la nappe phréatique aux forages qui atteignent les eaux profondes de la nappe captive.

À l'analyse donc, ce sont moins les modes d'exploitation de l'aquifère qui sont déterminants pour traiter de l'existence d'un territoire de l'aquifère comme lieu d'ancrage d'une activité et de ses composantes matérielles et immatérielles. Serait plutôt décisive la dynamique d'interactions qui a conduit à la mutation de ces modes. Cette dynamique met en exergue les mécanismes de co-construction et de co-évolution de l'aquifère, en tant qu'objet naturel, des techniques et des acteurs qui l'exploitent. Au terme de ces prolégomènes, détaillons avec précision le problème qui se pose à travers la recherche d'un territoire de l'aquifère.

1. Le problème qui invite à une problématique et ses hypothèses

De l'étude pionnière de Al Karagi (Al Karagi, 1017 [1973]), on peut tirer trois grands enseignements :

- (1) l'accès aux eaux souterraines repose sur des techniques et savoirs très anciens, mais aussi aux formes très diversifiées, car chaque peuple décrit et saisit la nature selon des repères et des moyens qui lui sont tantôt propres, tantôt inspirés d'autres peuples ;
- (2) la compréhension de la structure duale de certaines aquifères remontes à plusieurs siècles, l'écoulement inégal de l'eau des puits qui captent les eaux superficielles. Une instabilité qui tranche avec l'abondance des forages captant les ressources des nappes profondes, ou autrement dit : d'*« une mer souterraine d'eau douce [...], cette réserve providentielle, invariable et intarissable »* (Al Karagi, 1017 [1973] : 147) ;

– (3) l'usage des métaphores sur le corps humain pour représenter le fonctionnement de l'aquifère ainsi que sa vulnérabilité à l'épuisement est fréquent. Les cours d'eaux souterraines qui s'infiltrent dans « *les veines du sol* » d'où puits et forages aspirent l'eau comme une aiguille qui prélèvent du sang du corps humain.

Le Saïss contemporain partage plusieurs points communs avec la « civilisation » décrite par Al Karagi. Néanmoins, la pratique de l'irrigation à partir des eaux souterraines y est plus récente (début du XXe siècle). Depuis les années 1980, toute l'économie régionale est progressivement devenue dépendante de la disponibilité de ces ressources. Ce qui explique les rencontres faites, dans le cadre de cette étude, d'un nombre important d'acteurs, d'objets, techniques et expertises dans le champ de l'exploitation des eaux souterraines. Tous se déploient dans des systèmes d'interactions qui se font, se défont et se reconstituent autour de ces objets qui pompent dans les nappes. Les objets configurent ainsi des collectifs humains et font apparaître des formes d'« *assemblages du social* » (Latour, 2006) qui co-évoluent en même temps qu'eux. Alors, quel type d'assemblages du social est généré – tout en y contribuant – par la dynamique d'exploitation des ressources en eau souterraine ? En d'autres termes et en référence à la « civilisation » de Al Karagi, quel type de « société » l'exploitation des eaux souterraines fait-elle émerger dans le Saïss ? Comment la caractériser et qualifier les enjeux (nouveaux et anciens) qu'elle porte ? Si évolution dans le niveau des aquifères et des techniques il y aurait eu, toute fin appelle à s'interroger sur l'existant, sur ce qui se construit dans la réalité sociale, étant donné que les interactions continuent de se développer.

À partir de cette problématique, plusieurs hypothèses ont orienté la façon d'élaborer l'analyse qui va suivre.

En premier lieu, c'est l'hypothèse de l'émergence dans le Saïss de « mondes sociaux » (Strauss, 1978 [1992]) liée à l'exploitation des eaux souterraines. Des mondes qui possèdent leurs propres ressorts techniques, sociaux, politiques et économiques ainsi qu'un ensemble de médiations qui font que cet aquifère (socialement parlant) existe. L'accent mis sur l'existence sociale de l'aquifère tient au fait que ces eaux souterraines sont invisibles pour ses usagers. Une invisibilité physiologique inhérente à la constitution et à l'émergence souterraines de ce type de ressource (Ruf et Margat, 2014), et qui est renforcée par l'invisibilité des « canaux » qui la mènent à la surface. Les puits et forages qui caractérisent au premier plan ces mondes sont bien distincts, aussi bien dans leurs formes, leurs manières de rendre visibles les eaux souterraines, et, de surcroît, font appel à savoirs pratiques distincts. Le type de « société » qui se constitue autour de l'exploitation de cette ressource amène aussi à considérer comment l'eau souterraine a été rendue visible.

En deuxième lieu, on est en face d'un monde en mouvement qui se décompose et se recompose dans un rythme qui permet d'en suivre l'évolution. D'une part, les mécanismes d'existence du monde nouveau se traduisent par l'arrivée de nouveaux acteurs tandis que d'autres sont éjectés (ou marginalisés). Mais ces processus d'inclusion/exclusion, analysés dans l'action doivent être saisis, compte tenu du caractère d'invisibilité des eaux souterraines, en suivant un objet technique. Présents sur la parcelle et au cœur des pratiques d'exploitation des eaux souterraines profondes, les moteurs de pompage représentent, c'est du moins notre choix, l'objet technique idéal pour analyser ces mécanismes. L'exposé ci-dessous du cheminement qui a conduit l'étude à ce constat permet de comprendre pourquoi et comment le choix des moteurs de pompage s'est imposé. D'autre part, l'évolution de l'aquifère est susceptible d'entraîner un déclassement d'un monde premier, celui des eaux souterraines superficielles, par un autre monde qui porte la marque des eaux souterraines profondes. La société des eaux cachées du Saïss serait façonnée par une dynamique de destruction créatrice où un nouveau monde se construit sur un monde en déclin. Quels sont alors les éléments de rupture, de transformation ?

La troisième hypothèse est celle d'un basculement des valeurs dans les représentations et les pratiques d'exploitation des eaux souterraines : des valeurs liées à la gestion de la pénurie vers des valeurs d'abondance. Dans le premier cas, celui de la pénurie, les usages s'adaptent à la non-disponibilité permanente des eaux souterraines superficielles des puits (la nappe phréatique). En fonction du débit du puits et de son rendement, les eaux souterraines superficielles viennent souvent en complément des eaux de pluie et sur des petites superficies. Dans le second cas, les techniques d'accès aux eaux souterraines profondes comme les forages, font disparaître l'obligation de sobriété. Ces eaux souterraines profondes longtemps restées hors de portée supportent si bien le rythme effréné des pompages qu'elles semblent inépuisables, comme le postulait déjà El Karagi. Si ce basculement de la pénurie à l'abondance crée un monde nouveau, de quel type de monde s'agit-il ? Existe-t-il dans ce nouveau monde un sentiment de partage d'un sort commun ? La répartition des agriculteurs entre l'un ou l'autre monde montre les inégalités de profils et de situations. D'une part, les nouveaux investisseurs, propriétaires, locataires ou associés qui continuent d'arriver dans la région depuis la libéralisation en 2006–2007 de l'accès aux terres des coopératives, tous attirés par l'abondance qu'offre le nouveau monde et capables de s'y maintenir. Ils pompent sans mesure dans l'aquifère : les locataires par exemple occupent 10 % de la superficie, mais consomment environ le tiers des volumes d'eau pompés (Ameur et al., 2017). D'autre part, les agriculteurs des hameaux plus modestes (du point de vue financier, de la taille de leurs exploitations agricoles et du type de culture pratiquée) qui ont développé un *habitus* de la gestion de la pénurie avec l'usage des points, et qui ont plus de difficultés à s'insérer dans le nouveau monde des forages. Comment qualifier la nature des relations entre agriculteurs d'abord, étant donné la diversité des situations ? Qu'en est-il ensuite des artisans dont les techniques et les objets accompagnent cette transition et comment caractériser leurs relations avec les agriculteurs ? Enfin, outre ces acteurs privés, comment l'action publique se positionne-t-elle vis-à-vis de cette dynamique de basculement ?

En tout état de cause, la problématique et les hypothèses ci-dessus énoncées sont le résultat d'un cheminement et d'une immersion sur le terrain, que l'étude a circonscrit en identifiant trois catégories de lieux d'enquêtes : les territoires ruraux, les centres urbains et les administrations publiques.

2. Les terrains de l'étude : des territoires ruraux aux acteurs publics

La plaine du Saïss dispose d'un système aquifère comportant une nappe phréatique et une nappe profonde. Elle s'étend sur une superficie de 2 200 km² au nord du Maroc (cf. carte 1). Il est délimité au nord par le massif du Rif (vers la ville de Fès) et au sud par la chaîne des Causses du Moyen Atlas (Meknès). Au Maroc, l'irrigation privée couvre une superficie de 1 458 160 hectares, avec 42% de cette superficie irriguée grâce aux pompages dans les aquifères (Kuper et al., 2016). Cette irrigation privée concerne majoritairement trois types de cultures : l'arboriculture et les vignes, le maraîchage (oignons, pommes de terre) et les fourrages (maïs, bersim, luzerne). En 2005, les prélèvements de l'irrigation privée étaient évalués à 158 Mm³/an dont 153 Mm³/an provenaient de l'aquifère du Saïss (Agence de bassin, 2008).

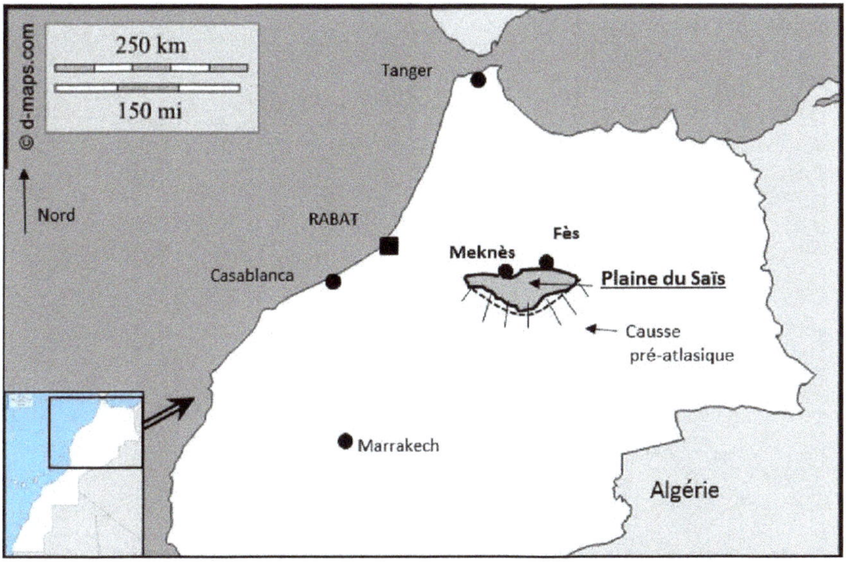

Carte 1: *Localisation de la plaine du Saïss au nord du Maroc.*
Source : Dugué et *al.*, 2015, p 88.

Les enquêtes se sont d'abord déroulées auprès de trois territoires ruraux de la plaine du Saïss. Elles se sont ensuite prolongées vers les centres urbains où se concentrent les échanges et lieux de passage entre les villages de la plaine, entre ces territoires ruraux et l'extérieur (notamment les grandes agglomérations du pays). Les enquêtes ont enfin concerné les acteurs publics, parmi les plus impliqués dans la gouvernance des eaux souterraines de l'aquifère. Chaque terrain est présenté en détail dans les paragraphes ci-dessous.

Trois territoires ruraux et une diversité de profils sociographiques

Afin d'examiner plus spécifiquement l'évolution technique en matière de pompage, des enquêtes ont été menées auprès des trois territoires agricoles représentés sur la carte 2 ci-dessous :

- deux coopératives de la réforme agraire
- un ensemble de 5 *douars* (villages)

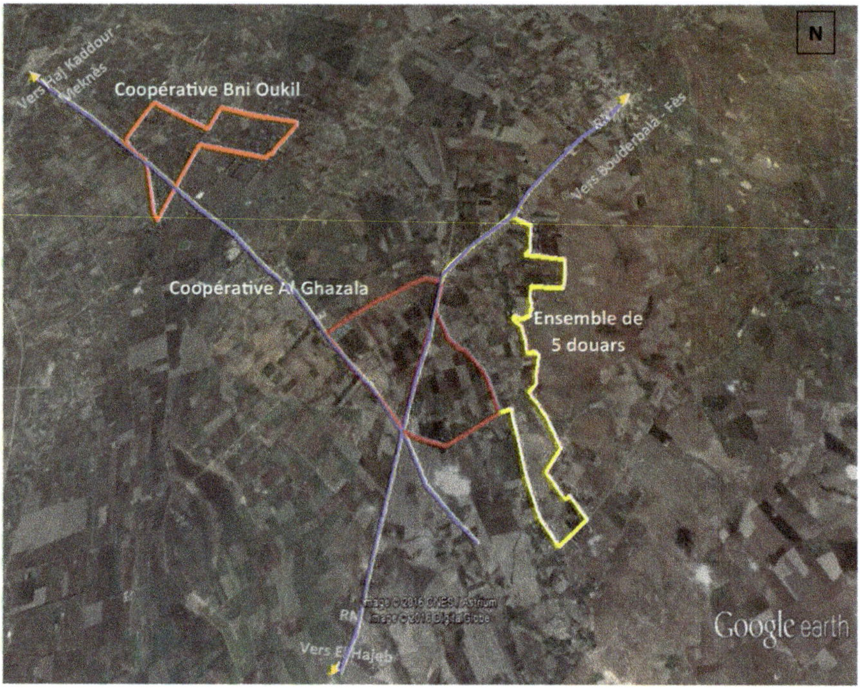

Carte 2: *Localisation des zones d'étude (fond de carte : Google Earth, 2016).*

Les deux premiers territoires ruraux sont constitués par d'anciennes coopératives de la réforme agraire : la coopérative Bni Oukil et la coopérative Al Ghazala, d'une surface agricole utile (SAU) respectivement de 378,74 et 434,79 hectares. Après l'indépendance, l'État marocain entreprend la récupération des terres coloniales et leur redistribution partielle aux agriculteurs marocains. Au sein des coopératives ainsi créées, c'est l'État qui encadre et contrôle la production agricole (Pascon, 1978 ; Kuper et al., 2008). Ce dernier aurait donc, par hypothèse, influencé l'introduction et la diffusion de certaines techniques de pompage auprès des agriculteurs. De nos jours, ce sont des exploitations agricoles de taille moyenne à grande, avec 71% d'entre elles supérieures à 5 hectares, (cf. graphique 1), mises en valeur par de nouveaux arrivants (investisseurs et locataires) qui privilégient des cultures à haute valeur ajoutée (arboriculture fruitière, maraîchage) et une irrigation intensive, à tel point qu'ils représentent 33 % des prélèvements sur l'aquifère (Ameur et al, 2017).

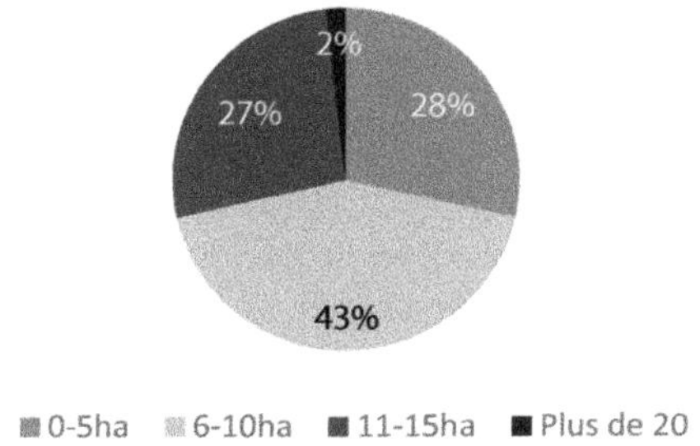

Graphique 1: *Taille des exploitations agricoles dans les coopératives au moment des enquêtes en 2014 et 2015.*

Depuis la dissolution du statut juridique des coopératives (Banque mondiale, 2008) et la libéralisation de l'accès à ces terres foncières (voir pour détail, le Chapitre 2 de l'ouvrage), de nouveaux investisseurs se sont installés, au point où près de la moitié des exploitations agricoles sur ces territoires appartient à ces nouveaux investisseurs (cf. Graphique 2) :

Le troisième territoire rural investigué est le *douar* Aït Daoud. Ce *douar* est formé par un conglomérat de cinq petits hameaux s'étalant sur une SAU d'environ 500 ha. Les hameaux au Nord (Aït Hssine, Bou Samsed et Aït Msallem) possèdent les terres les plus cultivées (arboriculture, maraîchage, céréales et légumineuses). C'est aussi à cet endroit que le nombre de puits et de forages est le plus élevé sur l'ensemble des

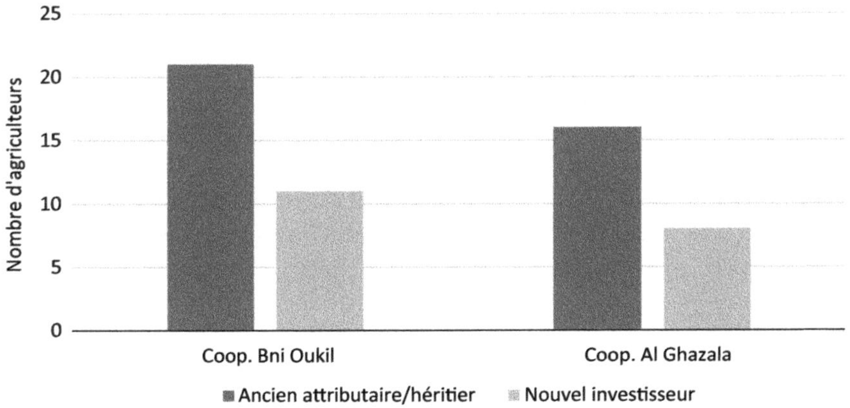

Graphique 2: *De nouveaux investisseurs prennent d'assaut les terres des coopératives.*

cinq hameaux. À la différence des terres des coopératives, les douars sont constitués de terres privées « *melk* »[3] et donc ouverts à toute forme de transaction commerciale. C'est ainsi que la propriété foncière y est très morcelée (cf. graphique 3) : plus des trois quarts de ces terres possèdent des superficies inférieures à cinq hectares. Parmi elles, 56% ont une superficie comprise entre zéro et deux hectares tandis que 22% s'étendent sur une superficie comprise entre trois et quatre hectares. Au-delà de cinq hectares, les terres sont principalement exploitées par les nouveaux arrivants/investisseurs installés à partir des années 1990.

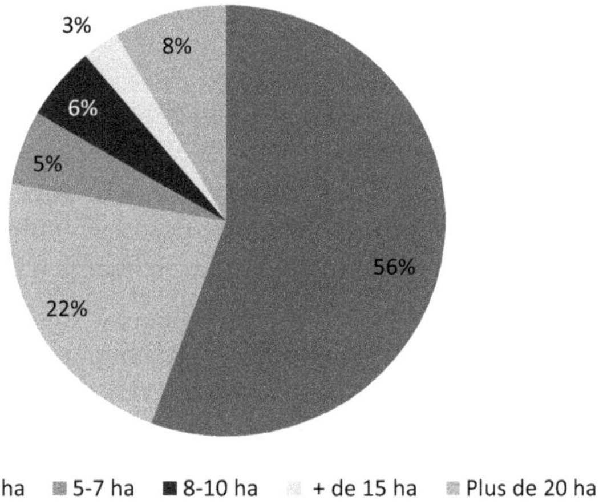

Graphique 3: *Prépondérance des petites exploitations agricoles dans le douar Aït Daoud.*

Plus on va vers le Sud (les hameaux Aït Haqqi et Aït Rigou) moins forte est la pression foncière, parce qu'on rencontre les terres rocailleuses et non dépierrées, laissées en friche ou utilisées pour les pâturages. Si elles peuvent être exploitées, le régime juridique spécifique des terres dites collectives d'Aït Haqqi est un frein à l'achat et/ou à l'investissement. En effet, les terres collectives appartiennent à une tribu et sont gérées par le ministère de l'Intérieur. Leur mode d'administration est complexe, mais quand elles sont fertiles, il permet à des investisseurs de souscrire à des baux emphytéotiques. Aït Rigou est un hameau encore plus modeste

3 Statut des terres privées sur lesquelles l'agriculteur dispose de la propriété entière, à la différence des terres de la coopérative agraire où, à l'origine, il ne bénéficiait que de l'usufruit.

qui s'est constitué autour d'une ancienne résidence coloniale. Les habitants du hameau occupent cet espace sans véritable droit de propriété. Ils n'y ont installé que leurs maisons et comme à Aït Haqqi, ce sont principalement des ouvriers agricoles qui vivent de l'élevage extensif. Ils constituent surtout une main-d'œuvre pour les terres des villages et coopératives alentour.

À l'intérieur de ce conglomérat de hameaux que constitue le douar Aït Daoud, c'est dans un premier temps l'examen des trajectoires des petits agriculteurs qui est visé pour deux raisons principales. D'une part, ils n'ont pas bénéficié d'un soutien étatique aussi important que dans le cas des agriculteurs des anciennes coopératives. D'autre part, les faibles investissements sur les techniques de pompage sont souvent représentatifs des modestes superficies qu'ils exploitent. Est-ce à dire que le type d'objets de pompages et les réseaux qu'ils privilégient sont différents de ceux des coopératives ou même de ceux qu'utilisent les nouveaux investisseurs ? Les investisseurs ont des moyens financiers plus importants ainsi que des ressources relationnelles qui ne se confinent ni à la communauté du douar et à son voisinage proche, ni à l'espace géographique du Saïss. De fait, le comportement des nouveaux investisseurs serait le même, que ceux-ci se soient installés dans un douar ou sur les terres d'une ancienne coopérative. Quels impacts ont-ils eus alors sur la diffusion de techniques de pompage, l'introduction de nouveaux acteurs et compétences dans ces milieux ? Enfin, qu'est-ce que l'implantation de ces nouveaux agriculteurs change dans les rapports des agriculteurs à l'eau souterraine ?

Au terme de ces enquêtes, ce sont 66 exploitations agricoles qui ont été enquêtées, pour un total de 91 entretiens ouverts et semi-directifs avec les agriculteurs. Ils sont répartis comme suit dans le tableau 1 ci-dessous.

3. Les centres urbains et municipalités du Saïss : pôles d'échanges entre espaces ruraux et lieux privilégiés d'ouverture vers l'extérieur

Le deuxième type de terrain investigué pour cette étude est constitué des principaux centres urbains situés dans les provinces du Saïss. Il s'agit de municipalités plus ou moins importantes, lieux de passage obligé pour les habitants des communes rurales. Ce sont des pôles d'activité économique qui concentrent l'activité commerciale locale et régionale (marchés journaliers et hebdomadaires). C'est aussi par les centres urbains

Tableau 1: Répartition des entretiens ouverts et semi-directifs sur les territoires ruraux de l'étude.

Effectif	Douar Aït Daoud	Coopérative Al Ghazala	Coopérative Bni Oukil	Total
Exploitations agricoles enquêtées	*23*	*24*	*19*	*66*
Agriculteurs enquêtés	*35*	*33*	*23*	*91*

que transitent les échanges avec les grandes agglomérations du pays, car le réseau routier et l'offre de transports (bus, grands taxis collectifs, petits taxis) se sont en priorité développés à partir des sites où ils sont installés. Ainsi sont-ils devenus des pivots dans le développement de l'activité de fabrication-vente des moteurs d'extraction des eaux souterraines et de ravitaillement en divers objets de pompage. Ces municipalités sont donc très importantes en termes d'échanges de services, de circulations de biens et de personnes. Elles sont au nombre de sept, de l'ouest vers l'est de la plaine du Saïss (cf. carte 3) : Meknès, Boufakrane, El Hajeb, Haj Kaddour, Sebaa Ayoune, Bouderbala et Aïn Taoujdate.

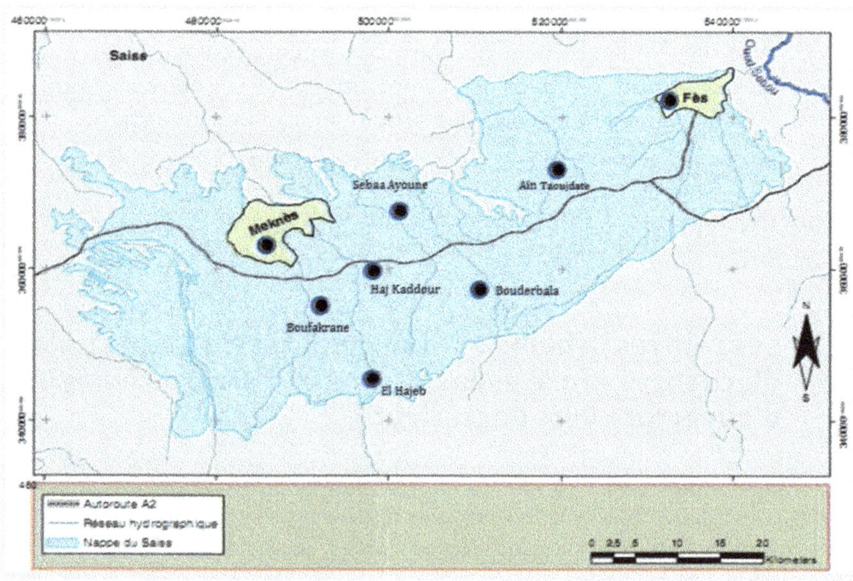

Carte 3: *Localisation des principaux centres urbains sur l'aquifère du Saïss*
Fond de carte : Agence de bassin.

La municipalité de Meknès a un statut particulier, car elle représente avec celle de Fès l'une des plus grandes agglomérations de la région du Saïss (Haut-Commissariat au Plan, 2015). Meknès est un centre agricole par excellence bien ancré dans l'histoire du pays avec l'établissement du Salon international de l'agriculture qui fait suite à la «foire» pendant le protectorat; la présence d'un pôle de formation agricole avec l'École nationale d'agriculture et l'École d'horticulture. À l'opposé, Fès est plus connue pour son artisanat et sa culture (Troin, 2002). En raison de sa position stratégique à proximité des ports méditerranéens du Nord du pays qui assurent la liaison maritime avec l'Europe et disposant d'un réseau routier pour les échanges vers l'Afrique subsaharienne, l'importance économique de Meknès est aussi bien régionale qu'internationale. Son rayonnement rejaillit auprès des communes urbaines et rurales qui jouxtent la ville, car son marché de ravitaillement en divers matériaux de pompage est l'un des plus dynamiques du Saïss. On peut le constater à l'étalement du marché sur une zone industrielle propre (cf. photo 1), le nombre d'ateliers et la très grande diversité des fournitures proposées.

Photo 1: *Zone industrielle de Meknès, au]ssi appelée «Meknès la ferraille». 2014.*

Situé à environ 17 km au sud de Meknès, le centre urbain de Boufakrane compte une population de 12941 habitants. Comme pour tous les centres urbains qui sont présentés ici, cette population est à dominance rurale, et le secteur rural concentre environ 60 % du taux d'activité de la région[4]. Plus au sud à près de 14 km de Boufakrane, le centre urbain d'El Hajeb est situé sur la frontière de l'aquifère qui le sépare des causses du Moyen Atlas. Si la municipalité recense 35282 habitants, El Hajeb est aussi le centre administratif d'une province qui compte jusqu'à 12 communes rurales pour une population totale de plus de 180000 habitants[5]. Pour toutes les procédures légales ayant trait à l'activité agricole (telles que les demandes de subventions) et qui ne dépendent pas de la compétence des délégations régionales de Meknès et Fès, c'est à El Hajeb que les agriculteurs de tous les centres urbains environnants doivent se rendre. D'ailleurs, mis à part quelques bureaux de poste, des services d'électricité et d'eau potable, ainsi que l'omniprésent Caïdat, peu de services publics sont présents dans ces centres qui se développent principalement sur la base de l'initiative privée. Ainsi, avec seulement 7907 et 6508 habitants respectivement, les centres urbains de Bouderbala et Haj Kaddour abritent surtout des ateliers d'artisans, des bâtiments de commerce et d'habitation. Sensiblement à équidistance d'El Hajeb, Bouderbala (à 18 km) et Haj Kaddour (à 22 km) abritent des marchés très dynamiques systématiquement fréquentés par les villages avoisinants. Les trois-quarts des récits de vie des artisans ont été recueillis dans ces deux centres urbains. À 10 km au nord de Haj Kaddour, le centre urbain de Sebaa Ayoune avec ses 26277 habitants s'étale sur une grande superficie de 20 km² (en comparaison, El Hajeb n'en compte que 17, Aïn Taoujdate 18), mais le secteur de la vente des moteurs de pompage y est moins développé. Enfin, c'est à Aïn Taoujdate situé à 16 km de Bouderbala que se termine l'étude des centres urbains de la plaine. Aïn Taoujdate et ses 28288 habitants sont le centre urbain le plus important à l'est de la plaine (sur les plans administratif et démographique) avant la grande agglomération de Fès. Face à l'étalement urbain qui continue, des « zones » de commerce des moteurs se dessinent peu à peu dans les quartiers de la municipalité.

---

4 Direction générale des collectivités locales – Ministère de l'Intérieur, 2015. Monographie de la région de Fès-Meknès, 57 pages.

5 Direction Provinciale de l'Agriculture d'El Hajeb, *Monographie de la Province d'El Hajeb.*

Par ces descriptions, on peut se rendre compte qu'en plus d'être des centres urbains de proximité pour les populations rurales, leur proximité géographique les uns par rapport aux autres est un facteur déterminant qui joue en faveur du développement des activités liées à l'extraction des eaux souterraines. Comme on le verra par la suite (chapitres 2 et 3 de l'ouvrage), les avantages de cette double proximité se traduisent notamment en termes de fluidité des circulations à la fois des objets techniques, des acteurs, et de l'information. En définitive, ce sont au total 40 interviews qui ont été réalisées dans ces centres urbains, suivant la répartition donnée dans le tableau 2 ci-après.

Tableau 2: Nombre d'entretiens réalisés dans les centres urbains du Saïss.

Centre urbain	Meknès La ferraille	Boufakrane	El Hajeb	Bouderbala	Haj Kaddour	Sebaa Ayoune	Aïn Taoujdate	Total
Nombre d'entretiens réalisés	3	2	1	9	18	2	4	**40**

Après s'être focalisées sur les acteurs privés, les enquêtes se sont tournées vers les acteurs publics et les principales institutions impliquées dans la gouvernance des eaux souterraines du Saïss.

4. Vers les acteurs publics impliqués dans la gouvernance des eaux souterraines : rôles, discours et rhétoriques

Il n'eut pas été pertinent de conduire cette étude sans inclure les acteurs publics impliqués dans la gouvernance des eaux de l'aquifère du Saïss. Si l'État semble relativement absent dans les zones rurales agricoles, ses services déconcentrés y sont quant à eux bien visibles (Fofack et al., 2015). Quatre acteurs publics ont en priorité été concernés par cette étude : l'Agence de bassin hydraulique du Sebou localisée à Fès (ABHS, ci-après Agence de bassin), le ministère de l'Agriculture avec notamment sa direction régionale à Meknès (DRA), le ministère de l'Intérieur, et un acteur inattendu l'Office national d'électricité. Comment se positionnent-ils vis-à-vis de l'extraction des eaux souterraines et de ses modes, quel rôle jouent-ils et comment accompagnent-ils, ou pas, les collectifs qui exploitent l'aquifère ?

4.1 L'Agence de bassin ou comment ralentir le rythme d'exploitation de l'aquifère

Juridiquement créée en 1995 par la loi 10/95 sur l'eau, l'Agence de bassin est présentée comme une innovation institutionnelle d'un État « *aménageur libéral* » (Del Vecchio et Mayaux, 2017). Lorsqu'elle est mise en place en 2002, l'Agence de bassin incarne la volonté de l'État d'appliquer le modèle de la Gestion intégrée des ressources en eau (GIRE), dans un contexte où acteurs publics et privés sont confrontés à la nécessité de répartir des réserves en diminution, afin de répondre aux demandes toujours plus grandes (GWP, 2000 ; Petit, 2009).

Le discours et les enjeux que l'Agence de bassin va dès lors porter sont centrés sur la sauvegarde des eaux de l'aquifère. En 2011, les diagnostics qu'elle établit sur l'état des ressources en eau pointent du doigt « *un gaspillage considérable* » (Agence de bassin, 2011 : 5) de l'offre en eau, majoritairement par le secteur agricole. Vis-à-vis de l'activité agricole, le message est clair : ralentir les rythmes d'exploitation et de pompage, car l'irrigation privée concentrerait 78 % des prélèvements directs dans l'aquifère, contribuant à creuser le déficit annuel de 100 Mm^3 que celui-ci accuse (Agence de bassin, 2011). Dans ce sens, l'un des premiers plans d'action de l'Agence de bassin fut d'instaurer une obligation d'autorisation préalable au creusement de tous les puits et forages, assortie d'une obligation de régularisation de tous les ouvrages déjà creusés[6]. C'est dans ce contexte que se construit la rhétorique de la « surexploitation » des eaux souterraines, matérialisée par un graphique montrant la baisse du niveau de l'aquifère sur la base de relevés piézométriques effectués à Haj Kaddour (cf. graphique 9, chapitre 2, section 3.1.). Cette rhétorique sert à légitimer l'action d'une Agence pas toujours bien perçue par les usagers agricoles, car représentant un obstacle à leur développement.

Outre les autorisations, le plan d'action de l'Agence de bassin prévoit de mettre en place un contrat de nappe entre les différents acteurs et

---

6 Décret du 4 février 1998 sur les procédures d'octroi des autorisations et concessions du domaine public hydraulique, abrogé et remplacé par le décret du janvier 2009 relatif au même objet.

usagers de la nappe (Del Vecchio et Mayaux, 2017). Lancé en 2010 à l'initiative de l'Agence de bassin, le contrat de nappe est un l'instrument de gestion des eaux souterraines également préconisé par le modèle participatif, intégré et systémique, prôné par la GIRE. Il s'agit en réalité d'un processus qui dès son démarrage n'a pas suscité beaucoup d'engouement de la part de la plupart des acteurs institutionnels et privés impliqués (du monde agricole, du secteur de l'eau potable, de l'industrie). Son élaboration a par ailleurs cristallisé des frustrations chez les représentants des Chambres d'agriculture s'estimant lésés dans le processus de consultation (Fofack, 2012).

En tout état de cause, le processus d'élaboration du contrat de nappe entamé, la réponse concertée au déficit hydrique de l'aquifère préconisée par les acteurs présents, ont été orientés vers l'augmentation de l'offre en eau, à contre-courant de la volonté de l'Agence de bassin de réduire ladite offre. Si l'on considère que dans le secteur de l'eau au Maroc, plus de la moitié du budget d'investissement (soit 68,8 %) est consacré au développement de l'offre en eau, l'issue de la concertation autour du contrat de nappe ne peut surprendre. L'État finance ainsi, selon une longue tradition de gouvernance hydrique, la construction de grands barrages et de retenues collinaires ou encore des programmes de recharges artificielles de l'aquifère (Del Vecchio, 2013). Dans le bassin hydraulique du Sebou où se situe la plaine du Saïss, le barrage de M'Dez en cours de construction sur l'*Oued* (rivière) Sebou illustre bien la continuité de la tradition étatique qui relègue de fait l'Agence de bassin dans les marges de son action publique globale. Du côté de l'Agence de bassin précisément, uniquement 21 % de son budget relève de la gestion et la protection des eaux souterraines, l'essentiel de son budget étant assigné, sinon au fonctionnement, à des projets d'amélioration des systèmes d'irrigation. On le verra dans le chapitre 2, ces éléments de contexte sont importants pour comprendre la configuration de l'échiquier politique et la progressive mise à l'écart de l'Agence de bassin perçue comme un frein au développement agro-économique.

4.2 Le ministère de l'Agriculture et la rhétorique de l'efficience de l'irrigation

Le ministère de l'Agriculture est l'organe central d'élaboration et de mise en œuvre de la politique agricole nationale que le Plan Maroc Vert (PMV) adopté en 2008 incarne. C'est la nouvelle stratégie agricole du Maroc pour dynamiser ce secteur d'activité et le rendre plus compétitif au plan national et international. Cette stratégie repose sur deux piliers : le Pilier I qui vise le développement «*agressif*» (PMV, Bilan 2008–2011) d'une agriculture intensive, compétitive et privilégiant des cultures à haute valeur ajoutée ; le Pilier II pour la mise à niveau d'une «petite agriculture» encore peu rentable et aux techniques à moderniser.

Pour accompagner/provoquer les différents types de (re) conversion souhaités pour l'un et l'autre pilier, le PMV mobilise d'importants investissements financiers, qui s'élèvent selon les projections du ministère de l'Agriculture à 110–150 milliards de Dirhams[7] sur dix ans (horizon 2020). Ces investissements alimentent le Fonds de développement agricole (FDA), un dense catalogue recensant le régime des aides financières accordées par l'État chaque année aux agriculteurs (l'objet et le montant de ces aides, les conditions d'accès).

Avec l'aide de ses services déconcentrés (Directions régionales et provinciales, Centres de mise en valeur agricole), le ministère de l'agriculture agit essentiellement pour identifier les besoins en eau d'irrigation à satisfaire et les aménagements hydro-agricoles permettant d'y répondre, ou encore pour orienter les actions de développement du potentiel agricole exploitable et suivre l'évolution de ce potentiel. Dans cette optique, il s'intéresse aux études et diagnostics réalisés sur l'aquifère, qu'ils émanent de ses propres services ou de l'Agence de bassin. L'un des derniers diagnostics utilisés par la DRA de Meknès-Fès fait état d'un déficit au niveau de tous les bassins versants à l'horizon 2020[8]. En réponse à cet état des lieux défavorable, la reconversion des cultures au goutte-à-goutte et l'augmentation des aménagements hydro-agricoles sont présentées comme des solutions alternatives, en attendant la réalisation d'une solution à plus long terme prônée par un transfert des eaux d'un barrage de M'Dez pour la recharge de l'aquifère. Ainsi, si l'Agence de bassin et le ministère de l'Agriculture déploient chacun leurs expertises sur l'aquifère, avec des résultats parfois concordants (tous s'accordent sur la baisse des niveaux piézométriques), leurs visées et stratégies d'adaptation peuvent être complètement opposées.

Le ministère de l'Agriculture utilise également une rhétorique d'économie et d'efficience des eaux souterraines pour l'irrigation. Ce qui justifie selon lui (outre le fait d'établir lui aussi des diagnostics hydriques),

---

7 1 Euro = environ 11 Dirhams (Dh) au 04/08/2017.

8 Diagnostic des ressources en eau, région de Meknès-Fès, disponible sur http://www.ada.gov.ma/web/ambitions?region=8 (consulté le 14/11/16).

son rôle de porte-parole de l'aquifère, au même titre que l'Agence de bassin. Cette rhétorique avait fondé la mise en place en 2007, un an avant l'adoption du PMV, du Programme national d'économie d'eau et d'irrigation (PNEEI) et la promotion du goutte-à-goutte (Benouniche, 2014). En 2012, le ministère de l'Agriculture estime à 49 677 hectares la Surface agricole utile irriguée dans le Saïss, sur une superficie totale de 200 000 hectares. Sur cette SAU irriguée, environ 45 000 hectares le sont à partir des pompages dans les nappes phréatique et profonde. Le programme d'action et les objectifs assignés aux différents plans agricoles régionaux incluent ainsi en priorité la reconversion et/ou l'équipement des exploitations agricoles en système d'irrigation goutte-à-goutte. Dans la région de Meknès, ce sont 19 781 exploitations supplémentaires qui ont été équipées au goutte-à-goutte entre 2008 et 2014, équivalant ainsi à 105 % des objectifs visés en 2020 (ministère de l'Agriculture, 2015). Pour l'horizon 2020, l'objectif est désormais d'équiper en plus 18 800 exploitations agricoles.

4.3 Le ministère de l'Intérieur – une société des eaux cachées sous surveillance ?

Loin *a priori* des dynamiques d'exploitation des eaux souterraines, le ministère de l'Intérieur est le gardien de l'ordre public et de la paix sociale. Au sein de ces collectivités territoriales locales, il est représenté par trois organes généralement situés à l'échelle de chaque Cercle, sachant qu'un Cercle étend sa compétence simultanément sur plusieurs communes rurales. Suivant l'organigramme du ministère, ces organes sont : le *Caïdat*, la police nationale et/ou la gendarmerie nationale. Dans les faits, le ministère de l'Intérieur n'assure pas uniquement ses missions de gardien de l'ordre public, il joue aussi un rôle de police vis-à-vis de tous les acteurs privés qui gravitent autour de l'exploitation des eaux souterraines. Des trois organes ci-dessus cités, c'est le *Caïdat* qui assure cette surveillance et peut faire appel à la police ou à la gendarmerie pour exécuter sa mission. Il est craint de la population, car il est le symbole de l'État, perçu dans ses prérogatives de puissance publique et sa capacité de répression. Il intervient en dernier ressort pour régler les problèmes d'ordre public et peut à ce titre déclencher des actions coercitives à l'égard des contrevenants, soit en prononçant des sanctions, soit en faisant intervenir les forces de police et/ou de gendarmerie. Le Caïdat est sans doute le premier relais de l'État dans les zones rurales, même les plus reculées. Souvent considéré comme le premier « espion » de l'État, il est difficile en milieu rural d'échapper à sa vigilance. Aucun entretien formel n'a pu être réalisé avec le Caïdat (qui observe plus que l'on ne le voit), mais grâce à des rencontres fortuites et le récit des expériences de tous les autres acteurs enquêtés, mais aussi à la faveur d'une convocation par cette autorité, l'étude parvient à caractériser son rôle et sa posture au sein des processus d'extraction minière qui nous intéressent.

Ainsi, agriculteurs, puisatiers et foreurs, artisans et commerçants, tous sont sous la surveillance du *Caïdat* et sont susceptibles de faire l'objet de ses contrôles : contrôle des autorisations des puits et forages, de la régularité administrative des ouvrages, des puisatiers et foreurs; contrôle de la circulation des moteurs et pompes qui sont vendus dans les centres urbains, importés d'Europe ou transportés par des revendeurs locaux à bord de camionnettes/fourgons; contrôle des ateliers de transit de ces moteurs et de la licéité de l'activité des artisans. En somme, le *Caïdat* a une vision panoramique des activités agricoles et commerciales ainsi que des mobilités sur son territoire. Il contraint donc, dans une mesure certaine, les comportements et stratégies de déploiement des acteurs et de leurs réseaux.

4.4 L'Office national de l'électricité : une montée en puissance progressive

L'étude s'est aussi intéressée à un autre acteur public, moins influent *a priori* dans les processus d'accès aux eaux souterraines, mais qui s'est révélé incontournable pour les agriculteurs qui utilisent un mode de pompage électrique : il s'agit de l'Office national de l'électricité (ONE). L'ONE est le premier interlocuteur de l'agriculteur qui souhaite utiliser le réseau électrique pour pomper dans l'aquifère. L'ONE réglemente cet accès aux eaux souterraines dès la formulation du projet de branchement électrique par l'agriculteur, et pendant toute la durée de vie des équipements de pompage électrique. Avec le statut d'établissement public placé sous la tutelle administrative du ministère des Travaux publics, l'ONE est considéré ici comme acteur public, même s'il est en réalité une délégation de service public[9]. La rencontre avec l'ONE s'est faite dans

---

9 Cf. Dahir du 5 août 1963 portant création de l'Office national de l'électricité; la loi du 29 septembre 2011 relative à l'Office national de l'électricité et de l'eau potable " O.N.E.E. " et la loi n° 54-05 relative à la gestion déléguée des services publics.

les centres urbains du Saïss précédemment présentés. Si certaines représentations locales de l'ONE se limitent à des guichets de règlement des factures électriques (Bouderbala, Haj Kaddour), les autres sont de véritables centres techniques et administratifs. Le travail auprès de l'ONE a nécessité un matériau d'enquêtes plus dense que pour les autres acteurs publics (cf. Tableau 3 récapitulatif) déjà relativement connus, car ses niveaux d'interventions et ses points de contact avec le monde agricole restaient à clarifier. *In fine,* l'étude s'attèle à comprendre si l'action de cet acteur public s'articule, ou pas, au sein d'un réseau sociotechnique, et comment?

Tableau 3: Nombre d'entretiens réalisés auprès des acteurs publics.

	Agence de bassin	**Ministère de l'Agriculture**	**Ministère de l'Intérieur**	**Office national de l'électricité**
Entretiens réalisés	2	3	-	5

En définitive, la présentation des terrains de l'étude apporte des éléments de cadrage et de contexte nécessaires à la compréhension des stratégies (publiques, privées ou hybrides) d'acteurs et usagers de l'aquifère qui tentent de résoudre le problème de l'accès aux eaux cachées de cet aquifère. Pour eux (acteurs et usagers), la solution à ce problème est technique. Les objets techniques, objets-frontières et médiateurs socio-naturels, représentent donc des socles matériels et palpables de multiples interactions sociales sur un territoire où l'exploitation des eaux souterraines est perçue essentiellement privative et individuelle. Avancer le postulat de l'existence d'un commun socio-territorial pour l'exploitation des eaux souterraines a du sens, et peut constituer le point de départ d'une réflexion plus poussée sur les rapports nature-hommes-techniques. Il ne reste plus qu'à disséquer sur quels ressorts ce commun se/s'est construit, sur quels enjeux, et à comprendre comment de manière globale il reconfigure la société du Saïss.

5. Déroulé du plan de l'ouvrage

Le traitement du programme de recherche proposé dans le présent ouvrage est le fruit d'un cheminement profondément inductif guidé par les principes et le «*style*»[10] propres à la *Grounded Theory* (Strauss, 1978 [1992] ; Glaser and Strauss, 1967; Baszanger, 1992), puis retranscrit à la faveur de quatre chapitres qui font la rencontre simultanée de l'aquifère, des acteurs et des objets, mais aussi des uns à travers les autres.

Le premier chapitre pose les bases de la discussion grâce à une mise en situation historique du Saïss. Ce premier chapitre remonte «aux origines de la société des eaux cachées» en montrant que le basculement en question s'est opéré : par le biais des objets techniques, d'une expertise locale distribuée et des contextes en transition. Puis, on comprend que ce basculement des eaux souterraines superficielles aux eaux profondes, symbolisé par le passage des puits aux forages, n'est pas seulement technique. En effet, il a entraîné, tout en en étant lui-même le produit, la formation de deux «mondes sociaux» (Chapitre 1) aux langages et registres distincts (Strauss, 1978 [1992]).

En matière d'exploitation des eaux souterraines, les opérations de construction des puits et des forages étant indissociables des opérations d'extraction et de pompage, le deuxième chapitre de l'ouvrage met l'accent sur les moteurs et pompes d'extraction dont l'évolution a accompagné le passage au nouveau monde des forages. D'une ethnographie des objets techniques à l'analyse des réseaux sociotechniques, ce deuxième chapitre dévoile ainsi un nouvel aspect de la société des eaux cachées qui est matérialisée grâce à la présence des réseaux sociotechniques. Alors que l'initiative privée semble dominer, on voit que l'action publique joue un rôle important dans la manière dont se déploient ces réseaux, acteurs et objets. Le chapitre trois met les artisans à l'honneur en regardant, de l'intérieur, la structure de leurs rapports interpersonnels et interprofessionnels. Il décrypte le langage, les objectifs, et les limites du monde des eaux souterraines profondes tel qu'il est vécu/vu par les artisans, examine les relations entre eux, ainsi que leurs interactions avec les agriculteurs. Pour parvenir à de tels résultats, ce chapitre trois a suivi un objet en particulier parmi les divers types de moteurs de pompage recyclés. Il s'agit du moteur de la marque «Renault 25» qui concentre les interactions les plus variées socialement, culturellement, géographiquement.

Il apparaît important ici de justifier la focale que l'étude met sur les artisans et les moteurs de pompage recyclés. Pourquoi consacrer autant d'espace et d'analyses à cette catégorie d'acteurs et d'objets? Simplement parce qu'ils mettent en évidence et rendent visibles des

---

[10] Pour reprendre l'expression d'Isabelle Baszanger (1992).

réalités peu ou pas perçues sans leur médiation. En effet, en suivant les moteurs et leurs artisans, il est premièrement possible de croiser la plupart des interactions qui se construisent via d'autres objets de pompage. Deuxièmement, de par leur structure et leur mode d'existence, les réseaux sociotechniques ont établi une véritable « salle des machines » (Chapitre 2) qui fait tourner toute l'économie locale. Comment parvient-elle à impulser des dynamiques d'extraction à toute une autre série de sujets, et comment se maintient-elle malgré les contraintes auxquelles elle fait face ? Enfin, si l'envergure des acteurs privés est aussi importante dans cette économie locale pourtant très informelle, les politiques publiques ont toutefois un rôle structurant. L'analyse du rôle de l'État met en exergue son positionnement ambigu, encourageant certains segments de cette économie locale en tentant d'évincer ceux qui ne répondent pas toujours à ses standards de développement agro-économique. Si on a identifié la « salle des machines » comme étant le moteur de l'économie agricole régionale, quel est à son tour, son propre moteur ? En tout état de cause, comprendre les logiques et la structure internes (Chapitre 3) de cette « salle des machines », c'est toucher du doigt et amorcer une théorie sur le type de société qui se configure avec et à travers elle. Tel est tout le sens de cet ouvrage.

Pour clore cette recherche, la conclusion revient sur le postulat de départ, lié à l'invisibilité des eaux cachées, pour définir et clarifier ce qu'il faut entendre par « société des eaux cachées » : sa définition, ses modes de structuration et de fonctionnement ainsi que les enjeux d'hybridation qui alimentent ses recompositions.

Chapitre 1

Aux origines de la société des eaux cachées

Introduction du chapitre

Le Maroc est un pays dont l'économie agricole est devenue fortement tributaire de l'exploitation des ressources en eaux souterraines. Celles-ci représentent 20 % du potentiel hydraulique mobilisable eu égard les possibilités techniques et matérielles actuelles (ministère de l'Agriculture, 2017). Mais elles s'épuisent sous la pression combinée des usages divers et des conjonctures climatiques défavorables (succession de périodes de sécheresse conjoncturelles, faiblesse du taux des précipitations qui selon le Haut-Commissariat au Plan [2007] a chuté de 35 % au cours de ces 30 dernières années). La dépendance de plus en plus grande de l'irrigation vis-à-vis de ces eaux souterraines – en 2012, elles irriguent 42 % de la superficie irriguée au Maroc (Kuper et al., 2016) – justifie et explique que leur prise en charge ou la définition du modèle qui doit accompagner cette prise en charge soit devenue une question placée au cœur des politiques et débats publics depuis quelques décennies (Del Vecchio et Mayaux, 2017). L'aquifère du Saïss en particulier est situé dans une région où le développement agricole était largement basé sur l'agriculture pluviale (vignes, céréales). Le peu d'irrigation dans la région a été basé sur les eaux de surface pendant plusieurs siècles (pour lesquelles de nombreuses études ont été menées). L'exploitation des eaux souterraines y est certes récente, mais celles-ci sont devenues en l'espace de trois décennies le pilier quasi exclusif du développement agricole régional, comme ailleurs dans le monde, en particulier dans des pays à climat semi-aride (Méditerranée, Asie du Sud, Amérique du Nord et Latine, etc.). Certes, l'agriculture n'est pas le seul secteur économique à s'appuyer sur les eaux souterraines, lesquelles fournissent aussi, selon le ministère de l'Eau, 90 % de l'alimentation en eau potable dans les zones rurales. Il reste que l'agriculture prélève 87 % des eaux souterraines, contre seulement 10 % pour l'alimentation en eau potable dans le pays. Dans la plaine du Saïss spécifiquement, 91 % des terres irriguées, soit environ 45 000 hectares, le sont à partir des eaux souterraines (ministère de l'Agriculture, 2012).

Ayant dans un premier temps puisé dans les eaux de la nappe phréatique, l'expansion agricole vers des cultures à haute valeur ajoutée a, entre autres facteurs, favorisé l'intérêt pour les eaux de la nappe profonde.

La région du Saïss est une zone rurale dont la situation géographique lui accorde un statut particulier. À la fois arrière-pays des anciennes villes impériales de Meknès et Fès, et zone d'extension des populations du Moyen Atlas (les Bni M'tir), cette position a influencé les diverses phases de développement agraire qu'elle a connues. Dans ce processus de développement, et à l'image de nombreux milieux agricoles du pays (Pascon, 1978), l'irrigation a joué un rôle central dans l'évolution des modes de production locaux, en particulier depuis les 40 dernières années. Historiquement constituée de terres d'élevage et de pastoralisme, puis de cultures pluviales (vignes, céréaliculture), la plaine est devenue un véritable pôle d'agriculture intensive grâce à ses ressources en eau souterraine. L'essor de l'activité agricole y est donc indissociable de la question de savoir comment on exploite et surtout, comment on gère cette source d'eau épuisable. L'objectif de ce chapitre est de présenter les principales transformations successives qui ont marqué l'histoire de ce territoire rural. Ces éléments de contexte seront indispensables pour comprendre l'origine du basculement qui nous préoccupe.

1. Comprendre l'émergence de la société des eaux cachées : premiers éléments de contexte et évolution de l'irrigation dans le Saïss

Trois grandes phases permettent de documenter l'essor de l'irrigation dans le Saïss. Leur inscription dans des contextes sociopolitiques et environnementaux montre comment les trajectoires temporelles qui caractérisent cette évolution sont déterminées par des facteurs à la fois externes et internes à la situation locale.

1.1. De l'agro-pastoralisme extensif dans le Saïss jusqu'au XIXe siècle

Au XIXe siècle, et avant l'établissement du Protectorat, la région du Saïss est principalement peuplée par une tribu berbère, nommée les Beni M'tir, qui étend ses activités des causses du Moyen Atlas jusqu'aux montagnes du pré-rif. Bien que majoritaire, cette tribu entretient des relations complexes et tendues avec le Trône qui établit sur son territoire de nouvelles tribus guerrières (dites « *guich* ») afin de protéger les villes impériales de l'invasion extérieure. Les Beni M'tir vivent essentiellement de l'agro-pastoralisme (Taghbaloute, 1994). La superficie, la variété des ressources et la diversité des ensembles géomorphologiques du territoire du Saïss (les causses Moyen Atlasiques et leur pente, les plateaux, les collines et montagnes) permettent à la population de profiter d'une large zone de transhumance et de pâturer en toute saison. Ainsi, pendant l'été le pâturage se concentre dans les causses vu leur climat tempéré tandis que le pâturage d'hiver s'organise plutôt dans la plaine (cf. carte 4 ci-dessous). Pendant la période précoloniale, la région est considérée comme une terre d'élevage et de pastoralisme en raison de la qualité de son climat et de ses terres. Le cheptel est constitué au premier plan d'ovins, notamment le mouton facile d'entretien et qui dispose de longs parcours de transhumance. Viennent ensuite les bovins qui participent à l'activité agricole en même temps qu'ils assurent l'alimentation. Enfin, chèvres et volailles viennent compléter le cheptel.

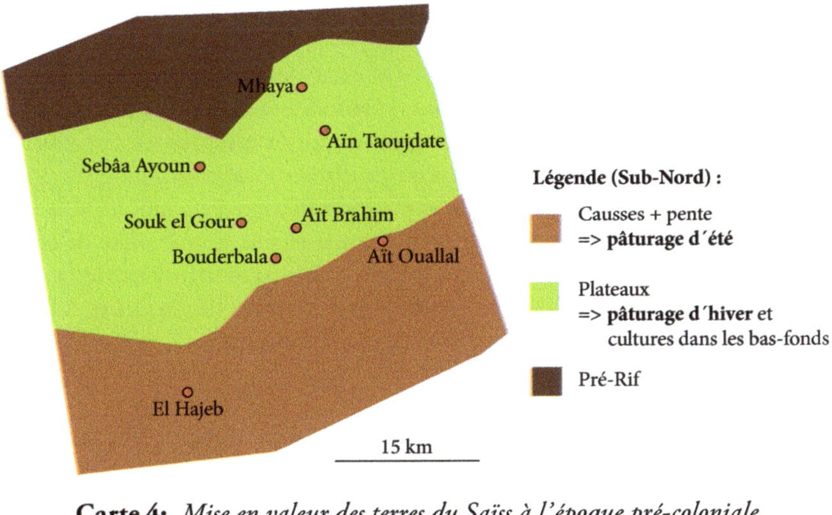

Carte 4: *Mise en valeur des terres du Saïss à l'époque pré-coloniale (Gameroff et Pommier, 2012, p. 58).*

S'il existait des puits dans le Saïss pendant la période précoloniale, surtout destinés à l'alimentation pour l'eau potable, la région est traversée par de nombreux cours d'eau alimentés par des sources. Mais leur exploitation à des fins agricoles à cette période est limitée, car étaient privilégiées des cultures qui ne nécessitent pas d'irrigation : des cultures vivrières pour l'alimentation telles que les légumineuses (pois chiche, fève, fenouil sauvage, artichaut), ainsi que certaines plantes aromatiques et médicinales. La culture des céréales en pluvial (blé, maïs, orge) et le stockage des grains en silos furent aussi introduits pour pallier les périodes de famines liées aux sécheresses et autres aléas climatiques (Taghbaloute, 1994). L'utilisation des terres de culture et de parcours est communautaire, chaque famille de la tribu dispose d'un droit d'usage sur un lot attribué, mais la propriété est collective. Davantage pasteurs que agriculteurs, les Beni M'tir utilisent un matériel agricole rudimentaire de fabrication locale : l'araire. Il s'agit d'une longue pièce de bois qui racle le fond d'un sillon, avec à l'une de ses extrémités un soc en fer et à l'autre un manche pour guider l'attirail. L'assemblage est généralement fixé grâce à des fibres de palmier-nain et attelé à un ou deux animaux (chevaux, mulets, ânes, vaches, etc.) qui le tractent pour le labour des champs. C'est un outil simple adapté à la culture des céréales, et dont les formes varient en fonction des régions et des milieux (Chiche, 2000).

1.2. La colonisation du Saïss par les grandes fermes sous le Protectorat français

En introduisant de nouvelles structures de production agraire, la période du Protectorat (1912–1956) a profondément modifié le modèle économique traditionnel, faiblement productif et essentiellement vivrier qui a prévalu dans le Saïss. La stratégie du Protectorat était de développer les grandes fermes agricoles, voulues plus productives et rentables. L'accès aux ressources productives (terre et eau) constitua le premier acte de cette stratégie (Bouderbala, 1977). D'abord pluviale, l'agriculture sur les terres coloniales s'est progressivement tournée vers les eaux souterraines. L'État indépendant va marquer la continuité avec la politique coloniale de valorisation des eaux souterraines.

1.2.1. Une agriculture coloniale d'abord pluviale développée sur les anciennes terres de pâturage

Deux régimes encadrent les terres exploitées par le Protectorat (Bouderbala, 1977). D'une part le régime des terres immatriculées par les colons, aussi appelées terres de la colonisation privée ; d'autre part les terres de la colonisation officielle qui sont des terres domaniales que la puissance publique met à disposition de colons grâce à des baux de longue durée (souvent emphytéotiques). La modernisation et l'intensification de l'agriculture passent par la mise en valeur toujours plus étendue des anciennes terres de parcours et d'élevage. Selon Atik-el Haouli, la superficie moyenne des exploitations agricoles à Meknès dans les années 1950 était équivalente à 178 hectares (Atik-el Haouli, cité par Gameroff et Pommier, 2012). Au total, le bilan du patrimoine foncier de la colonisation fait état de 1 000 000 d'hectares appartenant à un total de 6 000 colons, parmi lesquels 270 000 hectares provenant de la colonisation officielle (Le Coz, 1968) et 728 000 hectares de terres de la colonisation privée (Pascon, 1977 ; Akesbi, 2006). Pendant cette période, la culture systématique des céréales d'importation (blé dur, blé tendre, orge) et des légumineuses se met progressivement en place sur ces terres. Des plants de vignes sont également plantés à partir de 1915. Les terres ainsi occupées sont défrichées, dépierrées, assainies et rendues plus propices à l'agriculture grâce à l'usage de matériels agricoles plus sophistiqués et à la présence des capitaux coloniaux. En effet, la politique agricole coloniale a joué un rôle important dans ces changements grâce à des incitations à augmenter la production de céréales d'importation à destination de l'Europe, et de la France en particulier. Ces incitations portaient aussi bien sur les subventions financières à la production, la mécanisation des fermes, la fourniture de matériels agricoles sophistiqués, et l'application de prix préférentiels élevés sur les marchés (Swearingen, 1992).

En ce qui concerne l'accès à l'eau, l'irrigation des terres coloniales est pluviale du début du Protectorat jusque dans les années 1930. À partir de 1930, la politique économique coloniale subit un revers découlant de la crise financière européenne. L'effondrement des cours internationaux des céréales dans une économie coloniale qui était essentiellement fondée sur une culture céréalière avec des cultures légumineuses en complément, s'est soldé par un étalement général de la crise au Maroc (Hoffherr, 1932 ; Gadille, 1957). La situation locale périclite : explosion de l'endettement des fermes et des crédits, faillites et abandons des lots confiés. Suivant les statistiques de l'administration coloniale, l'on estime le pourcentage d'abandon à Meknès et Fès respectivement à 16 et 26 % des fermes implantées dans les régions (Gadille, *ibid.*).

La crise a entraîné une réorientation de la politique agricole coloniale. Si avant 1930, la culture céréalière occupait quasiment tout l'espace cultivé, après la crise l'administration incite à privilégier et accompagne les fermes vers des cultures plus diversifiées, lucratives et spéculatives qui élargissent les débouchés et marchés d'importation traditionnels et permettent de renforcer les nouvelles coopérations commerciales (Swearingen, 1987 ; Gadille, 1957). C'est ainsi que les cultures du maraîchage (tomates, pommes de terre, oignons) et les plantations d'arbres fruitiers (pommiers, amandiers, oliviers, vignes) s'intensifient. Les transformations qui s'opèrent dans le paysage sont notoires. Le centre rural d'El Hajeb, l'une des plus importantes municipalités du Saïss, est alors décrit comme : «*une plaine à vocation agricole avec ses plans géométriques, ses vergers bien alignés qui rompent totalement avec les anciennes descriptions*» (Latron, cité par Taghbaloute, 1994 : 136). Pour accompagner cette nouvelle orientation, les modes d'irrigation vont eux aussi évoluer. D'une agriculture pluviale, l'irrigation s'appuie désormais sur les sources d'eaux superficielles dans un premier temps, et souterraines dans un second temps.

1.2.2. La conquête et la maîtrise des eaux de surface

La région du Saïss bénéficie de conditions agronomiques très favorables, traversée par de nombreuses sources plus ou moins exploitées par les tribus locales. L'administration coloniale se lance dans de grands travaux d'aménagement et de bétonnage des canaux d'irrigation (Van der Kooij, 2016). Elle procède aussi à des réattributions des droits d'eau aux exploitations coloniales, et édicte une nouvelle réglementation hydraulique. En effet, dès le début du Protectorat, un recensement général des ressources en eau est établi sur le territoire marocain. L'objectif officiel est de leur donner un statut juridique qui recouvre les droits coutumiers, avant d'engager la réalisation de tout ouvrage hydraulique. En réalité, il s'agissait surtout de limiter et figer ces droits afin de dégager des surplus pour la colonisation et pour alimenter les villes en eau potable. Par exemple, la ville de Meknès fut alimentée par une partie des sources d'Aïn Bittit (Van der Kooij, 2016). Le premier texte de loi paru au Bulletin Officiel porte ainsi sur l'inventaire et la réglementation des ressources hydrauliques sur le territoire du Maroc (BO du 1er novembre 1912). En 1914, une loi précise l'appartenance au domaine public de toutes les nappes d'eau superficielles et souterraines. La propriété sur les eaux de surface acquise, l'État pouvait alors redistribuer d'importantes concessions et droits d'eau aux grandes fermes. La grande hydraulique n'est pas en reste pendant le Protectorat, désireux de créer des infrastructures qui pouvaient favoriser les progrès agricoles de la colonisation, ce qui passait par le développement de programmes de construction des barrages. Au moment de l'indépendance, ce sont 54000 hectares de terres irriguées par une douzaine de barrages qui sont utilisés, et plusieurs milliers de périmètres d'irrigation encore en construction (Lazarev, 2012; Akesbi, 2006).

Photo 2: *Puits colonial utilisé pour les usages domestiques, à proximité du douar Aït Daoud, 2014.*

1.2.3. Le passage des sources aux eaux souterraines (puits et forages)

L'effort du Protectorat se concentre aussi, mais dans une moindre mesure, sur les eaux souterraines. L'exploitation des eaux des sous-sols est progressivement définie comme une condition indispensable au développement économique de la colonie. Au Nord du pays notamment, les grandes réserves d'eau naturelles au niveau des plaines agricoles (la plaine du Gharb, et plus au sud les plaines de Doukkala-Abba, du Tadla) font partie des premiers chantiers d'extraction identifiés par l'économie coloniale (Célérier et Charton, 1925). Si dans l'entreprise de creusement des puits, l'enjeu était d'abord celui de lutter contre la rareté des eaux des sources disponibles en accédant aux eaux souterraines superficielles, le besoin auquel répondent les forages, plus profonds que les puits et qui captent l'eau souterraine des nappes captives, ne se pose pas avec autant d'acuité. Il n'en reste pas moins que les forages sont aussi envisagés pour pallier les sécheresses et les carences en eau de surface dans les plaines pendant l'été. Le Protectorat lance une vaste campagne de forages dans ces zones de plaines à partir de 1923. Sous l'égide de la Direction Générale de l'Agriculture et de la Colonisation, le Service de l'hydraulique avait la charge de mettre en œuvre ce programme. Ce Service de l'hydraulique agit en concertation avec les Chambres d'Agriculture plus familières du terrain, afin de déterminer l'emplacement des forages. Les chambres d'Agriculture orientent les « recherches d'eau » souterraine (Célérier et Charton, *ibid.* : 77) grâce aux savoirs des agriculteurs de la région, et conseillent sur les lieux d'établissement des points d'eau publics. L'exécution des forages est confiée à une entreprise française, la Société des Grands Travaux de Marseille (GTM), créée en 1891. Elle dispose d'appareils capables de forer jusqu'à 200 mètres. Ce sont au total 80 forages (Célérier et Charton, *ibid.*) qui ont été creusés pendant cette campagne de 1923 menée sur les plaines agricoles.

En 1949, l'administration coloniale entreprend les premières études de prospection sur la nappe du Saïss toujours dans le but de résoudre les problèmes d'alimentation en eau des fermes de la région (Margat, 1955). À partir de 1950, des forages sont réalisés au profit de l'administration, puis plusieurs autres ont suivi pour le compte des fermes et domaines privés. Ces études hydrogéologiques ont permis de confirmer l'existence dans la région du Saïss, d'un système aquifère composé d'une nappe superficielle et d'une nappe profonde captive « ascendante ». Elles se sont poursuivies afin de déterminer le potentiel réel des nappes et surtout pour savoir si ces nappes sont artésiennes (nappes d'où l'eau jaillit grâce au fait que la nappe est sous pression, suivant le même principe que les geysers). L'intérêt de l'artésianisme sur le plan économique n'est pas anodin : cette caractéristique physique déterminerait les modalités d'exploitation de la nappe et ses performances en termes de débit de captage et de frais d'énergie. C'est ainsi que l'une des premières mesures de la politique coloniale concernant les eaux souterraines fut de procéder à un inventaire sur l'ensemble du territoire de tous les puits pré-existants (Célérier, 1938), les puits artésiens jaillissants et les autres qui nécessitent à l'inverse une dépense d'énergie pour extraire l'eau à la surface. Dans les plaines du Nord comme la plaine du Saïss, l'exploitation des nappes passe essentiellement par les forages. Dans ce sens, les recherches conduites notamment par le Centre des études hydrogéologiques à partir de 1949 (Margat, 1955) ont impliqué la réalisation de six forages de prospection du nord au sud de la plaine jusqu'à des profondeurs supérieures à 200 mètres dans la nappe captive. Ils ont contribué à l'identification des meilleures zones de pompage (où la nappe est ascendante, voire même artésienne). Il existe peu de puits utilisés pour l'irrigation qui aient été creusés à l'époque coloniale. Ils servaient surtout à l'alimentation en eau domestique et de ce fait n'étaient équipés que d'une poulie pour le puisage (cf. photo 2 ci-dessous).

1.3. Une continuité de la politique coloniale de valorisation des eaux souterraines sous le Maroc indépendant

L'utilisation des puits pour l'irrigation dans le Saïss se propage avec l'adoption de la motopompe à eau (Jennan, 1986). Vers la fin des années 1970 et jusqu'en 1985, les agriculteurs commencent à utiliser la motopompe à eau pour exploiter les eaux souterraines, surtout pour faire face à la sécheresse des sources et prévenir les aléas futurs (Amrani, 2001). Cette période d'expansion des puits d'irrigation est marquée par des cycles de sécheresses qui ont provoqué la diminution de moitié des sources d'eau de surface ; et par les exhortations de l'État à recourir aux eaux souterraines en contrepartie des eaux de surface. L'accès aux eaux souterraines a aussi marqué la prise d'autonomie des agriculteurs par rapport au contrôle exercé par l'État sur l'usage et la gestion des eaux de surface. Une autonomie sur le rythme d'utilisation de ces ressources (la réglementation sur les eaux souterraines portait sur l'obligation d'une autorisation pour le creusement des puits et des forages, mais peu voire aucun contrôle n'était exercé sur le respect des prélèvements déclarés), une autonomie sur le projet agricole en général et en particulier sur le type de cultures pratiquées, parmi les plus spéculatives : arboriculture (abricots, pêches, prunes, raisin, olivier) et maraîchage (pomme de terre, oignon) (Lejars et Courilleau, 2015). C'est au début des années 1980 que l'usage de la motopompe à eau se propage véritablement, les agriculteurs cherchant à accroître la productivité de leurs exploitations agricoles et à diversifier leurs systèmes de production (Amrani, 2001 ; Jennan, 1986). En découvrant le potentiel économique de la nappe, les agriculteurs ont pris d'assaut celle-ci en multipliant les puits d'irrigation, souvent de manière informelle. Mais au fur et à mesure que le niveau de la nappe baissait, et au regard de l'accès relativement peu coûteux aux équipements de pompage, ils ont commencé à préférer le creusement des forages aux puits (Kuper et al., 2016). L'introduction de la motopompe à eau constitue un changement important qui a préparé l'avènement du basculement vers les forages.

Le basculement vers les forages accédant à la nappe profonde a dynamisé l'agriculture. Un dynamisme favorisé par le développement de pratiques entrepreneuriales chez les agriculteurs familiaux parmi les anciens attributaires de la réforme agraire et fils d'attributaires (Petit et al., 2015 : Dugué et al., 2014) ainsi que par l'arrivée de nouveaux investisseurs agriculteurs ou non (Ameur et *al.*, 2017a). Ces processus d'accès aux eaux souterraines profondes se sont démultipliés avec la libéralisation du foncier (mise en location des domaines de l'état; privatisation des terres de la réforme agraire), puis l'adoption en 2008 du *Plan Maroc Vert*, qui fixe un cadre ambitieux de la nouvelle politique agricole nationale. L'un des principaux objectifs de cette nouvelle politique est de développer une agriculture moderne, plus performante et compétitive (Pilier I du *Plan Maroc Vert*) dans des régions agricoles telles que le Saïss. La stratégie privilégiée dans cette optique est l'encouragement des investissements privés grâce à des mesures de facilitation d'accès aux ressources productives : levée des boucliers juridiques et administratifs pour l'accès aux terres agricoles et aux eaux souterraines profondes. En plus de ces mesures facilitatrices, les nouveaux investisseurs bénéficient de subventions et incitations financières pouvant toucher à l'ensemble du projet agricole (semences, équipements de pompage hydro-agricoles, unités de stockage des productions) et à des taux pouvant atteindre 100 % des investissements engagés. La mécanisation étant au centre de cette ambition d'intensification agricole, les modes rapides d'accès à la nappe tels que les forages sont fortement encouragés. C'est ainsi que grâce au *Plan Maroc Vert*, les eaux souterraines sont désormais plus aisément disponibles, techniquement et financièrement. La transition technique du puits au forage a donc été un facteur important dans le processus de basculement vers les eaux souterraines profondes. En cela, elle mérite d'être analysée plus amplement.

2. Le basculement en question : des objets, une expertise locale distribuée et des contextes en transition

La société du Saïss telle qu'on peut l'appréhender de nos jours est liée, on l'a vue dans la section précédente, à de grands moments de bouleversement agraire qui ont eu lieu dans le passé. Parmi ces bouleversements, l'introduction des puits et, plus tard, l'arrivée des forages ont particulièrement marqué son histoire. Sur le plan hydrogéologique, le Saïss est un système aquifère constitué, schématiquement, de deux nappes (cf. figure 1) : une nappe phréatique superficielle; et une seconde nappe du Lias plus profonde dont les eaux captives sont ascendantes (Margat,

1955). Les eaux de la nappe phréatique peuvent être pompées à partir d'ouvrages d'exhaure que sont les puits, jusqu'à 50 à 60 mètres de profondeur, tandis que celles de la nappe profonde nécessitent l'usage de forages qui peuvent atteindre 300 mètres ou plus.

Puits et forages sont donc deux types d'objets qui correspondent à deux différentes temporalités dans l'exploitation des eaux souterraines (Ameur et al., 2017 b). À quel moment le basculement se produit-il et surtout qu'est-ce qui change précisément quand on bascule d'un objet à l'autre ? La réponse à cette question appelle d'abord à une description des objets dans leurs formes et contours, mais aussi à s'intéresser à l'expertise et aux acteurs qui produisent ces objets, et la manière dont ils se positionnent ou sont perçus dans cette société pour laquelle ils contribuent à étendre les réseaux et la structure.

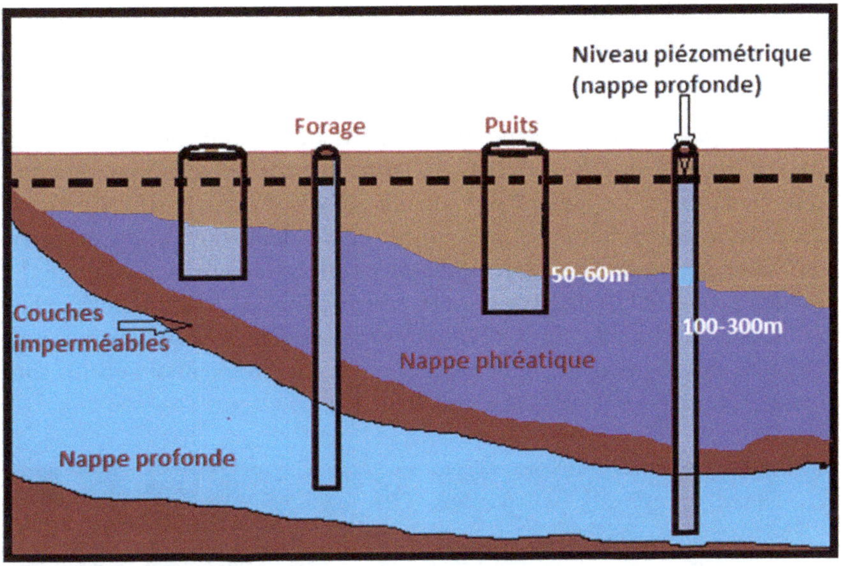

Figure 1: *Schéma des puits et forages dans le système aquifère (source : l'auteure).*

2.1. Le puits : une technique de creusement manuel pour l'accès aux eaux souterraines superficielles

Le puits est à la fois un objet et une technique (Sigaut, 2010). En tant qu'objet, ce sont sa structure et ses caractéristiques physiques qui seront mises au premier plan, tandis que la technique appelle plutôt à répondre à des questions telles que : comment construit-on un puits? Quels acteurs, quelles expertises cette construction nécessite-t-elle?

2.1.1. La structure et les caractéristiques du puits

En considérant donc l'objet, on distingue deux parties dans un puits. Une partie supérieure qui reste sèche et une partie inférieure immergée qui s'enfonce dans le sol jusqu'à immersion dans la nappe phréatique. La profondeur de la zone immergée (et plus globalement celle du puits) dépend du niveau à atteindre dans la nappe pour avoir une capacité de remplissage satisfaisante. L'importance du puits est de pouvoir stocker une quantité suffisante pour permettre une exhaure 1) avec un débit suffisant, 2) sur une période suffisamment longue. Dans le Saïss, on peut irriguer typiquement pendant 3–4 heures avec un débit de 15 l/s avant d'épuiser le stock. Souvent on peut irriguer deux fois par jour. Sur la partie inférieure du puits, des buses perforées sont introduites le long des parois. Elles permettent à l'eau qui suinte de couler pour remplir le fond du puits. Les buses sont fabriquées en cuivre dans des formes circulaires adaptées à la structure du puits. Sur la partie supérieure, on aperçoit un «*mur du puits*» ou «*gabarit*» constitué par un assemblage de parpaings fixés à la paroi interne grâce au mélange ciment, sable et eau transformés en mortier. Le *gabarit* sert ainsi à stabiliser cette partie supérieure du puits et empêcher l'eau de s'y infiltrer pendant toute la durée de vie de l'ouvrage, ce qui pourrait provoquer l'effondrement de l'ouvrage. Le *gabarit* peut être fait de parpaings en terre battue ou en béton de la même taille que les murs de construction des maisons. Il peut aussi être fait de blocs de béton préalablement moulés en demi-cercles aussi connus sous le nom de parpaings en béton cintré.

Photo 3: *Un «gabarit» en parpaings de terre (à gauche) et en parpaings cintrés (à droite).*

Enfin, à la surface du sol et tout autour du puits, un promontoire en dalle de ciment peut légèrement surélever les bords de l'ouvrage et parfois servir de base pour stabiliser l'installation de la pompe ou du tourne-eau (système de poulie). Si tous les puits ne sont pas nécessairement construits avec des buses, le mur du puits est incontournable pour assurer la longévité de l'ouvrage.

Dans la partie inférieure du puits, il est courant de voir des drains horizontaux ou « *bérimas* » s'enfoncer à l'horizontale (*cf.* photos 4), afin d'augmenter leur rayon drainant et ainsi la capacité de remplissage. Les drains sont des barres en acier cylindriques mesurant 1,20 mètre de long pour 2 cm de diamètre. Elles sont enfoncées dans le puits par leurs extrémités aplaties grâce à un système de manivelle. Par ce procédé, les drains captent vers le puits les eaux de la nappe, ils complètent sa structure principale et améliorent son rendement et donc sa capacité d'irrigation.

Photo 4: *Des tubes en acier pour creuser les drains horizontaux ou « bérimas ».*

2.1.2. Les outils de creusement des puits

Le creusement des puits était longtemps manuel, principalement réalisé à l'aide de pioches, bielles, pelles et seaux. Un « tourne-eau » aide à remonter à la surface la terre et les pierres extraites du sol. Le *tourne-eau* est constitué d'une poulie montée sur un trapèze métallique au-dessus du puits et d'une corde au bout de laquelle le seau est attaché. L'arrivée d'autres dispositifs techniques a eu pour effet de faciliter l'accès aux sous-sols. Il s'agit d'abord des explosifs, entre le début de la décennie 1980 jusqu'au milieu des années 1990. L'accès aux explosifs faisait l'objet d'une autorisation administrative et leur circulation était contrôlée par le ministère de l'Intérieur (Caïdat). Seuls quelques puisatiers autorisés pouvaient en acquérir pour le compte de leurs équipes de travail, sous réserve de déclarer au Caïdat leur activité, les lieux d'activité et la quantité d'explosifs sollicitée. La distribution des explosifs et des autorisations d'utilisation était attribuée par un chef de service des mines et le Caïdat. Les autorisations étaient sous la forme de bons d'achat remis au puisatier qui assure les fonctions de chef d'équipe et responsable de chantier. Le bon d'achat permettait aux autorités locales de consigner l'identité des possesseurs d'explosifs et de contrôler l'usage qui en était fait. Suivant le règlement général sur l'exploitation des mines de 1938, il ne leur était remis que la quantité d'explosifs nécessaires au travail de la journée et le Caïdat contrôlait le nombre de détonations entendues et les lieux où elles se produisaient selon les déclarations faites par le chef puisatier. Il était en principe interdit d'utiliser des explosifs autres que ceux fournis par le Caïdat et en dehors des conditions fixées par celui-ci. L'État établissait un contrôle direct de chaque usager et le non-respect de ces conditions pouvait entraîner des sanctions comprenant la mise en demeure du chantier de creusement, une interdiction d'achat ou d'autorisation de nature à compromettre le travail et la position du chef de chantier dans son groupe, ou encore l'emprisonnement du contrevenant. Dans les faits cependant, la relation avec l'État pouvait être triangulaire, car les chefs puisatiers se ravitaillaient aussi chez leurs confrères. Après les attentats de Casablanca en mai 2003 et dans un contexte sociopolitique en tension, l'utilisation des explosifs fut interdite et déclarée illégale. Le Caïdat annula ainsi toutes les autorisations et les marchés d'explosifs.

C'est à ce moment que sont apparus les marteaux-piqueurs appelés localement « *compresseurs* ». Les compresseurs sont des outils de burinage qui tentent de remplir la même fonction que les explosifs (démolir les roches et sols durs avec le moindre effort). C'est un outil utilisé le plus souvent pour les travaux de gros œuvres dans des domaines tels que dans le bâtiment, les travaux publics ou encore dans les carrières pour l'extraction minière. Le *compresseur* tel qu'il est utilisé pour le creusement des puits est composé de deux principales pièces, comme on peut le voir sur les photos 5 ci-dessous. La première est une grosse tige de fer cylindrique munie sur l'une de ses extrémités d'une poignée en forme de T au-dessus de laquelle l'ouvrier pèse de son poids pour maintenir en place la tige. À l'autre extrémité, un piston équipé d'une pointe ou d'un burin est capable de marteler les roches suivant la vitesse et la puissance de l'engin. Plus le marteau-piqueur est grand, plus sont importantes sa puissance et sa capacité à démolir pierres et roches. La seconde partie du *compresseur* est un générateur thermique autonome placé sous un capot à deux portes. La « centrale » est l'assemblage de plusieurs outils : un moteur

Diesel (ici de la marque du constructeur automobile Deutz), une batterie électrique, trois réservoirs pour le gasoil, l'huile, l'eau, et un pupitre de commandes (marche/arrêt/accélérateur du moteur, contrôle des niveaux des réservoirs). L'énergie thermique du moteur est transmise au marteau-piqueur grâce à un cordon d'une vingtaine de mètres environ. Ce modèle de marteau-piqueur est lourd et difficile à déplacer, mais c'est le seul qu'on retrouve dans cette zone agricole du Saïss. La centrale surmontée de deux roues est tractée à l'arrière d'un véhicule pour faciliter ses déplacements.

Photo 5: *Le marteau-piqueur dit « compresseur », coopérative Bni Oukil et le générateur thermique, 2014.*

2.1.3. Qui peut/sait trouver l'eau des puits ?

Nous avons rencontré, en filigrane, dans les deux paragraphes précédents deux catégories d'acteurs qui interviennent dans le creusement des puits : les puisatiers et les usagers de marteaux-piqueurs. À ces deux acteurs, il faut ajouter les sourciers. Par ordre d'intervention dans le processus de recherche d'eau souterraine à partir des puits, les sourciers sont les premiers à être mobilisés.

Il existe des appareils sophistiqués plus ou moins coûteux pour sonder la nappe et découvrir les sources d'eau souterraines. L'intervention des sourciers se base au contraire sur des outils plus simples comme le montre la photo 6 ci-dessous : une branche d'olivier ou du fil de cuivre tressé en Y.

Photo 6: *Un sourcier à la recherche de l'eau souterraine dans le Saïss, à proximité du village Aït Daoud, 2015.*

Le sourcier tient la branche d'olivier dans chaque main de sorte que la base du Y soit placée à l'avant. En se déplaçant sur la parcelle où le puits sera creusé, il suit les vibrations de la branche. Plus les vibrations sont importantes, plus il y a de chances que le sous-sol à cet endroit soit abondant en eau souterraine. Moins qu'une fonction ou un métier, le statut de sourcier est associé à des qualités personnelles, une personnalité et à des caractères que la société reconnaît à celui qui les possède (droiture, honnêteté dans tous les domaines de la vie). Mais ce sont surtout les prouesses du sourcier et le résultat de ses recherches qui contribuent à confirmer ses capacités et à asseoir sa réputation dans son village et au-delà. Si de prime abord l'action du sourcier paraît aléatoire et non fiable, en réalité, en analysant les discours et pratiques de ces acteurs, on comprend que cette intervention se base sur un ensemble d'éléments du paysage. Le sourcier observe notamment la couleur et la composition du sol (les présences de quartz par exemple, une pierre blanche et dure, et de dépôts d'alluvions sont des indices de l'existence d'un lit de rivière souterraine à proximité), l'inclinaison du sol (pour déterminer le sens d'écoulement de ladite rivière souterraine). Si des puits voisins sont fonctionnels, l'observation du sens de suintement de l'eau sur leurs parois internes peut aussi renseigner sur le sens d'écoulement de l'eau souterraine. Lorsqu'ils sont intervenus à plusieurs reprises sur un même terrain (douar, segment d'un douar), ils possèdent déjà une connaissance du terrain qui augmente leurs chances de réussite.

Lorsque l'emplacement du futur puits est connu, les puisatiers peuvent commencer à creuser. Pour les puisatiers, il est indispensable d'avoir recours au sourcier, lequel prendra seul la responsabilité de la présence – ou de l'absence – de l'eau dans le puits. Ainsi, même si les puisatiers ne trouvent pas d'eau, ils seront quand même rémunérés, car cet échec ne relève pas de leur responsabilité (plutôt à imputer au sourcier). Les puisatiers travaillent en groupe de trois à quatre personnes. Parmi eux, un chef puisatier organise et planifie le travail entre les membres du groupe. C'est aussi lui qui est l'interlocuteur de l'agriculteur propriétaire du futur puits. Le profil de chef puisatier est lié à sa capacité à disposer du matériel de creusement. Avant 2003, le chef puisatier était celui qui pouvait obtenir une autorisation pour l'utilisation des explosifs. Après 2003, il devait être capable de réunir i) du matériel parmi lesquels massues, pioches, câbles, tourne-eau, drains horizontaux, etc., ii) du capital pour louer le compresseur, supporter les coûts de fonctionnement de celui-ci, ainsi que les matériaux de construction du puits, iii) des clients et des contrats. «*Le chef c'est celui qui a le matériel. Le puisatier lui, n'a que ses mains*» résume Ahmed, chef puisatier rencontré dans la coopérative Bni Oukil. Le chef puisatier amortit les coûts du creusement d'une part dans la négociation du tarif de la prestation avec l'agriculteur qui fait la commande du puits, et d'autre part dans la négociation des montants qu'il reverse aux puisatiers de son équipe. Parmi les puisatiers qui travaillent dans le Saïss, ceux originaires du sud du Maroc sont réputés détenir et transmettre le plus fin savoir et les meilleures techniques de creusement manuel des puits. Ils viennent tantôt de la région agricole du Souss (les *Soussi*), tantôt plus au sud vers les zones oasiennes et présahariennes (les *Sahraoui*). Mohamed est l'un de ces puisatiers *Sahraoui*. Arrivés de Ouarzazate au début des années 1980 avec un groupe d'amis, ils forment ensemble une équipe de quatre puisatiers. Cependant, sans moyens financiers et sans équipements de travail, ils trouvent sur place un cinquième *Soussi* qui possédait le matériel de travail et avait déjà des contacts dans la région. Ce dernier deviendra leur chef de groupe. Pendant plus de quinze ans, le groupe a connu plusieurs changements, avec les départs de certains puisatiers et les changements de chefs puisatiers. C'est en binôme avec l'un de ses amis qu'il achète au milieu des années 2000 un compresseur. Il devient à partir de ce moment le chef des groupes avec lesquels il a travaillé jusqu'à sa retraite de puisatier. En somme, la capacité à réunir les conditions matérielles et financières d'exercice de sa profession détermine le statut de chef.

Mais au-delà de ces aspects matériels, c'est le savoir pratique du puisatier qui conforte ce statut de chef. Ahmed, que nous avons rencontré à Bni Oukil, démarre le métier de puisatier en 1984. Originaire du nord du pays (ville de Taza), il arrive dans le Saïss à l'âge de 16 ans. Il choisit alors, pour son apprentissage du métier, d'intégrer des groupes de puisatiers *Soussi*. Au sein de ces groupes, il n'a pas beaucoup de responsabilités, étant donné son manque d'expérience, et accomplit principalement des tâches de manœuvre. Mais pour lui, c'est une position privilégiée, car comme il le dit :

> « Même si mon travail se limitait à remonter le tourne-eau, j'avais la possibilité d'apprendre avec des Soussi ».

Après cette expérience, il intègre un autre groupe de puisatiers avec lequel il travaillera pendant huit ans avant de se mettre à son propre compte à partir de 2004. Les puisatiers du Souss ont diffusé dans le Saïss les techniques de creusement des puits agricoles encore peu utilisées dans le secteur agricole du Saïss. En 2014, l'origine des puisatiers s'est beaucoup diversifiée, mais la réputation des *Soussi* est toujours aussi positive.

Pour le creusement des puits, les puisatiers utilisent comme on l'a vu précédemment des marteaux-piqueurs (ou *compresseurs*). Ces outils les mettent en relation avec une autre catégorie d'acteurs : les propriétaires des marteaux-piqueurs. Il existe deux profils de propriétaires de marteaux-piqueurs. Dans la première catégorie de propriétaires, on retrouve des mécaniciens qui achètent cet outil en mauvais état, le réparent, changent le moteur du compresseur (toujours le modèle thermique de la marque Deutz) et proposent des locations à la journée, pour tous types d'usages. Le marteau-piqueur sert aussi bien pour le dépierrage des terres agricoles, les travaux de bâtiments que pour le creusement des puits. Ces mécaniciens constituent une part importante du marché de la location des compresseurs, mais ils ne sont pas les seuls. La seconde catégorie de propriétaires est constituée de particuliers qui n'ont pas nécessairement de liens avec le secteur agricole ni avec l'agriculture irriguée et qui trouvent dans la location des compresseurs des revenus secondaires. Leurs principaux clients restent les puisatiers. Le chef puisatier Ahmed, par exemple, loue un compresseur auprès d'un instituteur de la commune rurale d'El Hajeb.

En définitive, l'évolution de l'exploitation des eaux souterraines dans le Saïss laisse apparaître dans un premier temps le puits, qui vient d'être analysé en tant qu'objet (ses formes, ses caractéristiques) et en tant qu'une technique mobilisant des expertises et des savoir-faire spécifiques. L'évolution du contexte environnemental local va permettre le développement d'une autre technique d'accès aux nappes d'eau souterraine : le forage. Contrairement au puits manuel, cette nouvelle technique entièrement mécanisée requiert des outils plus complexes.

2.2. Le forage : Vers la mécanisation des modes/techniques de creusement pour l'accès aux eaux souterraines profondes

Pour présenter cette technique du forage, débutons, comme précédemment avec les puits, par une description des méthodes et outils de forage avant d'analyser les acteurs et groupes d'acteurs impliqués dans ces processus.

2.2.1. Méthodes et outils de réalisation des forages

On distingue deux étapes majeures dans le processus de réalisation d'un forage : le creusement et l'aménagement.

Le creusement consiste à faire un trou qui sera le point d'accès à la nappe. À cette étape, il faut donc percer le sol à l'aide d'outils de fouille et de perçage dont les formes et les caractéristiques varient suivant les zones géographiques et les types de sols à forer (Chelq et Dupriez, 1984). Dans le Saïss, parmi les principales méthodes utilisées, on compte la technique du « *battage carottage* » et celle du « Rotary ». Le *battage carottage* consiste à laisser tomber régulièrement au fond du trou, une barre de métal lourd afin de briser les roches. Une cuiller (la « carotte ») récupère les déblais pour les extraire vers la surface. Au fur et à mesure que la profondeur du forage augmente, on y introduit progressivement un tubage (le « tube de casing ») pour protéger les parois du forage et surtout s'assurer qu'il reste vertical. C'est cette opération d'alésage qui donnera au forage sa forme définitive. Elle est propre à des techniques anciennes telles que le battage (Chleq et Dupriez, *ibid.*). Lorsqu'un forage n'a pas encore été aménagé ou qu'il n'a jamais été en activité, on distingue l'extrémité du tube de casing à la sortie du forage. L'alésage est donc une opération essentielle en principe, mais dans les faits, elle n'est pas toujours pratiquée. Certains foreurs, pour s'assurer de la verticalité du forage, s'appuient sur le mouvement de haut en bas de la barre de métal et ne déplacent pas la foreuse tant que le creusement n'est pas terminé afin de ne pas risquer une déviation de sa trajectoire. La technique du forage Rotary associe quant à elle deux mouvements de rotation et de broyage qui brisent la roche sous l'effet combiné de la rotation et du poids, ce qui accélère le travail de forage par rapport à la technique précédente. Les déblais sont extraits par un tuyau sous forme de boue liquide, tel que cela apparaît sur la photo 7 ci-dessous. Tous les instruments de forage sont transportés sur une remorque. L'ensemble constitué par la remorque et son chargement est désigné par le terme de « foreuse ».

Photo 7: *Une foreuse en cours de creusement.*

Au cours du creusement, il peut arriver qu'on prélève des échantillons de terre à chaque mètre pour observer la composition des couches géologiques atteintes. L'examen de ces échantillons permet de déterminer si la couche traversée retient de l'eau ou s'il s'agit comme pour l'argile et les marnes d'une couche peu ou pas productrice d'eau. Si une couche est identifiée comme exploitable et abondante en eau, le creusement continue encore sur plusieurs mètres ou jusqu'à rencontrer une couche imperméable avant de s'arrêter définitivement. Lorsque le propriétaire du forage est satisfait de l'issue du creusement, les foreurs peuvent commencer à l'aménager.

L'aménagement est la seconde étape de réalisation du forage. Il est à la fois interne avec la mise en place des matériaux de stabilisation qui accompagnent la mise en service de l'ouvrage; et externe sur les abords du forage. À cette étape, les foreurs installent à l'intérieur du forage une crépine et des tubes d'exploitation. Les tubes d'exploitation peuvent être en PVC (plastique) ou en aluminium. Chaque tube mesure 2,5 mètres de hauteur et son diamètre dépend de celui du trou creusé (généralement entre 30 et 70 centimètres). Ils ressemblent à la crépine en ce qu'ils ont un diamètre identique. Mais le matériau de fabrication est différent et les crépines sont percées de plusieurs fentes. C'est grâce à ces fêlures sur les longueurs des crépines qu'il est possible de les distinguer au premier coup d'œil (cf. Photos 8 et 9).

Photo 8: *Tubes d'exploitation ou crépines ? Distinguer les fêlures sur les longueurs. Centre urbain de Bouderbala, 2014.*

Photo 9: *Les deux types de fentes sur les crépines. Centre urbain de Bouderbala, 2014.*

L'aménagement du forage se termine avec les bords extérieurs de l'ouvrage. Un béton en ciment est coulé autour du trou foré comme sur la photo 10 ci-dessous. Le dôme qui est créé ainsi protège le forage des infiltrations des eaux de surface et de l'érosion.

Photo 10: *Un forage dont la réalisation est achevée. Coopérative Al Ghazala, 2014.*

La catégorisation des deux étapes (creusement et aménagement) dans la réalisation du forage ci-dessus décrites relève de ce qui est qualifié dans la pratique de certains foreurs, d'« opérations d'exploitation ». Elles peuvent être précédées d'une autre « opération de reconnaissance » qui consiste à déterminer l'emplacement du forage. Si le sourcier dans le cas du puits utilise la branche d'olivier, pour les forages des appareils de prospection géoélectriques interviennent pour scanner le sous-sol et indiquer la lithologie des couches inférieures. Néanmoins, le forage n'est pas uniquement une succession de procédés et d'outils techniques. Sa réalisation est le fruit de l'expertise et des compétences d'acteurs spécifiques, dont il convient d'analyser les profils et les rôles.

2.2.2. Les acteurs du forage : une diversité de profils et rôles

La première catégorie d'acteurs qu'on rencontre dans le domaine du forage est le foreur. Deux profils de foreurs se partagent le marché des forages dans le Saïss : les entreprises syriennes et les sociétés marocaines. Les Syriens sont réputés être les premiers prestataires à proposer le creusement de forages dans la région. C'est une perception générale de leur activité qui est partagée par les agriculteurs. En réalité, les forages existent dans le Saïss depuis la période coloniale, mais ils étaient réservés aux grandes fermes coloniales et aux grands propriétaires privés marocains (les notables). Une telle répartition a changé avec l'arrivée des foreurs syriens. Ces derniers ont réduit les coûts de forage et ont facilité l'accès à une technique auparavant hors de portée des agriculteurs exploitant des terres de superficies moyennes, notamment les usagers d'anciennes terres des coopératives de la réforme agraire. Ces foreurs syriens proviennent principalement de la ville d'Alep, où ils exerçaient déjà le métier de foreurs, à Alep et à Damas, dans le secteur agricole également. Les Syriens ont cette particularité, en plus de leurs tarifs plus bas, d'être très mobiles sur l'ensemble du territoire Marocain. On ne voit dans le Saïss que leurs foreuses, mais le siège social de leurs sociétés peut être situé dans une autre région du pays. Ils disséminent et stockent une partie de leur matériel dans des centres urbains de proximité en fonction du temps qu'ils y travaillent et des opportunités d'affaires qui s'y présentent. Ce qui peut ressembler à des terrains vagues dans ces centres urbains peut être exploité comme parcs à foreuses, de la même façon que l'état a priori désuet d'une foreuse ne signifie pas nécessairement que celle-ci n'est plus en activité (cf. photos 11). À proximité de ces parcs à foreuses, un gardien est préposé à la surveillance du matériel et renseigne les potentiels clients. Sur les foreuses sont inscrits les numéros de téléphone par le biais desquels ils sont joignables. On peut ainsi croiser un foreur « solitaire » avec sa foreuse, sans qu'il s'agisse pour autant d'un travailleur indépendant. Dans le Saïss, la municipalité de Bouderbala notamment est l'un de ces centres urbains où sont parquées les foreuses. Il a une position idéale, car c'est le principal lieu de passage qui dessert les grands centres urbains et ruraux alentour. C'est aussi l'un des rares lieux où travaillent des artisans spécialisés dans la réparation des « battage carottage » et « Rotary ». D'ailleurs, les heures d'entretien que nous avons passées avec certains foreurs étaient des moments d'inactivité contraints, car leurs foreuses étaient en cours de réparation.

Photo 11: *Des foreuses syriennes stationnées dans un parc à foreuses. Centre urbain de Bouderbala, 2014.*

De manière générale, les foreurs syriens travaillent au sein d'entreprises familiales et chaque membre de la famille détient des parts au capital social, qui se comptent au nombre de foreuses dont il est le gérant. C'est le cas d'Hamid que nous avons rencontré dans le centre urbain de Bouderbala. Comme son père en 2000, ses deux frères en 2004 et son oncle avant lui, il quitte Alep et arrive dans le Saïss en 2011. Après avoir travaillé en Égypte et au Soudan pour des sociétés de forage (d'eau et de pétrole), il rejoint l'entreprise familiale au Maroc qui appartient à son oncle. Leur siège social est domicilié dans la ville de Bni Mellal, aux abords de la plaine agricole du Tadla, à environ 200 km au sud-ouest d'El Hajeb. Comme chaque membre de sa famille, il est le gérant d'une foreuse. Les foreuses viennent d'Alep, une ville connue pour le développement de son industrie métallurgique. Ahmid (cf. photos 12) est fier de montrer la qualité et la résistance de ces foreuses qui ont suivi la même destination de migration que lui.

Photo 12: *Des foreuses syriennes importées d'Alep. Centre urbain de Bouderbala, 2014.*

La transmission intergénérationnelle du métier dans ces entreprises familiales est fortement marquée. Pour les premières générations qui sont arrivées dans le Saïss, il est important de mettre en apprentissage leurs fils au plus tôt, afin qu'ils soient capables de succéder aux pères à la tête de l'entreprise. C'est l'objectif visé par Rachid, un foreur syrien d'une cinquantaine d'années qui travaille avec ses deux fils sur les chantiers. L'aîné (22 ans) est chargé des opérations de forage et d'aménagement, que son père supervise. Comme les autres ouvriers, il s'installe et vit sur le lieu de forage toute la durée de leur intervention. Son père, qui supervise les travaux, visite quotidiennement le chantier et discute avec son fils de l'avancée du forage et des ajustements à faire le cas échéant, comme on peut le voir sur la photo 13 ci-après. Ce sont des responsabilités qu'il a acquises au fil des années ayant démarré comme manœuvre, une étape que son frère cadet explore encore. Cependant, leur apprentissage du métier ne se limite pas à l'expérience pratique. La formation scolaire et académique n'est pas négligée par leur père, fier d'annoncer l'été 2015, la réussite au baccalauréat scientifique du fils cadet. Il les prépare ainsi à perpétuer leur entreprise familiale en leur transmettant son expertise et son savoir pratiques, tout en leur offrant d'autres formes de connaissances pour développer des techniques de gestion d'entreprise compétitives.

Photo 13: *L'apprentissage du métier de foreur de père en fils, à proximité du centre urbain d'El Hajeb, 2015.*

Les principaux concurrents des Syriens sont les sociétés marocaines. Parmi elles, nous en avons rencontré deux créées respectivement en 2005 et 2008. À ce moment-là, les foreurs syriens sont déjà présents sur le terrain. Mais les sociétés marocaines ont au moins deux atouts. Premièrement, elles ont leur siège social dans le Saïss, dans les centres urbains de proximité à El Hajeb, Meknès et Fès. Elles disposent ainsi de locaux propres pour recevoir les clients. Elles sont plus autonomes que les foreurs syriens, car elles disposent d'un parc privé de réparation et de stockage du matériel et des foreuses. Deuxièmement, les entreprises marocaines de forage sont reconnues par des institutions centrales pour les agriculteurs, telles que le Crédit Agricole. En effet, quand il s'agit de faire un crédit pour creuser un forage, le Crédit Agricole peut interagir avec un autre interlocuteur que l'agriculteur à qui il accorde ce crédit. Cet interlocuteur peut être la société de forage. Au lieu de confier à l'agriculteur le montant du crédit nécessaire à la réalisation du forage, le Crédit Agricole fait faire un devis par une société de forage qu'elle aura elle-même choisi. Et c'est la société de forage qui rend compte de l'usage de l'argent. C'est ce qui s'est passé pour la famille de Karim à Bni Oukil, propriétaire de 11 hectares et d'un puits à faible capacité de pompage. La famille obtient en 2013 un crédit pour réaliser un forage, afin de cultiver l'arboriculture au lieu des céréales. Dans ce processus d'attribution du crédit, l'agriculteur s'est effacé pour laisser la place à la relation entre le Crédit Agricole et la société de forage.

Les sociétés de forage marocaines ont également des contacts plus formalisés avec les institutions administratives (l'Agence de bassin) qui leur permettent de souscrire aux appels d'offres pour de grands marchés publics. Cette proximité les oblige au respect des contraintes techniques et légales liées au creusement des forages, en même temps qu'elle leur offre des opportunités de travail relativement inaccessibles aux sociétés syriennes en l'état actuel de leur fonctionnement. En termes de contraintes techniques d'abord, le processus de réalisation des forages doit inclure une étude de prospection préalable au creusement, et le suivi de la phase d'exploitation doit être assuré par un expert conventionnel (au moins ingénieur). Cette situation explique que ces sociétés travaillent en étroite collaboration avec des experts en géologie du Saïss, parmi lesquels des bureaux d'études privés et des universitaires. Du point de vue légal ensuite, l'Agence de bassin vérifie que les forages creusés ont acquis les autorisations de creusement préalables, au même titre qu'elle exige que certaines compétences scientifiques soient associées à la réalisation du forage. Le respect de telles contraintes permet à ces entreprises marocaines d'élargir leur clientèle en travaillant avec des profils d'agriculteurs (parmi les nouveaux investisseurs, les bénéficiaires des partenariats publics-privés, les grandes fermes) qui, dans leurs rapports avec les instances de financement des projets agricoles, valorisent la dimension réglementaire, scientifique des procédures de creusement. Pour ces agriculteurs, le choix des entreprises marocaines peut aussi s'expliquer par le fait que, ignorant le tissu professionnel plus ou moins informel constitué par les foreurs syriens, ils arrivent des grandes villes pour investir sur un territoire nouveau où les partenaires avec lesquels ils vont travailler sont tantôt les plus visibles en termes de structures ou de recommandations, tantôt des professionnels déjà également implantés dans ces grandes villes (Casablanca, Rabat, Tanger, etc.).

En somme, des puits aux forages, ont été mis en évidence des objets, des techniques, des profils d'acteurs et des expertises différenciées qui concourent tous au même objectif : l'accès aux eaux souterraines. Cependant, une différenciation se dessine à travers l'analyse du déploiement de ces deux modalités d'accès à la nappe. Une telle différenciation est la marque d'une évolution, d'un basculement qui s'opère au sein des contextes sociaux, techniques et environnementaux dans lesquels puits et forages s'inscrivent. À quel moment ce basculement opère-t-il ? Quels enseignements peut-on tirer de la disqualification du puits (sa technique et ses acteurs) au profit du forage ?

2.3. Le passage du puits au forage, une rupture dans les pratiques d'accès aux eaux souterraines

En examinant successivement les techniques du puits et du forage, nous avons rencontré des outils, des acteurs et mis en évidence des processus globalement ressemblants dans les deux cas : qu'il s'agisse du puits ou du forage, l'exploration en vue de déterminer l'emplacement de l'ouvrage précède le creusement proprement dit et l'aménagement de l'ouvrage. La figure 2 ci-dessous récapitule les actes d'intervention et leurs différents protagonistes. Il restitue aussi l'apparition des méthodes de creusement dans le temps, depuis la période où l'usage des explosifs était permis pour les puits jusqu'à la domination actuelle des foreuses.

Type d'intervention		**Acteurs**	
Définir emplacement		Puits	Forage
		Sourcier	Ingénieur Académicien
Creusement et Aménagement		Puisatier - Les « Soussi » - Du Saïss Propriétaires de marteau-piqueur ou « *compresseur* »	Foreur (enterprises) - Syriennes - Marocaines
		1980 1980 2000	**2010 2016**
Evolution des outils	Pour le creusement	Explosifs Tourne-eau, pelles, truelles, etc.	Marteau-Piqueur Foreuse
	Pour l'aménagement	Parpaings en terre battue Parpaings de ciment Parpaings cintrés	Crépines Tubes Béton armé

Figure 2: *Évolution des procédés, techniques et acteurs pour l'accès aux eaux souterraines dans le Saïss (source : l'auteure).*

Le basculement des puits vers les forages intervient de façon marquée à partir des années 2000. L'activité des foreurs syriens s'implante tandis que l'interdiction des explosifs freine considérablement l'expansion des puits. Un autre facteur important qui a joué en faveur du basculement est d'ordre politique. Le changement de politique agricole à travers l'avènement en 2008 du *Plan Maroc Vert* a dynamisé l'économie agricole locale et attiré de nombreux investissements plus intéressés par les potentialités du forage que celles du puits, c'est-à-dire par la possibilité de pomper dans la nappe souterraine profonde dont les eaux sont plus abondantes et moins sujettes aux assèchements. Enfin, la baisse du niveau de la nappe phréatique qui a rendu le creusement des puits de plus en plus difficile et coûteux sans qu'ils aient nécessairement de meilleurs rendements a également favorisé ce basculement.

La disqualification progressive des puits pour l'accès aux eaux souterraines a par ailleurs eu des répercussions sur les parcours professionnels des sourciers et puisatiers. Leurs opportunités de travail s'étant fortement réduites, ils se sont orientés vers d'autres champs d'activité, sans complètement abandonner leur premier métier toutefois. Les sourciers sont devenus pluri-actifs, à la fois sourciers et ouvriers agricoles. Le coût de l'intervention d'un sourcier (environ 500 dirhams[11]) et le nombre de plus en plus faible des sollicitations rend difficile la spécialisation dans cette activité unique, voire même sa pérennisation. Cette incertitude tient au passage à l'exploitation des eaux souterraines profondes. Le savoir des sourciers est attaché à la nappe souterraine superficielle. Même si certains agriculteurs les sollicitent pour déterminer l'emplacement de leurs forages, cette pratique est marginale. La reconnaissance de leurs savoirs sur les eaux souterraines profondes n'est pas aussi affirmée que celle dont ils bénéficient pour l'accès aux eaux souterraines superficielles. Or, aux forages correspond d'autres expertises, plus recherchées et proposées par « *des ingénieurs qui cherchent l'eau* », pour reprendre les termes d'un ancien sourcier (village Aït Daoud). Il ne s'agit pas réellement d'une situation de concurrence, mais plutôt d'un déclassement des sourciers (et des puisatiers) qui s'est produit progressivement. Les forages sont aux années 2000 ce que les puits étaient aux années 1980–1990, c'est-à-dire la nouvelle révolution technique. Un puisatier exprime le déclin de son activité en ces termes : « *presque tous les agriculteurs ont des puits, nous ne faisons plus que du bricolage* ». Il entend par là, le cuvelage (nettoyage du fond du puits) ou au mieux l'approfondissement de puits (un à deux mètres), deux opérations qui ne sont pas rentables financièrement ou pour lesquelles ils ne pourraient pas espérer gagner des revenus satisfaisants. En effet, les exploitations agricoles déjà équipées de puits privilégient désormais les forages ; exception faite, on le verra, de celles qui n'ont pas les capacités de suivre l'évolution de la nappe. En somme, la disqualification des puits a réduit le champ d'action des puisatiers et les force, eux-aussi, à la pluriactivité (ouvrier agricole, ouvrier du bâtiment).

---

11 1 Euro = environ 11 Dirhams au 04/08/2017.

Photo 14: *Des puisatiers au cours d'une opération de cuvelage d'un puits. Coopérative Bni Oukil, 2014.*

De nos jours, la forme *ad hoc* des groupes de puisatiers accompagne cette mutation de leurs modes de travail. Le chef puisatier est l'élément stable du groupe, de sa structure. C'est lui qui, à la réception d'une commande pour un puits, contacte ses partenaires et leur propose un contrat à durée déterminée. Si les précédents partenaires avec lesquels il a travaillé ne sont pas disponibles, il en contacte de nouveaux. Le groupe se sépare à la fin du contrat jusqu'à la prochaine commande et ainsi de suite.

En conclusion de cette section sur le contexte du basculement des eaux souterraines superficielles aux eaux souterraines profondes, il apparaît que le passage par les objets (des puits aux forages) est une intermédiation qui met en lumière les logiques d'exploitation plus profondes sous-jacentes à l'ensemble de l'économie agricole irriguée. Le choix d'une catégorie d'objets est lié à des représentations chez les acteurs (techniciens, artisans, et agriculteurs-usagers) de ce que cette technique offre en termes de sécurisation de l'accès à la nappe. La section suivante explicite le contenu de ces représentations sociales, et montre comment à leur tour, elles influencent les pratiques de pompage et les rapports sociaux aux eaux souterraines.

3. Représentations des acteurs et rapports sociaux aux eaux souterraines au prisme des pratiques de pompage

Par «*représentations sociales*», il faut entendre ici des formes de connaissances et de savoirs que les acteurs développent afin d'appréhender et maîtriser des objets de l'environnement dans lequel ils évoluent (Moscovici, 1961). Les représentations sociales ont une double fonction d'objectivation et d'ancrage : objectivation d'un objet ou d'une situation environnementale abstraite qui lui donne un contenu compréhensible pour l'acteur; et ancrage de cette représentation dans l'espace social et dans le système de valeurs usuel de cet acteur. Les représentations opèrent dans le cadre de l'imaginaire, de la pensée, des croyances pour développer des constructions cognitives qui relaient des informations spécifiques partagées entre plusieurs acteurs (Abric, 1987). Toutefois, le fait qu'elles soient partagées ne signifie pas nécessairement qu'elles convergent toutes dans la façon de définir et d'agir vis-à-vis de la réalité observée (Jodelet, 2003). En effet, diverses formes de représentations sociales peuvent coexister dans un même contexte social et se déployer comme des «*univers de discours*» (Strauss, 1978 [1992]; Moscovici, *1961*). Constitués de diverses formes de communication, symboles et valeurs d'un groupe, ces univers de discours sont révélateurs d'une part des prises de position des acteurs, de leurs aspirations et perspectives face à des contraintes structurelles. Ils renseignent d'autre part sur les rapports sociaux qui s'établissent entre eux, et vis-à-vis de leur environnement et des objets présents dans celui-ci. Des représentations, découlent donc des stratégies collectives et la formation de groupes d'acteurs appelés à coopérer ou non, selon des procédures et des conventions propres à des réseaux fonctionnant selon la logique des «*mondes sociaux*» (Strauss, 1978 [1992]). L'approche par les mondes sociaux permet alors d'affirmer le postulat selon lequel la structure sociale du Saïss à laquelle nous nous intéressons est une production collective mobilisant des groupes et réseaux d'acteurs qui coopèrent dans l'accomplissement d'un but commun : le pompage des eaux souterraines. Outre la rupture technique désormais évidente, les rapports aux puits et aux forages impliquent des ensembles de représentations sociales vis-à-vis des ressources en eaux souterraines. Sur quelles valeurs ou symboles reposent donc les dynamiques d'interactions et les pratiques liées à l'usage de ces puits et forages? Comment à travers ces objets, les eaux souterraines invisibles sont-elles représentées et comment ces représentations à leur tour influencent la construction de «mondes» spécifiques? En considérant le point de vue et les actions des acteurs qui gravitent autour des puits et des forages (les artisans, mais surtout les agriculteurs-usagers) cette section apporte un éclairage nouveau relatif aux registres de pensée ou bases cognitives sur lesquelles reposent les dynamiques d'interactions et les pratiques de pompage au sein des processus d'exploitation et de production des eaux souterraines (Becker, 1982 [2010]).

3.1. Deux « mondes » ou registres de l'exploitation des eaux souterraines dans le Saïss

L'exploitation des eaux souterraines dans le Saïss permet d'identifier l'existence de deux principaux registres de pensée et de valeurs qui sont construits en résonance avec l'évolution des pratiques de pompage. D'une part, on rencontre le « monde de la pénurie » parmi les acteurs qui gèrent au quotidien la rareté ou l'insuffisance des apports en eau souterraine. D'autre part et à l'inverse se dresse le « monde de l'abondance » qui contente les aspirations d'opulence et d'aisance continues dans l'accès aux eaux souterraines. À chacun de ces mondes correspondent des types de savoirs et de connaissances et des pratiques propres.

3.1.1. Le « monde de la pénurie » : l'autorité des puits et des savoirs incrémentaux

Pour comprendre le « monde de la pénurie », il faut restituer le contexte temporel de sa constitution. Il émerge lorsque la technique des puits est diffusée dans le Saïss par les puisatiers venant du Souss et du Sahara. Ce monde repose sur des savoirs anciens et incrémentaux sur l'eau qui se sont transmis au fil des décennies. L'attention dans la section précédente a été portée aussi bien sur le contenu de ces savoirs que sur ses acteurs, notamment ceux qui le produisent, le diffusent, le transmettent. Il serait à présent opportun de s'intéresser à la manière dont ces savoirs sont appropriés et par ce biais, à leurs destinataires (Adell, 2011). En d'autres termes, à qui s'adressent-ils ? Quels bénéfices les usagers en tirent-ils, et que signifie pour eux leur appartenance à ce monde ?

Les puits sont conçus pour atteindre les eaux souterraines de la nappe superficielle. L'activité primaire dans ce monde de la pénurie se structure autour de cet objet. Pour cela, nous l'avons vu, il y a une division du travail entre ceux qui déterminent l'emplacement (sourciers) de ces puits et ceux qui les creusent (puisatiers). Les processus qui caractérisent ce monde sont autant constitués des manières de répartir les responsabilités, d'innover du côté des techniques et de transmettre les savoir-faire techniques. Ils rendent compte d'un bouleversement environnemental et économique important, car leur émergence est liée au passage d'une irrigation basée sur les sources d'eau de surface à une irrigation par les eaux souterraines. La construction du monde de la pénurie a ainsi marqué, à une époque précise (le début des années 1980), une véritable révolution sociotechnique et économique.

Parmi les premiers usagers enrôlés dans le monde de la pénurie, on distingue les agriculteurs des anciennes coopératives de la réforme agraire, encouragés par l'État et les institutions du secteur agricole (la coopérative elle-même, les Centres de Travaux, le Crédit Agricole). Dans un contexte de sécheresse (pluviométrie) et de tarissement des eaux de surface, les puits apparaissent comme une source d'approvisionnement en eau d'irrigation pouvant sauvegarder leur agriculture. Ils permettent dans un deuxième temps de pratiquer des cultures maraîchères à haute valeur ajoutée (oignons, pommes de terre) et d'augmenter les superficies cultivées. Ils offrent ainsi à leurs usagers des opportunités de croissance économique et sociale importantes. En contrepartie de ces avantages, ces usagers ont dû apprendre à gérer les pénuries occasionnelles qui sont intrinsèques au mode de fonctionnement par recharge des puits. Les niveaux d'eau de la nappe phréatique ne sont pas statiques, ils varient en fonction de la fréquence des pompages. « Gérer la pénurie » signifie avoir conscience que l'eau du puits n'est pas infinie, et peut s'épuiser jusqu'à la prochaine recharge. L'agriculteur doit pomper en tenant compte de la pénurie occasionnée par son activité et des délais de recharge du puits. Qu'il s'agisse du temps de pompage disponible ou du temps de recharge nécessaire, les perceptions des temporalités dans l'utilisation quotidienne du puits sont acquises par l'expérience. Chaque agriculteur sur son ou ses puits, développe sa propre expertise grâce à l'observation et la pratique. En fonction des cas, l'agriculteur peut pomper jusqu'à huit heures par jour, en veillant à répartir ce quota horaire entre le matin et le soir. Pendant l'été, le taux plus faible de recharge des puits contraint aussi les rythmes des pompages qui se réduisent encore, ce d'autant plus que tous les agriculteurs qui utilisent les puits peuvent avoir besoin d'irriguer au même moment dans une journée (généralement avant et après les pics de chaleur). Dans ce contexte de gestion de la pénurie, les gaspillages d'eau et les pratiques de sur-irrigation sont peu courants. Il y a des formes d'adaptation de l'activité agricole aux contraintes environnementales telles que la réduction pendant l'été des superficies à irriguer et le développement des pompages la nuit. La prise de conscience du fait que la nappe phréatique est un continuum hydrogéophysique souterrain encourage aussi ces modes de gestion « sobres » de l'eau des puits. Une prise de conscience exprimée à travers cette citation d'agriculteur : « *Quand mon voisin pompe, l'eau dans mon puits diminue* », ou encore par le sentiment de désavantage lié au fait d'avoir un puits en aval par rapport à la position d'autres puits. En somme, la gestion de la pénurie impose de trouver un équilibre entre les prélèvements et le rythme de renouvellement de l'eau. Elle s'accompagne aussi d'une prise en compte de la valeur de l'eau, dont la rareté oriente les comportements vers une utilisation rationnelle des ressources disponibles.

L'expertise technique dans le monde de la pénurie est une co-construction : entre artisans et avec les agriculteurs. Le partage d'expériences, la transmission des savoirs et techniques sont au centre de cette co-construction. En termes de bénéfices tirés du monde de la pénurie, l'un des plus importants est l'apprentissage du fonctionnement de l'aquifère et du puits, ainsi que l'appropriation sociale de la nappe, de ce qu'elle peut offrir, des façons de l'utiliser sans l'épuiser complètement. L'apprentissage est certes lent, à l'image du rythme global de l'exploitation des eaux souterraines ici, car il repose sur des expériences éprouvées par le temps, mais il est perçu comme solide. C'est cette solidité, gage de fiabilité qui accompagne l'ancrage de ce monde et de ses savoirs incrémentaux dans la société du Saïss sans discontinuité depuis plusieurs décennies. Qu'en est-il maintenant pour le « monde de l'abondance » ?

3.1.2. Le « monde de l'abondance » : le règne des forages et de la science normative

À l'inverse des savoirs anciens du monde de la pénurie, les connaissances techniques construites dans le « monde de l'abondance » sont récentes. Ces connaissances reposent sur la pratique des forages, introduite dans le Saïss pendant le Protectorat, et devenue populaire surtout au cours des années 2000. Le monde de l'abondance, dont parlait déjà El Karagi, est celui des forages. Les représentations sur les capacités de la nappe captive projettent une situation où les eaux souterraines profondes dans cette nappe sont disponibles à foison. Pour les agriculteurs qui recherchent ou utilisent les forages, elles semblent même infinies (c'est en tout cas la promesse contenue dans l'adoption du forage). C'est donc sur des valeurs de profusion et d'aisance, qui tranchent avec la sobriété des puits, que repose la formation du monde des forages. Ici, c'est l'agriculteur qui décide de son rythme de pompage, de la taille des superficies à irriguer, loin des contraintes hydrologiques imposées par les puits. Il n'a pas à s'inquiéter du manque d'eau, car ces ressources en eaux profondes longtemps restées captives, présentent un immense vivier.

Les valeurs d'opulence et d'aisance sont relayées et encouragées par l'action publique qui soutient le développement des techniques modernes de pompage comme celle du forage. Ce soutien se manifeste à travers les subventions agricoles accordées au creusement des forages et la mise en place de projets agricoles autour de ceux-ci (notamment l'installation de la technique d'irrigation, le développement de l'arboriculture et/ou du maraîchage sur des surfaces peu ou pas exploitées, etc.). L'accès aux eaux souterraines profondes s'accompagne généralement de l'adoption de l'irrigation localisée ou goutte-à-goutte, qui vise en principe à réaliser des économies d'eau. Dans les faits, de récentes recherches conduites au Maroc ont démontré que les agriculteurs qui ont des forages irriguent souvent deux à trois fois plus que la dose nécessaire via le goutte-à-goutte pour s'assurer de bons rendements de cultures à haute valeur ajoutée (Benouniche, 2014). En plus, les agriculteurs disposant de forages étendent en général la superficie irriguée, ce qui explique que malgré l'augmentation rapide de la superficie équipée en goutte-à-goutte, les prélèvements ont également augmenté (Ameur et al., 2017a). Si restriction dans le pompage il y a, elle n'est pas liée au forage ou à la nappe elle-même. La principale contrainte à laquelle les usagers de ce monde doivent faire face est relative au coût de l'énergie nécessaire à l'accès au pompage illimité. Le chapitre deux de l'ouvrage explicite les aspects techniques liés à l'équipement et au fonctionnement des forages, en montrant comment l'association du forage et de l'énergie solaire notamment représente actuellement le modèle parfait d'abondance vers lequel tendent les représentations et les stratégies des agriculteurs du monde des forages.

L'activité primaire dans le monde des forages, celle autour de laquelle se développe tout un ensemble d'activités adjacentes, consiste bien en l'extraction des eaux souterraines profondes. La réalisation du forage implique deux grandes divisions du travail, avec d'une part les activités de la prospection et leurs acteurs, ingénieurs et universitaires ; et d'autre part le creusement du forage proprement dit par les foreurs. Mais dans ce monde, les processus de construction de cette division du travail, d'innovation technique, et de répartition de l'activité dans l'espace, mêlent informalité et formalité afin de s'adapter à la demande et aux besoins des agriculteurs. C'est ainsi que l'on retrouve divers modes opératoires dans le creusement des forages auxquels correspondent des connaissances plus ou moins complexes. Il est aisé de prendre la mesure de cette mixité en examinant l'activité de forage exercée tour à tour par des foreurs syriens et par des entreprises de forage marocaines.

Dans le premier cas, et chronologiquement, les foreurs syriens s'implantent dans la région alors que le cadre réglementaire et technico-légal pour la réalisation des forages profonds n'est pas encore effectif (loi 10–95 sur l'eau). Les agriculteurs sont à ce moment les principaux juges de la qualité de leurs prestations, et celle-ci repose sur le résultat final : avoir accès à l'eau souterraine en abondance. N'ayant pas la responsabilité de déterminer l'emplacement du forage, les techniques utilisées par les foreurs sont peu complexes tant qu'elles sont efficaces. Cependant, ils construisent leurs connaissances des sites où ils travaillent grâce à la pratique. À l'instar des puisatiers, c'est l'expérience et le savoir-faire pratique des foreurs qui peuvent faire la différence dans le résultat du creusement. Les procédés de forage des foreurs syriens sont devenus informels avec la mise en place de la réglementation de forage et la création de l'instance chargée du contrôle du respect de cette réglementation (l'Agence de bassin du Sebou en 2002). En dépit de cette récente informalité, ils continuent l'exercice de leur métier, car les coûts et les résultats de leurs prestations sont appréciés. Pour d'autres agriculteurs qui tirent de plus grands bénéfices à respecter le cadre réglementaire pour la réalisation des forages (obtention de subventions, notamment), les entreprises de forage marocaines sont présentes. Ces dernières opèrent à la fois dans le cadre formel de prospection et de creusement, et informel en fonction de la demande à laquelle elles répondent.

En somme, il coexiste donc deux mondes dans l'exploitation des eaux souterraines : celui des puits (et donc de la nappe phréatique) où les savoirs ont été progressivement construits sur une très longue période, depuis l'époque précoloniale notamment par les puisatiers venus du sud du Maroc, où l'agriculteur évolue dans un monde de rareté de l'eau et d'innovation incrémentale et dans lequel le déploiement des acteurs reste local et (inter) régional. Celui, en second lieu des forages (et donc de la nappe profonde) où les savoirs sont construits très rapidement, avec des changements très importants intervenus en peu de temps et au sein duquel la dissémination spatiale des acteurs est non seulement locale et nationale, mais aussi internationale. Cela étant, comment caractériser les rapports entre ces deux mondes, quels types de relations entretiennent-ils ? Entre d'une part des rivalités liées à la segmentation des activités et des expertises, et d'autre part des entrecroisements initiés et perpétués par leurs différents usagers, une certaine ambivalence nourrit leurs interactions. Or, ces interactions sont par essence évolutives. L'identification des mondes de la pénurie et de l'abondance tels qu'ils traversent la société actuelle du Saïss doit être considérée comme une étape dans la compréhension des systèmes de valeurs qui sous-tendent l'exploitation des eaux souterraines – une compréhension qui ne saurait être complète sans que soit abordée la question des processus qui président au développement et à l'évolution des mondes. L'analyse des rapports et des interactions entre les mondes de la pénurie et de l'abondance s'inscrit dans cette optique.

3.2. Deux « mondes » concurrents dans l'exploitation des eaux souterraines, mais non cloisonnés

L'un des principaux enjeux qui émergent de la différenciation entre les mondes de la pénurie et de l'abondance est celui de leur représentativité ou légitimité vis-à-vis de la nappe. La mise en exergue d'une diversité de techniques et de savoirs, des acteurs qui véhiculent ces expertises, de l'existence d'un classement entre ce qui dans relève du formel et de l'informel, du passé et du présent, est révélatrice de l'existence de rivalités entre différentes formes d'expertises sur les eaux souterraines. Qui (acteur ou groupe d'acteurs) est le plus légitime pour parler au nom des eaux souterraines ? Lequel de ces mondes, et à l'intérieur de ceux-ci, qui incarne le plus l'expertise des eaux souterraines et représente au mieux les intérêts de celles-ci (quels intérêts alors) ? Nous montrons ici comment face à la diversité des expertises, certaines d'entre elles revendiquent une légitimité vis-à-vis de la nappe, qu'elles dénient aux autres. Dans ce conflit de positionnement, l'intervention de l'État contribue tantôt à renforcer le poids de certaines expertises tantôt à disqualifier d'autres. Cependant, malgré cette concurrence, les deux mondes de l'exploitation des eaux souterraines ne sont ni cloisonnés ni figés dans leurs délimitations. Ils se construisent aussi sur la base d'entrecroisements : d'une part, les agriculteurs peuvent appartenir simultanément ou successivement aux deux mondes, en cherchant à capitaliser au maximum les avantages et bénéfices que chacun offre, tout en minimisant les risques liés à une dépendance exclusive à un seul d'entre eux. D'autre part, il s'agit de mondes en mouvements qui redistribuent constamment les positions des agriculteurs dans l'un ou dans l'autre monde. Par exemple, ceux-ci doivent pouvoir se maintenir dans le monde auquel ils aspirent au risque d'en être éjectés, tandis que de nouveaux acteurs sont enrôlés.

3.2.1. Une cohabitation conflictuelle entre champs d'expertise dans l'exploitation des eaux souterraines

On peut globalement distinguer six catégories d'expertises dans l'exploitation des eaux souterraines, celles produites précisément par : (i) les puisatiers, (ii) les sourciers, (iii) les foreurs syriens (iv) les entreprises de forage marocaines (v) les ingénieurs et (vi) les universitaires. Chacun de ces praticiens a un mode de production des savoirs sur l'eau souterraine, et est perçu d'une certaine façon par les autres. Les puisatiers et sourciers possèdent une forme de savoir local, profondément ancré dans le tissu socio-environnemental de la région. De leur point de vue, ils ont conscience de leurs capacités et des limites de leurs compétences (vis-à-vis des nappes profondes). À la question de savoir si l'arrivée des Syriens et de leurs forages a entraîné pour les puisatiers un manque à gagner, ce puisatier en exercice répond simplement : « À *chacun son domaine. Moi je sais creuser des puits. Si un agriculteur veut un puits, il vient me chercher; s'il veut un forage, il va vers le sonda* [technique du forage]. *On ne fait pas la même chose* ».

Pour les autres acteurs néanmoins, les savoirs des puisatiers et des sourciers relèvent du passé, car ils ne sont pas adaptés aux nouveaux enjeux de développement agro-économique du Saïss – une réalité qui serait confirmée par le fait que les agriculteurs y ont de moins en moins recours, au profit des forages. Du point de vue de l'État, sourciers et puisatiers ont participé à la diffusion anarchique des points d'accès aux eaux souterraines entraînant la baisse drastique des niveaux des nappes. Le discours sur la « surexploitation de la nappe », amplifié avec la mise en place au milieu des années 2000 de l'Agence de bassin, a trouvé dans les interventions combinées des puisatiers et des agriculteurs, le coupable désigné. Les agriculteurs ont participé à la crise hydrique, appuyés par des non-« experts » (Davis, 2005), c'est-à-dire des acteurs dont le savoir ne repose pas sur des bases scientifiques et techniques reconnues, mais plutôt sur des observations subjectives et une expérience empirique construite dans l'action sans vision globale de l'aquifère. Il s'agit en outre pour les acteurs publics, de pratiques « traditionnelles » ou archaïques opératoires à une époque où l'agriculture accusait quelques retards techniques, mais qui aujourd'hui sont en total décalage avec le processus de « modernisation » initié dans l'ensemble du secteur agricole.

Comme les puisatiers, les foreurs syriens sont tenus responsables de l'anarchisme créé autour de l'accès aux eaux souterraines et de leur surexploitation. Pour l'Agence de bassin, ils ne disposent d'aucune compétence technique ni d'autorisations pour creuser, ou avoir creusé, les forages sur lesquels ils ont travaillé. La disqualification publique de ces groupes d'acteurs sert les intérêts et la présence des entreprises de forage marocaines qui se positionnent dans leurs discours, dans leurs rapports à l'État et aux agriculteurs, comme les seuls acteurs légitimes pour exercer l'activité de forage. Si leurs méthodes de travail respectent les procédures formelles, cela tient à l'implication des ingénieurs et des académiciens, experts reconnus par l'Agence de bassin comme possédant les meilleurs outils pour agir sur la nappe, produire des données utilisables sur l'état de la nappe et sur les possibilités d'exploitation à des points précis.

Les ingénieurs sont diplômés d'État, issus de parcours au sein des universités et écoles de formation du Maroc. Ils travaillent principalement pour des bureaux d'étude privés installés dans les grandes villes, certains font partie du personnel de l'Agence de bassin elle-même et d'autres encore travaillent comme consultants externes pour le compte de l'Agence. Les universitaires quant à eux sont des enseignants-chercheurs des universités (Meknès et Fès), encore en exercice de leur profession d'enseignant ou pas, qui proposent des services de consultation aux bureaux d'études et aux entreprises de forage. L'expertise du département de géologie à la faculté des sciences de l'Université de Meknès sur le système aquifère du Saïss est récente. D'abord rattaché à l'Université de Fès au sein d'une autre faculté des sciences, le département de géologie intègre l'Université de Meknès en 1989 et ses travaux touchent à une variété de bassins versants et de formations géologiques du nord du Maroc. Entre autres travaux de recherche, la thèse de doctorat soutenue par A. Essahlaoui en 2000, a participé à dynamiser l'intérêt des chercheurs pour le Saïss et à orienter le développement de l'expertise scientifique du département sur cette région. Cette thèse qui avait pour objectif de réaliser l'inventaire des ressources en eau du Saïss grâce notamment à la méthode de prospection géo-électrique a contribué à dresser un bilan hydrique de l'aquifère et de son évolution (Essahlaoui, 2000). Pour les entreprises de forage comme celles qui sont installées dans le centre urbain d'El Hajeb, avoir recours à l'expertise d'un académicien est une source de prestige qui apporte de la valeur ajoutée à la reconnaissance de l'entreprise. Le partenariat avec les universitaires apparaît comme un niveau d'expertise qui peut difficilement être contesté ou remis en cause même par l'Agence de bassin. Si les tarifs des prestations des universitaires sont plus élevés que ceux des ingénieurs et bureaux d'étude, les bénéfices en termes d'image et de sérieux que l'entreprise tire de cette collaboration sont aussi importants.

3.2.2. Des « mondes » en mouvements : de la possibilité d'appartenances multiples aux impacts de la redistribution des agriculteurs dans l'un ou l'autre monde

En tant que principaux usagers des mondes de l'exploitation des eaux souterraines, les agriculteurs ont *a priori* le choix entre des expertises très différentes. Dans la pratique, ils se déplacent d'un monde à l'autre, en captant tous les avantages que chacun de ces mondes peut offrir et en fonction de leurs capacités. Toutefois, tous les agriculteurs n'ont pas la possibilité de changer de monde aisément. Il leur faut pour cela un visa d'entrée, sous forme de capital financier, de savoir-faire, et d'esprit « entrepreneurial » (Ameur et al., 2017 b). En tout état de cause, l'appartenance aux deux mondes peut être simultanée dans le temps ou intervenir de manière successive. Dans le premier cas, l'agriculteur construit dans un premier temps son puits. Après la réalisation de ce premier ouvrage, il peut dans un second temps décider de creuser un forage, pour des raisons diverses. Dans la pratique, le puits est parfois encore fonctionnel et l'agriculteur peut le réserver pour l'irrigation de parcelles spécifiques, plus modestes que celles que le forage irrigue. Il peut aussi conserver le puits par sécurité afin d'avoir un plan de secours si le forage venait à ne pas fonctionner correctement. L'usage du puits est ainsi subsidiaire, mais non négligeable. Les capacités et les limites du puits sont connues et maîtrisées grâce aux savoirs incrémentaux sur le mode de fonctionnement du puits développés dans le monde de la pénurie. Pour l'entretien et le cuvelage du puits, l'agriculteur aura des contacts éloignés et non permanents avec les puisatiers. En clair, sa dépendance à l'un ou l'autre monde n'est pas totale et les bénéfices relativement de cette mixité sont certains. D'un côté (celui des puits), il maintient une position confortable au regard des exigences peu élevées pour rester dans le monde de la pénurie ; et de l'autre (celui des forages), il assure une extension exponentielle des ressources en eau souterraine. Le basculement vers le monde des forages n'est pas complet, mais il est le signe d'une évolution de l'expérience de pompage et du parcours socioprofessionnel de l'agriculteur.

Il existe un autre cas d'appartenance simultanée aux deux mondes où le choix du monde du puits intervient après le détour de l'agriculteur dans le monde des forages. En effet, les transferts entre les mondes suivent généralement le rythme et le temps linéaires des transitions environnementales et technologiques – où l'on voit les agriculteurs passer du monde des puits à celui des forages. Or dans certains cas, que nous avons observés sur le terrain, l'agriculteur qui a commencé à utiliser un forage décide dans un second temps seulement de revenir au puits. Ce retour au puits s'apparente à un revirement technique qui est justifié par l'expérience personnelle de pompage vécue par l'agriculteur. L'une des premières justifications de ce revirement réside dans l'échec du passage vers le monde des forages. Typiquement, c'est le cas d'un agriculteur qui utilisait déjà un puits pour irriguer une parcelle de son exploitation. Afin d'étendre l'irrigation et valoriser les superficies inexploitées, il décide de réaliser un forage. Or, cette décision se solde par un échec, car le forage ne fournit pas d'eau souterraine de sorte qu'il n'a jamais été fonctionnel. Par sécurité, cet agriculteur fait appel aux puisatiers pour creuser cette fois un second puits. Grâce à son expérience précédente sur le premier puits, il sait qu'il peut faire confiance aux savoirs des puisatiers et des sourciers qui lui indiquent les démarches à suivre pour avoir l'eau souterraine. À l'inverse, il s'est frotté au monde des forages, avec ses foreurs et ses techniciens, dont il ignore les méthodes de travail ainsi que la portée des connaissances, mais dont le pouvoir de séduction (la prospérité et l'eau souterraine en abondance) a dicté les choix. Ainsi, sans maîtriser les risques, il a été séduit par la promesse d'abondance et face à son échec, il s'est retourné vers un monde de pénurie certes, mais de pénurie maîtrisée.

En documentant ainsi les histoires des transitions d'un monde à l'autre, un état des lieux de la redistribution des agriculteurs dans l'un ou l'autre monde peut être fait. Cet état des lieux révèle les parcours des agriculteurs 1) qui ont fait le passage du puits au forage ; 2) ceux qui sont entrés directement dans le monde des eaux souterraines avec les forages ; 3) ceux qui ont été évincés de ce monde des forages ; et enfin 4) ceux qui sont restés dans le monde des puits et n'ont pas tenté la transition.

Les parcours des agriculteurs ayant fait la transition du monde des puits vers celui des forages sont, comme évoqué *supra*, le comportement le plus répandu dans les pratiques d'accès aux eaux souterraines. Si la promesse de l'eau souterraine en abondance est le point commun entre les différentes transitions, l'entrée dans le monde des forages a reposé sur différents ressorts. Pour cet agriculteur du douar Aït Daoud par exemple, la transition s'est imposée pour palier les contraintes techniques liées au creusement des puits. Déjà propriétaire d'un puits, il choisit le forage à cause de l'interdiction d'usage des explosifs dans les campagnes agricoles. Or sans ces explosifs, le temps de livraison des puits devenu beaucoup plus long aurait constitué un frein à son activité. D'autres limites inhérentes à la technique des puits, telles que l'augmentation des profondeurs pour accéder à l'eau, ont aussi encouragé les transitions. C'est ce que traduit la citation de cet autre agriculteur à Aït Daoud : « *Maintenant qu'il faut creuser plus profond, on trouve surtout les sondas* ».

Dans la deuxième catégorie des agriculteurs qui sont entrés dans le monde des eaux souterraines directement par les forages, on retrouve principalement les nouveaux investisseurs. Les nouveaux investisseurs sont des entrepreneurs allochtones venant d'autres régions du pays, qui achètent des terres dans le Saïss afin de développer une agriculture intensive à forte valeur ajoutée (Dugué et al, *op. cit.*). Résidant pour la plupart dans les villes et déléguant la gestion de leurs terres à un contremaître, ils s'assurent un accès privilégié à la nappe en équipant leurs terres des moyens d'accès les plus performants dans la production d'eau souterraine. Ainsi, à moins d'avoir été réalisés avant le rachat par l'investisseur, ces exploitations agricoles n'ont pas de puits, mais plutôt des forages récents équipés de matériels de pompage eux aussi parmi les plus performants sur le marché des pompages. Les investisseurs viennent aussi avec de nouveaux réseaux socioprofessionnels (entreprises de forage, entreprises de vente du matériel de pompage) et s'insèrent peu dans le tissu social local. Certains agriculteurs autochtones considèrent que ces « *autres agriculteurs viennent avec de nouvelles idées* », notamment concernant les matériels d'équipement des forages haute technologie ou les techniques de captage d'eau par bassin et d'irrigation. Pour cet investisseur arrivé en 2010 après l'achat de quatre hectares sur le territoire de l'une des anciennes coopératives qui peuplent le Saïss (la coopérative Bni Oukil), le choix du Saïss pour l'installation de son projet agricole a été guidé par l'assurance d'y trouver de l'eau souterraine sans difficulté : « *Je suis venu ici pour l'eau, j'ai vu que les gens ici faisaient beaucoup d'arboriculture* ». À l'instar de ses références, c'est la culture de l'arboriculture fruitière irriguée qu'il débute après la réalisation de son forage. Ces profils d'agriculteurs n'ont pas expérimenté la technique ancienne des puits et sont plutôt attentifs aux technologies actuelles de pompage des nappes, celles qui leur garantissent un bon résultat moyennant certains investissements.

La troisième catégorie des parcours en transition comprend les agriculteurs qui ont été évincés de leur monde, quel qu'il soit. Ce sont donc les agriculteurs qui ayant un jour possédé un puits ou un forage opérationnel, se sont retrouvés « sans eau souterraine », car ce puits ou forage a cessé de fonctionner. Parce qu'ils n'ont pas pu remettre en état l'ouvrage ou en creuser un nouveau, ils ont été mis à l'écart des dynamiques du monde social auquel ils ont appartenu. Cette éviction s'accompagne d'une importante régression dans l'ensemble de l'activité agricole de l'agriculteur. Sans eau, il retourne à la culture des céréales et des légumineuses en pluvial ou revient à l'élevage ovin. Le manque d'argent pour entretenir le puits ou l'approfondir dans un contexte de baisse de la nappe et supporter ses frais de fonctionnement (entretien ou remplacement de la pompe et du moteur, coût de l'énergie) sont les principales raisons de l'éviction d'un monde. Dans le monde des forages cependant, le risque d'éviction commence dès la formulation du projet de creusement : «*faire un forage, c'est prendre le risque de tout perdre*». Il peut arriver que le forage soit mal réalisé ou qu'il ne produise pas d'eau. Aussi, l'agriculteur est amené à faire des cultures de marché (oignon ou pomme de terre, par exemple) qui demandent des frais de campagne élevés et l'amènent sur des marchés agricoles très volatils. Or l'investissement coûteux qu'il a suscité en amont est de nature à entraîner la faillite de l'agriculteur et de son exploitation agricole. Dans ce cas de faillite, l'agriculteur perd les réseaux qu'il avait établis ou qu'il aurait construits en entrant dans le monde des forages. Il se consacre désormais au remboursement des créances contractées pour ce forage. Il faudra à l'agriculteur plusieurs campagnes agricoles pour pouvoir à nouveau tenter une entrée soit dans le monde des forages soit dans celui des puits. L'élevage devient alors une issue de secours rentable. Ce risque de tout perdre est exprimé dans les termes suivants par un agriculteur rencontré dans le douar Aït Daoud : «*L'eau dans le sol n'est pas comme la mer, c'est comme l'oued. Si tu as de la chance, tu tombes sur l'oued*». Il faut par conséquent être sûr que le puits ou le forage est bien aligné sur le cours de l'oued (rivière) avant de creuser.

Une fois qu'ils ont trouvé l'eau grâce aux puits, certains agriculteurs restent fidèles au monde de la pénurie. Cette pratique de fidélisation représente la quatrième catégorie de parcours d'agriculteurs dans la recherche de l'eau souterraine. Parmi ces agriculteurs n'ayant jamais fait la transition vers le monde des forages, on retrouve des agriculteurs familiaux irriguant de petites superficies. La petite taille des superficies à irriguer ne justifie pas l'investissement à soutenir pour construire un nouveau puits ou *a fortiori* un forage. Ces agriculteurs ne creusent que des puits s'ils doivent réaliser de nouveaux points d'accès à la nappe. L'assurance d'avoir de l'eau, même à des doses inférieures à celles des forages, surpasse le risque de faillite si le forage se révèle non productif.

Les agriculteurs qui ont été évincés et ceux qui n'ont pas tenté la transition vers les forages diversifient leurs activités et leurs capitaux en se tournant vers l'élevage (ovin et bovin). Ces agriculteurs sécurisent leur accès à l'eau pour la culture des fourrages irrigués pour un élevage intensif, et de ce fait sécurisent leurs revenus (Dugué et al., 2015). En effet, les revenus espérés de l'élevage sont moins soumis à la volatilité des prix du marché que les productions arboricoles et maraîchères. La polyculture-élevage et la pluriactivité constituent pour les exploitations agricoles familiales de petite taille deux stratégies de développement de leurs capitaux tantôt pour réintégrer un monde de l'exploitation des eaux souterraines, tantôt pour se maintenir dans ce secteur grâce à des pratiques innovantes (usage de l'eau souterraine hors agriculture au sens strict).

Conclusion du chapitre

L'analyse des représentations sociales au prisme des pratiques de pompage des eaux souterraines fait apparaître deux principaux registres dans l'exploitation des nappes. Ces deux mondes de l'eau souterraine sont concurrents, car les expertises, techniques et valeurs qu'ils mettent en avant se disputent la légitimité d'action vis-à-vis des eaux souterraines. Ils sont aussi très dynamiques, en ce sens que leurs frontières ne sont jamais définitivement figées, de sorte que les agriculteurs ont la possibilité de naviguer d'un monde à l'autre. De manière générale, l'objectif de ce chapitre était de comprendre le contexte du basculement de l'agriculture irriguée dans le Saïss. Cette analyse a permis de mettre en lumière les différentes étapes ou temporalités de l'évolution des pratiques d'irrigation depuis le début de l'agriculture pluviale jusqu'à l'éminente transition portée par l'avènement de la technique des forages et du monde social qui s'est constitué autour d'elle. En tout état de cause, l'évolution technique est au cœur des enjeux de transition qui ont été analysés tout au long de ce chapitre. C'est dans cette optique qu'une place importante a été accordée ici aux techniques (puits et forages) qui ouvrent l'accès aux eaux souterraines, ainsi qu'aux acteurs qui les forgent. Toutefois, puits et forages seuls ne sont pas suffisants pour cerner les ressorts de ce basculement.

Une fois réglée la question de savoir d'où part ce basculement, le chapitre 2 suivant amène à comprendre ce qu'il est et sur quels ressorts il s'établit. Ce chapitre montre comment les acteurs, par le biais des techniques, rendent visibles des ressources cachées de l'aquifère. Une mise en visibilité qui se construit surtout grâce à des réseaux sociotechniques dynamiques. Cependant si le basculement et la mise en visibilité des eaux souterraines ont généré une plus-value tangible dans le paysage agricole de la région, ils ont aussi entraîné une nouvelle redistribution des ressources et des rapports au sein des groupes d'agriculteurs entre d'une part ceux qui ont pu s'intégrer et suivre la nouvelle dynamique, et ceux qui en ont été évincés. Les pompes et moteurs d'extraction (recyclés ou non) qui équipent ces ouvrages y ont fortement contribué. Plusieurs types de pompes et moteurs, toujours plus performants les uns que les autres, se sont succédé dans le domaine de l'extraction des eaux souterraines, soutenant et provoquant les transitions qui ont été analysées ci-dessus. En ouvrant la boîte noire des pompes et moteurs, cet ouvrage rend visible une société minière informelle qui s'adapte rapidement aux baisses des nappes et aux besoins des réseaux sociotechniques.

Chapitre 2

La mise en visibilité des eaux souterraines : Émergence d'une société minière

Introduction du chapitre

Ce chapitre vise à apporter un éclairage cognitif sur les moteurs et pompes d'extraction, aussi bien dans leur structure (comment sont-ils fabriqués), leurs origines (par qui, comment se fait l'introduction de nouvelles techniques), leur fonctionnement et leurs relations à l'histoire de l'exploitation de l'aquifère. La question des techniques d'extraction des eaux souterraines se pose d'autant plus que le développement agricole du Saïss dépend complètement de leur capacité à défier la profondeur de l'aquifère dans un contexte de forte baisse des nappes. La mécanisation agricole des années 1960 avait mobilisé politiques et universitaires à travers la formation des ingénieurs (ce qui est toujours le cas) soucieux de proposer des techniques efficientes pour améliorer les rendements agricoles. *A contrario*, la mécanisation des pompages des eaux souterraines est encore peu connue des acteurs publics. En 1974, la Direction de l'hydraulique du ministère des Travaux publics traduit, à l'usage de ses délégations sur le terrain, un manuel qui montre et décrit les différentes méthodes de pompage d'essai (Kruseman et al., 1974). Pendant ce temps dans le Saïss, l'année 1975 inaugure l'utilisation des premières motopompes à eau dans les exploitations agricoles (El Amrani, 2001). L'État n'est pas le seul acteur à chercher – et à trouver – des moyens pour améliorer la productivité agricole. Au-delà des prouesses et innovations techniques évidentes que cette étude révèle, la question des techniques de pompage des eaux souterraines revêt un intérêt plus profond. En effet, tout au long de leur cycle de vie, ces dispositifs techniques doivent s'insérer dans le monde extérieur et s'adapter à des acteurs sociaux. De ce fait, ils auront tendance à se constituer en objets de réseaux dans le sens où chacun de leurs constituants met socialement, culturellement et économiquement en contact et crée des interdépendances entre les acteurs. La mutation de l'objet technique dissocié, qui devient objet de réseau, est considérée comme l'étape la plus importante du processus technique (Simondon, 1958). C'est ici que se forme le réseau sociotechnique, ou les réseaux sociotechniques, multiples dans le temps et par les (sous) objets qui adhèrent à l'objet technique principal. Cette modification est donc particulièrement riche d'enseignements, car elle peut constituer un cadre global dans lequel se réalisent les autres étapes. Autrement dit, dès leur naissance ou leur constitution, les objets techniques sont déjà susceptibles de mettre en réseau (tout comme pour la phase de développement où ils sont en contact direct avec les usagers). Si le mode d'existence des objets techniques est très dynamique et fait voir de multiples ramifications, il suscite encore certaines interrogations : qu'est-ce que la mise en réseau par le biais des moteurs et pompes construit socialement ? Comment différencier les groupes sociaux nécessairement transformés par ces objets, aussi bien dans leurs structures et leurs modes de fonctionnement ? Peut-on voir dans les processus de fabrique de ces réseaux sociotechniques l'expression d'une société où les acteurs partagent des aspirations communes et ayant conscience de leurs destins communs ? Comment dès lors caractériser cette forme de société ? Quel rôle jouent les connaissances et les savoirs sociotechniques dans la construction de cette société ? Enfin, à quel type de progrès la technique est-elle associée ? Par le biais de ces questionnements, le présent chapitre nourrit la première hypothèse formulée dans l'introduction générale de l'ouvrage, qui porte sur la naissance dans le Saïss de « mondes sociaux » (Strauss, 1978 [1992]) liés à l'exploitation des eaux souterraines. Si le chapitre 1 a déjà identifié les deux mondes en question, il est question à présent de vérifier la présence de « canaux » et médiations techniques qui mettent en visibilité les eaux souterraines et l'aquifère socialement parlant.

Pour ce faire, la principale posture analytique mobilisée est la théorie de l'acteur-réseau (ANT). L'ANT invite à repenser le rôle des objets techniques dans la construction du corps social, les mécanismes par lesquels les collectifs sociaux sont transformés en même temps qu'ils manipulent ces objets techniques, ainsi que les médiations que construisent les techniques entre les sociétés et leur environnement naturel.

En tout état de cause, l'analyse qui suit s'organise en trois principales sections. La première est consacrée à l'ethnographie des objets sociotechniques qui permettent de pomper dans l'aquifère. Elle abordera tour à tour le cas des moteurs et des pompes, dans leur grande variété et complexité. On étudie ici comment ces objets s'inscrivent dans le temps d'un territoire comme celui du Saïss, dans une perspective qui met en évidence leur apparition jusqu'à leur fin de vie, lorsque celle-ci s'est produite. La deuxième met à l'honneur les acteurs qui font exister et qui perfectionnent ces techniques de pompage des eaux souterraines. Ils entretiennent la « salle des machines » de l'économie des eaux souterraines du Saïss en s'investissant au sein de trois grands réseaux sociotechniques : mécanique, électrique et solaire. Une analyse de la distribution sociale et spatiale de chaque réseau révèle qu'ils ne se déploient pas de la même façon ni avec la même intensité, ce qui n'entrave pas leur capacité à s'hybrider et à cohabiter. L'État entre en scène dans une troisième section qui montre le rôle que jouent les politiques publiques vis-à-vis de l'activité minière de la « salle des machines », et de la société des eaux cachées plus largement. On comprend à travers ce chapitre que, aussi fine soit l'étude des réseaux sociotechniques menée ici, elle doit nécessairement être examinée à la lumière des mécanismes d'une gouvernance de l'eau et d'une action publique englobante. La quatrième, et dernière, section du chapitre interroge l'instrumentation de ces RST et la place des objets techniques dans la création de liens sociaux. En d'autres termes, de quels collectifs parle-t-on lorsque l'on décrit ces RST ? Que construisent ces RST en termes de société ? On verra ainsi qu'au travers de ces RST, c'est un véritable projet de société qui se dessine dans le Saïss, dans toutes ses dimensions sociale, politique et environnementale. Cette section examine ainsi les contours d'une société minière informelle, adaptative et extrêmement flexible dans ses méthodes, ses processus de déploiement et ses fonctions. Si elle a prouvé sa résilience à travers le temps, elle n'en reste pas moins exposée à l'épuisement de l'aquifère causé par l'intensification des pompages qu'elle-même accompagne. Une situation paradoxale qui amène à s'interroger sur l'existence au sein de ce collectif, d'une conscience liée au fait de partager un sort commun et sur les modes d'expression de cette conscience de collectif.

1. Ethnographie des objets techniques de pompage des eaux souterraines

Le pompage des eaux souterraines se base en premier lieu sur un puits ou un forage. Ces deux constructions physiques sont ensuite équipées en vue de les rendre opérationnelles. De manière générale, le puits ou le forage est désigné comme une unité de représentation du point d'accès à l'aquifère par les agriculteurs notamment, car les deux éléments (structure physique et matériel d'équipement) sont interdépendants ;

l'un ne fonctionnant pas sans l'autre. C'est dans l'usage quotidien de l'unité « puits » ou « forage » qu'apparaît distinctement la séparation entre les techniques et les mécanismes qui relèvent de la structure physique de l'ouvrage ou de son équipement. Les pompages exigent l'installation sur les puits et forages de deux principaux types d'objets techniques : le moteur et la pompe. Ces derniers sont constitués d'un agrégat d'autres objets, plus ou moins nombreux suivant la nature et le modèle du moteur ou de la pompe.

1.1. Objets et techniques de pompages motorisés

Quand on parle de moteur, l'élément le plus important à prendre en compte est sa marque. Comme pour les automobiles, cette référence est un indicateur de qualité et de performance. Ici, c'est la profondeur et la durée de pompage, la résistance aux chocs, la consommation d'énergie et les charges d'entretien qui sont utilisées pour classifier les moteurs. On retrouve dans le Saïss les marques Lister Petter, Assad, Deutz et Renault.

Les deux premiers moteurs Lister Petter et Assad ont des caractéristiques identiques : moteurs thermiques alimentés au gasoil, six cylindres, une manivelle pour le démarrage manuel, une grande poulie de transmission, un filtre à huile, une soupape d'échappement des gaz et un réservoir à gasoil. Toutes les composantes sont intégrées au moteur au moment de l'achat. Pour l'installer près du puits dans le champ, l'agriculteur prépare un « châssis » sur lequel il pose le moteur. Le châssis, selon la terminologie locale, désigne la charpente métallique qui sert à immobiliser le moteur et l'empêche de bouger pendant les rotations de courroie de transmission. Les dimensions de la charpente métallique sont faites sur mesure, en fonction de la taille du moteur. Cette charpente est ensuite coulée dans du béton et l'ensemble se solidifie comme du béton armé. Leur couleur verte et leur forme allongée les distinguent facilement.

Photo 15: *Le moteur Lister Petter. A gauche, le moteur neuf disponible dans le catalogue constructeur (https://www.listerpetter.com/tr-air-cooled-engines/). A droite, vieux moteur surmonté d'un châssis (coopérative Al Ghazala, 2014).*

Ce sont les premiers moteurs utilisés dans la région, lorsque les pompages dans l'aquifère commencent vers 1980. Aujourd'hui, les puits sont plus profonds, mais les moteurs Lister Petter et Assad sont installés sur des puits mesurant entre treize et 44 mètres de profondeur, et permettent deux heures de pompage en moyenne par jour.

Le moteur de marque Deutz est un moteur recyclé qui a appartenu à une ancienne machine agricole (tracteurs notamment). D'une cylindrée comprise entre 2 à 6, il est alimenté au gasoil. À la différence des moteurs Lister Petter et Assad fabriqués pour le pompage des eaux souterraines, le moteur Deutz est un objet reconverti dans ce nouvel emploi. À partir du modèle original, les mécaniciens suppriment la boîte de vitesses et la remplacent par une poulie en acier. Une courroie de transmission relie la poulie à la tête de la pompe installée dans le puits ou le forage. La poulie prolonge l'arbre de transmission du moteur qui, par son mouvement de rotation, actionne la courroie de transmission. Un châssis complète l'installation. Enfin, un récipient en caoutchouc peut être installé pour recueillir le suintement de l'huile moteur. Cette poulie (comme le châssis) est fabriquée localement, la courroie et le récipient sont vendus dans les quincailleries de proximité. Généralement de couleur jaune, les moteurs Deutz sont reconnaissables à leurs imposantes dimensions.

Photo 16: *Le moteur Deutz reconverti pour les pompages d'eau souterraine (coopérative Bni Oukil, 2014).*

Le moteur Deutz est installé sur des puits et des forages peu profonds (80 mètres). Sa puissance supérieure au couple Lister Petter/Assad a offert aux agriculteurs la possibilité d'augmenter les durées de pompage et d'irrigation.

La quatrième marque de moteur, parmi les plus représentées dans les pompages, est Renault. Les moteurs Renault font leur apparition à partir des années 2000. Il s'agit de moteurs d'automobiles du constructeur Renault. Tous les moteurs qui ont précédé la vague Renault sont des moteurs à gasoil. Les moteurs Renault sont par contre des moteurs-essence (la marque Renault fabrique aussi bien les moteurs alimentés au diesel et à l'essence, mais seule cette seconde catégorie fonctionne dans la région). On retrouve dans le Saïss cinq modèles différents : le moteur Renault 9 (R9), le Renault 19 (R19), le Renault 21 (R21), le Renault 25 (R25) et le Renault Safrane.

- Le R9 d'une puissance maximale de 82 chevaux (ch) est construit en France entre 1981 et 1989.
- Le R19 (140 ch) est assemblé en France, Allemagne et Espagne de 1988 à 1997.

- Le R21 (175 ch) est lancé à partir de 1986 jusqu'en 1995, dans les usines en France et en Espagne.
- Le R25 (182 ch) est produit entre 1984 et 1992, exclusivement en France.
- Le Renault Safrane (268 ch) enfin fabriqué de 1992 à 2002 en France uniquement aussi.

Le moteur R9 est le plus vieux et le premier modèle Renault utilisé par les agriculteurs. Il est déjà aussi puissant que ceux qu'ils utilisent. En comparaison, la puissance maximale du Lister Petter était de 64 ch, pour un minimum de 2,7 ch sur les moteurs à un cylindre. Les modèles Renault suivants se succèdent rapidement. Aujourd'hui, on peut retrouver des traces du R9 dans les ateliers de mécaniciens et rares sont les agriculteurs qui utilisent toujours le R19.

Lorsque le modèle R21 fait son entrée dans les garages de mécaniciens, le R9 est relégué au second plan. Le R19 ne disparaît pas, car il a presque les mêmes caractéristiques que son nouveau rival. La technique de transformation du moteur automobile en moteur de pompage des eaux souterraines testée sur les premiers modèles R9 et R19, est confirmée sur le R21 qui séduit par sa puissance. Toutefois, c'est le modèle R25 qui fait l'unanimité. Depuis le début des années 2010, il est la « star » des pompages dans le Saïss : capable de pomper quatre heures d'affilée et huit heures par jour sur des forages de plus de 100 mètres de profondeur. Enfin, le Renault Safrane est plutôt considéré comme un modèle de luxe dans la catégorie des pompages mécaniques. Ces moteurs ont une structure quasi identique, car leurs transformations nécessitent les mêmes objets. En effet, une technique de transformation du moteur automobile Renault en moteur de pompage des eaux souterraines a été mise en place dans les ateliers de la région. La transformation pour le réemploi des moteurs est locale.

À l'origine, les modèles Renault sont des moteurs alimentés avec de l'essence. Mais dans les champs du Saïss, ils fonctionnent grâce à une alimentation au gaz butane. De la ferraille à l'exploitation agricole, ils subissent un processus qui supprime l'utilisation de l'essence et la remplace par le butane (cf. photo 17).

Photo 17: *Moteur Renault 25 après sa transformation (Bouderbala, 2015).*

L'objet central de la transformation est un bloc-moteur, c'est-à-dire le moteur automobile débarrassé de ses fils et connecteurs d'origine. De nouveaux accessoires sont ensuite greffés à ce bloc-moteur (cf. chapitre 3 pour une ethnographie détaillée de chacun de ces objets) :

- un appareil à gaz et des tuyaux pour la circulation du butane ;
- un radiateur pour le refroidissement à eau du moteur. Ce sont généralement des radiateurs de camions qui sont utilisés, car ils peuvent contenir de plus grands volumes d'eau que ceux des automobiles. Pour remplacer le radiateur, des fûts de refroidissement sont le plus souvent usités. Il s'agit de fûts cylindriques en métal soudés par paire grâce à deux barres de fer. Deux trous, à l'avant et à l'arrière de chaque fût, assurent l'écoulement de l'eau à travers des tuyaux. Une conduite d'eau reliée au puits remplit le premier fût qui refroidit le moteur. L'eau chauffée passe par un autre tuyau jusqu'au second fût avant d'être déversée. Les fûts doivent fonctionner comme des vases communicants afin que l'eau qui arrive du puits soit légèrement tiédie par l'eau chauffée ;
- une poulie, une courroie identique à ce qu'on retrouve sur le moteur Deutz ; ainsi que le châssis ;

- un filtre à air, soit une petite boîte de conserve ouverte, trouée sur sa base et attachée au moteur grâce à des fils barbelés. Pour les plus élaborés, le soudeur utilise du métal à la place de la boîte de conserve ;
- le démarreur (référence à la clé de contact dans une voiture) est un boîtier composé d'une clé, d'un manomètre qui indique la température du moteur, de deux voyants lumineux rouge et vert ;
- un accélérateur remplace la boîte de vitesse des voitures, mais il sert surtout à réduire la vitesse lorsque l'agriculteur ne souhaite pas interrompre l'irrigation à cause de la surchauffe du moteur ;
- une batterie et une bobine de fil pour compléter le système électrique du moteur ;
- un tuyau d'échappement des gaz provenant d'un véhicule quelconque.

Les moteurs se sont complexifiés avec l'évolution du niveau des nappes, et des innovations se mettent en place lorsque certains objets techniques deviennent désuets. Elles concernent aussi bien le moteur que la pompe.

1.2. Description et typologie des pompes

Deux types de dispositifs coexistent dans l'usage des pompes : le dispositif mécanique ou pompe à axe vertical et le dispositif lié à la pompe immergée.

La pompe à axe vertical se décompose en trois objets distincts, la tête, les turbines et les conduites. La tête de la pompe est la partie externe du dispositif (cf. photo 18). Elle est reliée au moteur grâce à la courroie de transmission. Les turbines transmettent le mouvement de rotation de la tête aux conduites et filtrent l'eau pompée pour éviter que les gros sédiments abîment la pompe. Les conduites sont des barres métalliques cylindriques d'une hauteur de 2,5 mètres. Le nombre de conduites dans le puits ou le forage est calculé en fonction du niveau statique de l'eau souterraine, et il augmente en fonction des rabattements de l'aquifère.

Photo 18: *Pompes à axe vertical (coopératives Al Ghazala, 2015 et Bni Oukil, 2014).*

La marque de la pompe est importante. Ou plutôt la marque de la tête de la pompe, pièce maîtresse du dispositif. L'agriculteur a le choix entre deux marques : *Alta* et *Rotaxe.* Ces marques sont apparues en même temps que les premiers moteurs Lister Petter dans les années 1980. Comme le présente le tableau 4 ci-dessous, la marque Alta reste la plus recherchée, en dépit de la concurrence de nombreuses autres marques comme *Alexy, Altaxe, Deltaxe, Recta.*

Tableau 4: L'utilisation des pompes à axe vertical dans la zone d'étude.

	Douars	Coopératives		Domaine privé Aït Harzallah	Totaux
		Bni Oukil	Al Ghazala		
Marque Alta	14	20	14	2	50
Marque Rotaxe	7	1	4	0	12
Autres marques	4	3	0	0	7

La pompe immergée, quant à elle, est une conduite en plastique, en aluminium ou en acier qui aspire l'eau souterraine à la surface. Son apparition est aussi en lien avec le rabattement de l'aquifère. Elle s'accompagne tantôt d'un dispositif électrique tantôt (plus récemment) d'une installation solaire (cf. photos 19). Avec le dispositif électrique, la pompe immergée est reliée à un compteur électrique, lui-même branché sur le réseau électrique local. Pour ceux qui n'ont pas accès au réseau électrique, il est d'usage d'avoir recours au dynamoélectrique ou générateur d'électricité. L'installation solaire comprend le kit photovoltaïque et le(s) panneau(x) solaire(s).

Photo 19: *Pompe immergée et ses installations électrique et solaire.*

1.3. Évolution historique de l'utilisation des équipements de pompage

Plusieurs types d'équipements de pompage ont été identifiés. Leur utilisation est simultanée lorsque le pompage est motorisé, tandis que la pompe immergée est indépendante du moteur. Le schéma restitue leurs temporalités respectives, à partir du moment où ils font leur apparition dans le paysage local. En retraçant l'évolution des différentes techniques, ce sont les temps clés du développement des pompages qui sont mis en évidence. Le choix des objets à des périodes données est le résultat d'une somme de contraintes climatiques et d'opportunités socioéconomiques et techniques.

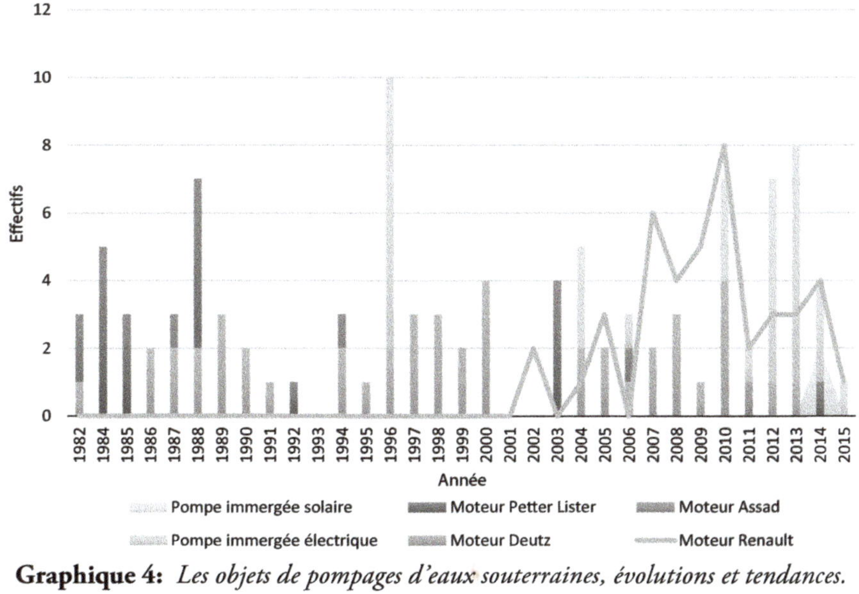

Graphique 4: *Les objets de pompages d'eaux souterraines, évolutions et tendances.*

Le graphique 4 représente les objets de pompage, passés et actuels qui ont à un moment donné équipé un puits ou forage. Il considère les données recueillies sur 89 exploitations agricoles. Ces exploitations agricoles comptabilisent un effectif de 183 puits et forages. Ces données ont servi à dresser l'historique de l'équipement des puits et forages, depuis leur date de creusement. Qu'ils aient été opérationnels ou non au moment de l'enquête n'est pas déterminant ; ce qui compte c'est que l'ouvrage ait déjà fonctionné et par quels moyens.

Les premiers moteurs à faire leur apparition sont ainsi les Lister Petter en 1982, alors que la vague de sécheresses de 1980–1984 est en cours. Il est alors très populaire dans les coopératives de la réforme agraire et c'est dans ces espaces qu'il s'est d'abord diffusé. À la fin de la décennie 1980, le moteur Deutz est principalement sollicité. Depuis les sécheresses de 1994–1995, il est plus adapté aux nouveaux puits qui ont été approfondis. Ce succès dure jusqu'au début 2000. Pendant 20 ans, les deux marques Lister Petter et Deutz principalement ont soutenu le développement agricole. On peut donc dire que ce sont des moteurs pour puits. Le choix parmi les objets se diversifie en 2001 avec les moteurs Renault, puis les pompes électriques en 2004 qui sont aujourd'hui les plus utilisées. Le pompage solaire est encore timide, mais l'essor progressif de certains programmes de soutien et de subventions à l'achat des panneaux et kits photovoltaïques séduit les agriculteurs, car c'est moins le désir d'avoir des objets plus performants et plus le coût très élevé d'une telle installation qui la rendait inaccessible.

Dans les pompages des eaux souterraines, les modes passent, mais les objets restent. Ils continuent de circuler parmi les agriculteurs qui les revendent à d'autres agriculteurs ou à des mécaniciens. Ces derniers les reprisent avant de les mettre en vente. C'est le cas du moteur Assad qui apparaît dans le graphique 4 en 2011. Il a été acheté d'occasion (pas neuf) auprès d'un autre agriculteur qui a décidé d'adopter un moteur Renault. Même inutilisables, ils sont vendus pour leurs pièces détachées.

En définitive, parmi l'éventail d'objets techniques qui se présentent, certains en particulier se démarquent au regard de l'adhésion des acteurs. Ces objets doivent être appréhendés comme des constructions sociales, dans la mesure où ils sont conçus ou introduits grâce à l'intervention d'innovateurs, et en raison des représentations sociales qui sont associées à leur usage (capacités de pompage, longue durée de vie). Ils peuvent être modifiés pour s'adapter aux besoins et contraintes locaux, c'est le cas des moteurs Deutz et Renault. Mais ils produisent aussi des changements dans les manières d'agir des acteurs qui les manipulent. Concernant les interactions entre moteurs, pompes et eaux souterraines, la diffusion de la motopompe à eau a considérablement accru l'utilisation des puits qui contribuent à faire baisser la nappe phréatique. La mécanisation des pompages va renforcer les limites des puits (nombre d'heures de pompage limitées par jour) et préparer le basculement vers les forages (cf. chapitre 1). Par leurs trajectoires, moteurs et pompes configurent des réseaux sociotechniques au sein desquels sont définis les acteurs qui font partie du réseau et ceux qui en sont exclus, les rôles, les normes de comportements et des cadres de pensée propres (Akrich, 1991). La prochaine section s'attache à caractériser les interactions entre les ces objets et acteurs sous le prisme de l'approche des réseaux sociotechniques.

2. La « salle des machines » ou l'analyse des formes d'interactions entre objets techniques et acteurs

L'économie agricole du Saïss est soutenue par un secteur de l'extraction des eaux souterraines profondes peu connu, c'est la partie immergée de la vitrine habituellement promue sur la scène publique (productions agricoles foisonnantes, grands investissements publics et privés, modernisation poussée des techniques agriculturales, etc.) Ce secteur est nommé ici la « salle des machines », car c'est lui qui propose, conçoit et entretient les matériaux et objets indispensables à la production d'eau souterraine et donc à la production agricole. Il reste dans l'ombre, comme les acteurs qui y travaillent, tous deux repérables notamment aux objets techniques qu'ils conçoivent pour les agriculteurs. En suivant ces objets, trois grands réseaux sociotechniques sont dans un premier temps différenciés, suivant la nature des objets que le réseau manipule et la qualité des acteurs auquel il fait appel. Il apparaît dans un second temps que ces réseaux sont distribués sur le plan social et spatial dans le sens où certains attirent des usagers et des territoires spécifiques. Cette distribution socio-spatiale des réseaux n'exclut cependant pas les ramifications et croisements inter-réseaux.

2.1. Trois réseaux sociotechniques aux commandes de la « salle des machines »

En matière de pompage des eaux souterraines, trois grands réseaux sociotechniques (RST) peuvent être identifiés, caractérisés selon la nature des objets techniques qu'ils valorisent. On retrouve ainsi un RST mécanique, un RST électrique et un RST solaire.

2.1.1. Un Réseau sociotechnique mécanique qui porte l'innovation incrémentale

Le RST mécanique est défini par les trajectoires des moteurs et des pompes à axe vertical. Pour ces deux objets pourtant bien distincts, les ressources techniques et les acteurs sont concentrés aux mêmes endroits. Le mécanicien est l'épicentre du RST, en amont et en aval duquel d'autres acteurs gravitent. Le RST mécanique attire le plus grand nombre d'utilisateurs. Parmi les 89 exploitations agricoles enquêtées, 69 ont recours à un pompage motorisé. Le graphique 5 ci-dessous détaille les éléments de ce résultat.

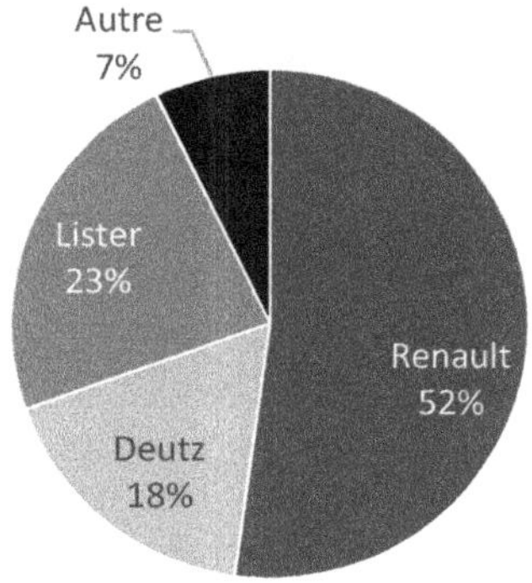

Graphique 5: *Taux d'usage du pompage mécanique.*

Plus de 50% des pompages mécaniques s'effectuent avec les moteurs Renault. Arrivent ensuite les moteurs Lister Petter qui attirent 23% d'utilisateurs, devant le moteur Deutz (18%). Les moteurs Lister Petter sont plus vieux, cependant ils nécessitent moins d'entretien et sont plus résistants à l'usure du temps, ce qui explique qu'ils sont encore plus utilisés que les moteurs Deutz. Dans la catégorie « autres moteurs » sont regroupées l'ensemble des marques qui ont été utilisées pour les pompages, mais qui ont été reléguées au profit des trois autres marques du graphique. Cette catégorie représente ainsi la proportion des agriculteurs qui possèdent notamment les marques Diesel RN 19, Jombach, Fjord, Mercedes 405, Volkswagen Golf.

– Interactions primaires entre agriculteurs et mécaniciens

Au centre du réseau, on retrouve les mécaniciens qui créent et réparent les moteurs. Leurs ateliers sont installés dans les centres urbains à proximité des villages. C'est l'agriculteur qui initie l'interaction quand il se rend dans ces centres urbains pour acheter son moteur, et il conserve la charge de l'initiative tout le long de la vie du moteur. En cas de panne du moteur, ce dernier est transporté dans les ateliers ou alors c'est le mécanicien qui se rend sur l'exploitation agricole. L'intensité de la relation varie en fonction du type de moteur. Pour les moteurs Lister Petter, elle est faible, car ils sont très résistants, irriguent de petites parcelles (1–2 ha) chez des propriétaires qui n'ont pas les moyens financiers d'acheter un moteur plus puissant. Ces derniers apprennent à réparer eux-mêmes les pannes pour éviter de payer les services des mécaniciens qui interviennent seulement lorsque ces pannes sont graves. C'est le cas de cet agriculteur, Mohammed, ancien membre d'une coopérative de la réforme agraire à Fès, il possède 2 hectares et deux puits. Les deux puits sont équipés respectivement d'un moteur Deutz ramené de Fès et Lister Petter acheté sur les conseils du cousin de sa belle-fille, mécanicien. C'est aussi ce cousin qui s'est occupé de l'entretien du moteur en cas de panne jusqu'à ce qu'il forme le fils de l'agriculteur. En cas de souci, c'est le fils qui répare. Le réseau familial construit en son sein sa propre expérience afin de ne pas dépendre d'acteurs extérieurs.

Par contre, l'intensité de la relation est très forte dans le cas des moteurs Renault. Le mécanicien qui crée ce moteur assure un service après-vente d'autant plus régulier que si ces moteurs sont puissants, ils cumulent de plus en plus de pannes après quelques années d'usage.

– *Les acteurs en amont et en aval du RST mécanique*

Les mécaniciens adaptent des moteurs Deutz et Renault en associant plusieurs objets d'origines variées. Pour avoir accès à ces objets, ils s'insèrent dans des circuits de ravitaillement en amont du RST mécanique. Le mécanicien interagit avec des intermédiaires à différentes échelles locales, régionales, nationales. D'autres hiérarchies parmi les intermédiaires se fondent sur la rareté des objets comme le bloc-moteur et l'appareil à gaz. Les connexions établies en aval du RST dépendent du type d'énergie qui alimente le moteur : gasoil ou gaz butane (cf. photos 20). Pour l'alimentation en gasoil, les agriculteurs se ravitaillent auprès des stations-service (parmi les plus connues : Ziz gaz, Butafrique, Tissirt gaz, Afriquia gaz). Ces stations-service offrent la possibilité de prendre un crédit mensuel sur la consommation, un moyen de fidéliser une clientèle dont on sait que les besoins sont continus. Dans le cas de Mohammed et de ses deux moteurs Deutz et Lister Petter, il estime sa consommation mensuelle de gasoil à 4 m^3.

Quant au butane, des camions appartenant à des stations-service livrent dans les douars des bonbonnes de gaz de douze kilogrammes, en moyenne deux fois par semaine. La livraison se fait sur la base d'un abonnement souscrit auprès de la station de son choix. L'agriculteur dépose un chèque de garantie et paie chaque livraison servie. Le chèque garantit le règlement des impayés, et la restitution des bouteilles vides si elles sont prêtées à crédit. Une fois l'abonnement pris, le principal contact de l'agriculteur est le livreur de camion. S'il est spécifié dans l'abonnement la fréquence des livraisons, celle-ci peut augmenter en fonction des besoins du moteur (souvent pendant la période des semis et l'été), d'un commun accord entre livreur et agriculteur. La station-service n'intervient plus nécessairement. Certains agriculteurs s'abonnent directement auprès du livreur, sans passer par la station essence. Dans ce cas, pas de chèque de caution ni de crédits, ils achètent les bouteilles vides et paient les livraisons à chaque passage du livreur. Le nombre de bouteilles par livraison varie en fonction du nombre de puits et forages, des superficies irriguées, du nombre de bouteilles connectées par moteur (jusqu'à neuf bouteilles). Chaque station-service à des camions-livreurs, qui couvrent chacun un périmètre défini par la société (plusieurs villages). Plus le livreur a de clients, plus grande est sa commission auprès de sa société. Il est l'intermédiaire entre la société de gaz et l'agriculteur qui n'a pas toujours de contact direct. Dans leur relation de face-à-face, ils peuvent conclure d'autres arrangements sur les temps de la livraison et même le moment du paiement. Ce sont des arrangements qui fidélisent la clientèle, car sont déterminantes la flexibilité et la célérité de la livraison si le stock de bouteilles est épuisé à des moments critiques de l'irrigation.

Photo 20: *Bonbonnes de gaz butane alimentant un moteur Renault.*

– *Un mini-RST pour les pompes à axe vertical, indivisible des RST mécaniques*

L'usage de la pompe est indissociable du moteur dans le pompage mécanique. Les nœuds de connexions entre le mini-RST des pompes et le RST mécanique sont pour la plupart identiques. Le mini-RST des pompes entraîne l'agriculteur dans deux types d'interrelations : avec les revendeurs et les installateurs/réparateurs de pompes. Les premiers sont des magasins qui revendent les produits des sociétés basées dans la zone industrielle de Casablanca. Dans la hiérarchie des revendeurs, il existe d'abord des entreprises de taille moyenne qui ont des partenariats directs avec les fabricants de pompes, ce sont des grossistes. La plupart d'entre elles sont basées à Meknès. Elles revendent à leur tour aux petits magasins et à des revendeurs ambulants qui sillonnent les centres urbains où se concentre l'activité des artisans-mécaniciens. Des échanges se créent aussi entre petits magasins et revendeurs ambulants. Le schéma ci-dessous donne un descriptif visuel de l'ensemble du RST mécanique.

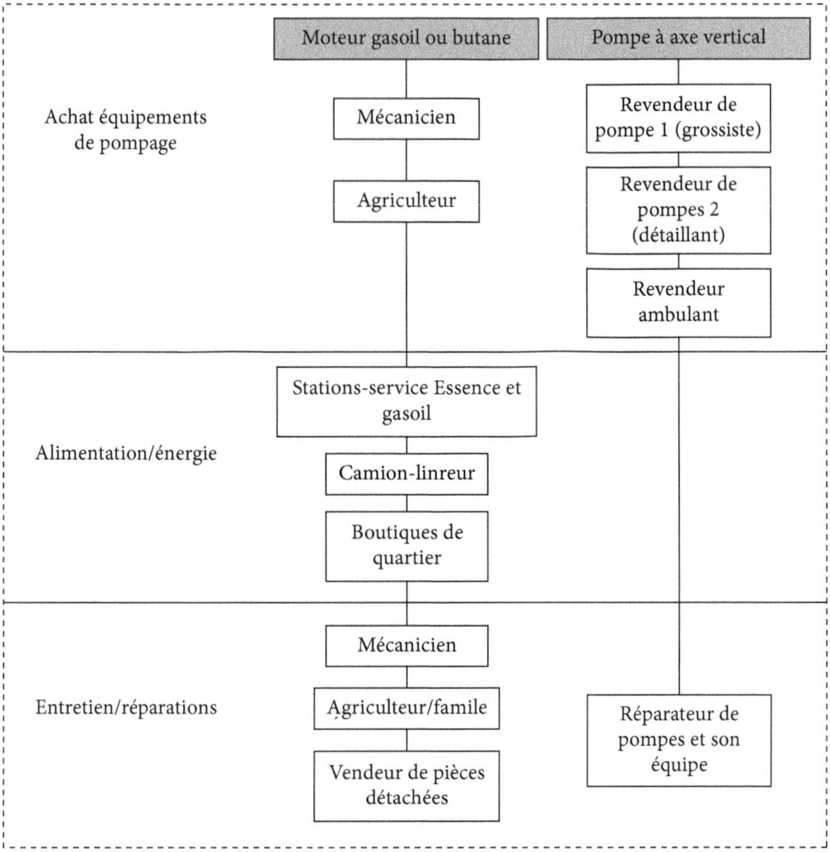

Figure 3: *Représentation visuelle du RST mécanique (source : l'auteure).*

Pour monter sur le puits ou le forage les éléments de la pompe (tête, crépine, conduites, etc.), il faut faire appel à un spécialiste. Les ateliers des installateurs de pompe sont à proximité de ceux du mécanicien. À défaut d'en connaître lui-même, l'agriculteur est orienté par son revendeur. L'installateur/réparateur de pompes installe celles-ci au premier achat, répare les pannes, augmente les conduites lorsque le puits ou le forage est approfondi. Le réparateur de pompes travaille avec des apprentis et se déplace systématiquement sur l'exploitation agricole lorsqu'il reçoit une commande (cf. photos 21). Il transporte également sur tous ses chantiers les outils de travail que l'on aperçoit sur les photos ci-dessous : le trépied et la courroie pour hisser la pompe hors du puits et l'y replacer une fois réparée; ainsi qu'un moteur Deutz pour actionner la courroie. Sur la première image, le moteur Deutz en train d'être remorqué dans la camionnette;

sur les suivantes l'extraction et la réinstallation de la pompe. Trois opérations lourdes qui nécessitent l'action conjuguée de plusieurs apprentis.

Photo 21: *L'équipe d'un réparateur de pompes en action (Bouderbala, 2015).*

En tant que chef d'équipe, le réparateur de pompes supervise les opérations de démontage, remplace des pièces usées et remonte de la pompe. Il participe seulement si les apprentis qu'il forme sont à court de solutions. C'est lui qui interagit avec les clients (agriculteurs), reçoit les commandes, établit le planning des apprentis et négocie le montant des prestations. Ses principaux outils de travail sont un trépied, un moteur Deutz actionné par un générateur d'électricité. Pour rester concurrentiel dans ce secteur, l'investissement dans de nouveaux moteurs plus puissants est essentiel, afin d'adapter le matériel aux profondeurs des forages.

2.1.2. Le réseau sociotechnique électrique qui mêle avec succès processus administratifs et techniques

L'émergence du RST électrique par rapport au RST mécanique correspond à la volonté de l'État de réduire l'utilisation du butane et du gasoil dans l'irrigation. Deux objets techniques sont caractéristiques de ce RST électrique : le compteur électrique et la pompe immergée (cf. photos 19). Le compteur montre la dimension administrative du RST et la pompe sa dimension plus technique. L'un et l'autre révèlent l'étendue du réseau, de ses acteurs, des processus pour y entrer et s'y maintenir, ainsi que l'importance des ressources relationnelles de l'agriculteur engagé dans de tels processus.

D'une puissance de 220 à 380 Volts, le compteur électrique est exclusivement fourni par l'Office National de l'Électricité et de l'eau (ONEE), et en particulier sa branche « électricité », l'Office National de l'électricité (ONE). L'ONE fixe les règles d'accès et réglemente l'usage du RST dans la mesure où c'est lui qui définit les conditions et la procédure administrative de raccordement au réseau électrique, ainsi que la part d'énergie attribuée à chaque compteur électrique. L'autorisation de branchement doit être exécutée par une entreprise d'électricité ou un électricien, agréé par l'ONE. Les entreprises d'électricité sont principalement basées à Meknès, elles sont au nombre de 18. Chaque année l'ONE publie la liste de celles qui conservent leur agrément. La procédure administrative peut être réalisée dans l'un des quatre centres de branchements locaux situés à Aïn Taoujdate, Boufkrane, El Hajeb et Sebaa Ayoune. Comme avec les entreprises d'électricité, chaque centre de branchement actualise et rend publique la liste des électriciens agréés. Le choix d'une entreprise devient incontournable pour les branchements « Haute Tension » ou si la distance entre l'exploitation et le point de raccordement au réseau nécessite l'installation de poteaux électriques pour établir la liaison. Après la mise en fonction du compteur électrique, c'est auprès des guichets ou points d'encaissement de l'ONE qu'il s'acquitte mensuellement du montant de sa consommation d'énergie, sous peine d'être coupé du réseau électrique. Il existe en moyenne deux points d'encaissement des factures par centre urbain, ou un seul lorsque ce dernier dispose déjà d'un centre de branchement dans lequel le paiement des factures est aussi possible.

En se basant sur les entretiens réalisés avec le chef d'unité commerciale du centre de branchement ONE d'El Hajeb et le chef de service du centre d'Aïn Taoujdate, la demande en branchement électrique pour les pompages d'eau souterraine est en hausse depuis que l'ONE a introduit un tarif spécifique pour les branchements à usage agricole, appelé « tarif vert » ou « abonnement force motrice ». À El Hajeb, on recense par mois une demande de branchement de ce type. En 2014, le centre d'El Hajeb a dû renforcer les installations électriques avec l'ajout de nouveaux transformateurs (augmentation du quota d'énergie électrique) dans la commune rurale où sont situés les deux coopératives et le douar que nous avons enquêtés. Selon le chef d'unité commerciale de centre d'El Hajeb, cette mise à niveau était devenue indispensable eu égard la surcharge causée par l'arrivée sur le réseau électrique des agriculteurs. Du côté d'Aïn Taoujdate, les demandes de branchement électrique étaient systématiquement accordées jusqu'en 2011–2012 où une commission d'étude des dossiers a été mise en place pour réguler l'accès au réseau électrique, et surtout repérer les passagers clandestins qui postulent au titre d'un abonnement général domestique pour ensuite détourner cet usage vers les pompages d'eau souterraine.

La distribution de la pompe immergée est, à l'inverse de ce que l'on a vu avec le compteur électrique, l'apanage du secteur privé. On retrouve une variété de prestataires (grossistes et petits revendeurs, magasins spécialisés ou non), de modèles et de marques (italienne, allemande, indienne, chinoise). Le commerce des pompes immergées est en pleine expansion dans le Saïss. L'activité des (re) vendeurs est plus formalisée que celle des mécaniciens dans le RST mécanique, car les objets de pompage électrique sont vendus neufs et suivent en général les mêmes circuits de commerce. Les (re) vendeurs doivent aussi acquérir le statut juridique de société pour installer leurs locaux et exercer. L'investissement nécessaire à cette installation est aussi plus élevé, car le vendeur doit disposer dans son stock, d'un large choix de produits pour attirer la clientèle. La majorité de ces stocks provient des villes portuaires, Casablanca notamment. Les enquêtes menées dans le Saïss ont permis de recenser 14 (re) vendeurs de pompes immergées. C'est dans la ville de Meknès qu'il y a la plus grande concentration de sociétés de vente de pompes immergées. En raison de la diversité de l'offre de marché, la ville attire les agriculteurs des zones rurales. Dans les petits centres urbains, ils sont installés dans les mêmes lieux d'activité que les acteurs du RST mécanique.

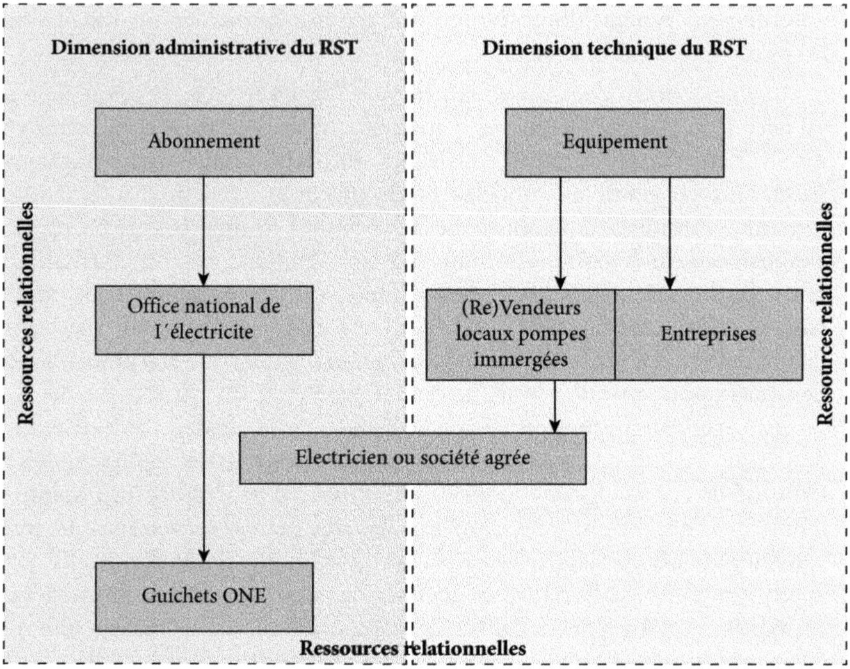

Figure 4: *Structuration du RST électrique (source : l'auteure).*

2.1.3. Un réseau sociotechnique solaire récemment structuré et qui séduit (encore) peu

Le RST solaire est le dernier arrivé dans le domaine des pompages des eaux souterraines. Mais malgré cette implantation récente, il est structuré suivant une forme pyramidale avec des acteurs aux rôles bien définis et des niveaux d'intervention précis.

Au-dessus de la pyramide, on retrouve les fabricants des équipements de pompage solaire : panneaux photovoltaïques, kits d'installation et pompes submersibles. Ce sont pour la plupart des marques étrangères (allemande, italienne, indienne, chinoise).

L'une des plus connues dans le Saïss est l'entreprise allemande Lorentz. Ces fabricants sont en contact avec des entreprises marocaines avec lesquelles elles nouent des partenariats pour la commercialisation et l'installation de leurs produits. Lorentz par exemple travaille avec 25 entreprises partenaires au Maroc, parmi lesquelles la société « Atlas Solaire » dont le siège est à Meknès.

L'accord de partenariat avec le fabricant précise l'exclusivité ou non dudit partenariat. Le fabricant organise des sessions de formation pour renforcer les capacités techniques et commerciales de ses partenaires, en leur transmettant les arguments scientifiques, techniques, financiers qui facilitent les échanges avec les agriculteurs. Sans partenariat, le fabricant nomme ces sociétés de revente « installateurs ». C'est le cas de la société Tephsol, dont le siège est à Fès. Chaque société de revente travaille de manière autonome avec ses salariés, gère sa clientèle, ses contrats, et ses lieux de vente. Pour s'implanter et se faire connaître des agriculteurs, elles s'entourent de démarcheurs. Ces démarcheurs vont chercher et tenter de convaincre les agriculteurs de se convertir au pompage solaire. Ils vont à la rencontre des agriculteurs sur leurs exploitations agricoles, organisent dans des cafés des réunions de groupe au cours desquelles il fait des démonstrations, vidéos à l'appui, de dispositifs de pompages solaires installés chez d'autres agriculteurs. Il leur présente les produits de l'entreprise (souvent sous la forme de forfaits), et les avantages aussi bien techniques, financiers d'un investissement dans le pompage solaire (y compris les subventions de l'État). Ainsi notamment, pour toute installation la société offre une garantie et service après-vente régulier. Ce qui comprend un monitoring trimestriel (visite technique) par l'entreprise pendant 2 ans et 20 ans de garantie sur les panneaux solaires. La technique d'installation fascine, car c'est un logiciel informatique qui détermine les contours de l'installation solaire suivant les paramètres de l'exploitation à équiper tels que le taux d'ensoleillement dans la zone, la superficie à irriguer, le débit du puits ou du forage. En outre, en fonction de l'ensoleillement, l'installation peut fonctionner sans interruption toute une journée sans frais de fonctionnement supplémentaires.

Les agriculteurs sont encore en retrait par rapport au système de pompage solaire, même si c'est une nouvelle technique qui fascine en raison de ses performances et du fait qu'elle est présentée à l'ère actuelle comme le symbole de la « modernité » la plus poussée dans le domaine des pompages d'eau souterraine. Mais il reste un investissement lourd, et pour lequel la non-maîtrise des risques effraie.

Rassurer les agriculteurs, expliquer, faire connaître et faire comprendre le fonctionnement de cette technique sont sans doute les plus grands obstacles auxquels se heurte le déploiement du pompage solaire. Le risque est encore perçu comme trop grand. Selon un démarcheur Adil rencontré à El Hajeb, la peur du risque est d'autant plus amplifiée que les agriculteurs ne connaissent pas suffisamment la technique. Adil travaille depuis 2013 à El Hajeb et ses environs pour une société partenaire de la marque Lorentz. Après un diplôme de technicien dans un Institut supérieur d'énergie solaire du Soudan, il émigre en Allemagne puis revient travailler au Maroc. Dans ses échanges avec les agriculteurs, il tente de venir à bout de leurs réserves : peu habitués à côtoyer de grandes sociétés et encore moins à l'aise avec le fait de confier l'avenir de leur exploitation à un logiciel informatique. Ils perçoivent une rigidité et un formalisme qui ne sont pas rassurants dans une société où les échanges sont basés sur des relations interpersonnelles.

Les propos d'Adil confirment cette implantation ardue du pompage solaire : « *On ne travaille pas tout le temps. Parce que c'est très, très difficile de convaincre un agriculteur d'accepter une installation solaire* ». Notre entretien se déroule dans un café situé à l'entrée d'El Hajeb, où il a également convié trois agriculteurs à une réunion qui s'est déroulée plus tôt.

> « *C'est la cinqui^ème^ fois que je discute avec ces agriculteurs. Et à chaque fois, ils posent les mêmes questions et je réponds par les mêmes réponses. Je les rassure, je leur donne des informations. Je suis sûr que ça va marcher à quinze mille pour cent, mais pour leur transmettre cette confiance, eux qui n'ont pas fait les études supérieures c'est très, très difficile. La communication passe difficilement. Je fais le maximum pour expliquer d'une manière simple, pas trop technique* ».

On peut, de ce qui précède, déceler deux grands obstacles au succès du RST solaire : le manque de confiance des agriculteurs et le coût d'un investissement pour appartenir à ce RST. S'agissant spécifiquement de la confiance, la proximité de l'expertise-conseil et la confiance dans les interactions entre acteur ou entre objets et acteurs sont primordiales dans le choix d'un RST par l'agriculteur. La présence des artisans à proximité des exploitations agricoles facilite le suivi des objets de pompage. Le RST mécanique propose une expertise réelle et à bas coûts pour la réparation des moteurs et des pompes. Les relations de confiance qu'on a pu observer entre agriculteurs d'une part et mécaniciens, électriciens, vendeurs de pompes dépassent le cadre d'une simple relation marchande entre un vendeur/prestataire de service et son client. Elle intègre des aspects de voisinage, amicaux, voire familiaux. Les entreprises de pompage solaire n'ont pas le même capital-confiance, trop éloignées des réalités des agriculteurs. Ce manque de confiance tient également à la structure pyramidale souvent opaque de ces entreprises. Le démarcheur a réuni trois agriculteurs pour une présentation orale, démonstration vidéo à l'appui, des équipements que propose son entreprise. Les échanges qui se sont tenus dans ce café à El Hajeb n'ont pas laissé ces agriculteurs indifférents (c'est la cinquième rencontre de ce type). Le démarcheur leur indique que pour aller plus loin dans les négociations et le montage du projet, c'est avec son « chef » qu'il faut peaufiner les détails. Or si l'agriculteur peut avoir confiance au démarcheur qu'il a appris à connaître, tel n'est pas le cas pour l'entreprise dont il ignore tout : avec qui le contrat est signé et surtout à qui s'adresser en cas de problème avec l'installation ? Comment adresser un recours (et obtenir gain de cause) face à une entreprise d'envergure nationale voire internationale ? La possibilité de négocier des arrangements ou d'ajuster leur accord en cas de problème avec l'installation technique n'est pas envisageable lorsque l'on s'engage dans ce type de relations formelles.

Nous avons identifié différents équipements sociotechniques qui tentent de résoudre le problème de l'accès aux eaux souterraines. *A priori*, rien n'indique que les utilisateurs vont y adhérer, car ils choisissent en fonction des forces et des limites des uns et des autres. Étant donné qu'ils se construisent et s'ajustent dans l'action (Callon, 1986), le rapport entre avantages et limites peut évoluer rapidement. C'est pourquoi on a pu observer la succession des trois RST mécanique, électrique et solaire. La durée de vie des installations est l'un des principaux avantages du pompage solaire. Les moteurs Lister Petter sont certes solides, il reste que leurs capacités sont limitées par les baisses de l'aquifère. Les moteurs Renault sont très performants, mais il est admis que leur durée de vie est limitée à quelques années seulement (3 ans sans réparation importante pour un moteur acheté en première main). Ce rapport avantages/limites est actuellement défavorable au pompage solaire pour les raisons tantôt présentées (coût élevé et absence de confiance vis-à-vis du RST). Le recours à la théorie de l'acteur-réseau est fondamental ici pour montrer l'indétermination qui caractérise l'existence et la forme des RST que nous avons identifiés. Ni les objets et les acteurs, ni les relations qui se forment entre eux, ne sont jamais stabilisés, prédéterminés. Certes, cette non-stabilisation présente un certain nombre de difficultés dans la mesure où les acteurs peuvent paraître effacés comme des agents passifs qui se laissent enrôler. Mais de l'ethnographie des objets techniques à la matérialisation de la « salle des machines », on comprend que ces RST reposent pour la plupart sur les compétences, l'expertise et la pluralité des profils des acteurs qui les composent. La succession temporelle des RST soulignée ci-dessus ne signifie pas que les nouveaux font disparaître les précédents. Au contraire, on voit une juxtaposition de réseaux dans lesquels les acteurs redéfinissent leurs positions et rôles. Le facteur temporel a aussi été déterminant pour appréhender l'ordonnancement des objets techniques, comment ils ont été testés et éprouvés pour renforcer leur solidité et leur efficacité. De la perception des acteurs de cette efficacité va dépendre la distribution sociale de RST dont l'ampleur spatiale est aussi internationale.

2.2. De la distribution sociale et spatiale des différents RST

En fonction des usagers qui ont recours à l'un ou l'autre RST, et du statut de l'espace où ce RST se déploie (coopérative ou douar), le recours aux RST mécanique, électrique et solaire n'est pas le même dans le Saïss.

En ce qui concerne d'abord le RST mécanique, le graphique 6 ci-dessous montre comment douars et coopératives se sont approprié la variété des moteurs d'extraction qu'il offre.

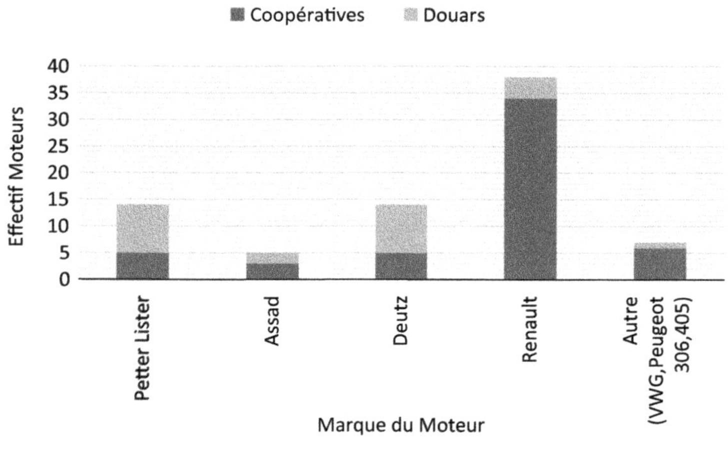

Graphique 6: *Répartition des types de moteurs sur la zone d'étude.*

Les moteurs Lister Petter et Deutz sont en voie de disparition dans les anciennes coopératives de la réforme agraire. Comme on a vu dans le graphique 2 en introduction générale, plus de 50% des pompages mécaniques s'effectuent avec les moteurs Renault. Le graphique 6 révèle qu'il s'agit essentiellement des agriculteurs des anciennes coopératives. Sur l'effectif total des moteurs recensés dans les coopératives, 64% appartiennent à la marque Renault tandis qu'elle représente 16% des moteurs utilisés dans les douars. Ceux-ci restent attachés aux marques Lister Petter et Deutz. Ceci s'explique notamment par le fait que les agriculteurs des douars irriguent moins que leurs confrères des coopératives : le ratio se base sur les superficies exploitées. 59% des terres dans les douars ont une superficie inférieure ou égale à trois hectares. Dans les coopératives, la majorité des terres (69%) mesure 6 à 10 hectares.

Toutefois, les choix des agriculteurs à l'intérieur de chaque coopérative sont eux aussi différenciés comme le montre le graphique 7 suivant :

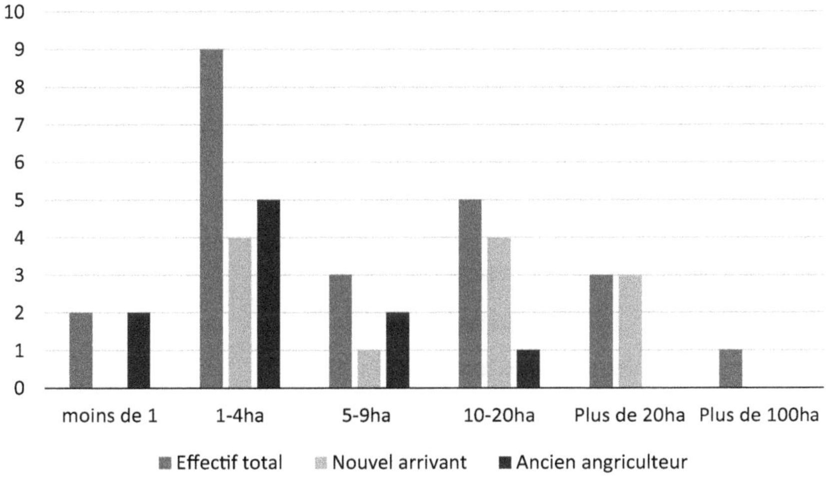

Graphique 7: *Distribution des moteurs par coopérative et comparaison avec les usages dans les douars.*

On peut voir dans ce graphique 7 que les agriculteurs dans la coopérative Bni Oukil sont deux fois plus nombreux à opter pour les moteurs Renault. La préférence pour le R25 est claire : 13 moteurs sur 24, suivi du R19 (8 moteurs) et du R21 (3 moteurs). Idem dans la coopérative Al Ghazala où 9 moteurs Renault sur 10 sont des R25, le dixième étant un R21. Ceci confirme bien le statut de moteur-vedette du R25. En mettant en parallèle les situations présentes dans chaque coopérative et dans les douars on constate que : quand la coopérative Bni Oukil s'est tournée quasi unanimement vers les moteurs Renault, la coopérative Al Ghazala reste attachée à des marques antérieures (Lister Petter, Assad, Deutz) comme le font les agriculteurs des douars. Deux facteurs peuvent justifier cette correspondance. Premièrement sans le soutien de l'État et suite aux morcellements successifs de leurs terres, certains agriculteurs de la coopérative n'ont plus les moyens financiers de s'offrir des marques de moteurs plus récentes. Deuxièmement, les agriculteurs du douar et ceux de la coopérative Al Ghazala n'adoptent pas massivement les moteurs Renault parce qu'ils ont des puits peu profonds dont l'équipement est certes daté, mais qui continue de fournir des rendements réguliers et satisfaisants pour les besoins en irrigation de leurs parcelles.

En ce qui concerne la distribution socio-spatiale du RST électrique, elle révèle notamment que le type d'abonnement souscrit à l'ONE établit une distinction entre les petits agriculteurs et les plus nantis. Cette analyse est proposée à partir du graphique 8 ci-dessous qui montre qu'une exploitation agricole sur quatre (de l'ensemble de notre échantillon) utilise au moins l'équipement de pompage électrique. L'effectif total (23) référencé dans le graphique 8 désigne l'ensemble des EA équipées de pompes électriques.

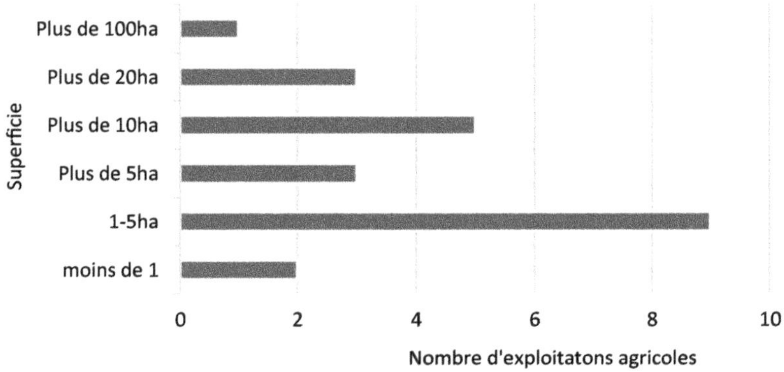

Graphique 8: *Adoption du pompage électrique suivant le profil des exploitations agricoles.*

Pour les petites EA de moins d'un hectare, l'abonnement par carte prépayée et rechargeable est privilégié (cf. photos 22). Dans cette catégorie, on retrouve notamment le puits familial collectif dans la coopérative Bni Oukil. L'exploitation agricole a été morcelée et vendue par les héritiers de l'agriculteur attributaire. Ceux-ci ne disposent plus que de quelques ares de terres pour cultiver la menthe. Le puits sert ainsi à irriguer ce champ de menthe et fournit l'eau à la maison familiale. Le puits est équipé de deux pompes (cf. photo 22), chacune appartenant à deux frères distincts. La carte prépayée permet à chacun de contrôler sa propre consommation et de séparer les coûts d'utilisation et de fonctionnement de l'équipement pompe/compteur.

Photo 22: *Modèle d'équipement de pompage électrique chez un petit agriculteur (Coopérative Bni Oukil, 2014).*

52٪ des exploitations qui utilisent le pompage électrique appartiennent à de nouveaux arrivants/investisseurs. C'est à partir des années 2000 que l'usage de ce type de pompage s'affirme. Ceux qui étaient déjà installés avant cette date (en 1998 notamment et dans les douars uniquement) remplacent leurs équipements de pompage mécanique par une pompe immergée, tandis que ceux qui arrivent à partir de 2008 installent directement les pompes immergées sur leurs forages neufs (cf. photos 23). C'est après ce dernier mouvement que les agriculteurs des coopératives et les deux EA de moins de 1 ha du graphique 8 adoptent le pompage électrique. Le pompage électrique s'est répandu partout, quel que soit le type d'agriculteur concerné. À titre d'illustration, la valeur la plus élevée du graphique 8 (1–5 ha) correspond de manière quasi égale à de nouveaux et anciens agriculteurs, soit respectivement quatre et cinq.

Photo 23: *Exemple d'une installation neuve de pompage électrique chez un investisseur (Coopérative Al Ghazala, 2014).*

Étant donné le temps qu'a mis ce RST à se développer, lequel est relativement plus court que celui du RST mécanique, et au regard du nombre d'usagers qu'il a enrôlés et continue d'attirer, on peut dire que la diffusion « réussie » de l'innovation électrique. Mais quelles sont les raisons de ce succès ?

Dans la zone d'étude, ce ne sont pas les investisseurs qui ont introduit le pompage électrique dans la région. En 1994, le domaine privé Aït Harzallah a équipé huit puits et forages de pompes électriques pour remplacer les moteurs Deutz. Mais ces installations sont coûteuses et ne sont pas perçues comme appropriées aux exploitations de tailles plus modestes. Les représentations changent quand les nouveaux investisseurs arrivent, plus riches certes, mais la superficie de leurs EA permet une comparaison plus réaliste des modes de pompage. Les agriculteurs réalisent qu'il est possible de changer leurs pratiques. Ils l'ont ensuite adopté dans le format qui satisfait leurs profils respectifs.

La diffusion progressive du pompage électrique est rendue possible grâce à deux éléments : la flexibilité du RST et la concentration de ses ressources techniques, administratives et relationnelles.

D'une part, l'Office national de l'électricité propose des abonnements adaptés à chaque type de consommateur (Carte NOUR prépayée, abonnements par tranches selon le type de consommation, etc.). La procédure d'abonnement est simple, les centres de branchement de l'ONE sont présents dans les plus grands centres urbains de proximité : El Hajeb, Aïn Taoujdate, Sebaa Ayoune, Meknès. Il existe au moins un guichet dans chaque centre urbain (hormis ceux déjà cités : Bouderbala, Haj Kaddour) pour le règlement des factures et la recharge de cartes prépayées. D'autre part, le marché des pompes immergées s'est rapidement densifié. Les points de vente ou d'échanges sont traditionnellement ceux qu'utilise déjà le RST mécanique plus ancien ; et les produits proposés comprennent les plus basiques en plastique aux plus sophistiqués importés d'Europe ou d'Inde. Outre les vendeurs de pompes, les agriculteurs rencontrent un nouvel acteur quand ils s'abonnent à ce réseau : l'électricien agréé. En réalité, celui-ci leur est familier, car il est également chargé de l'électrification domestique. Ils se connaissent donc *a priori* soit pour avoir déjà collaboré dans le cadre de ces branchements domestiques, soit parce qu'ils vivent dans la même commune rurale. Ce contexte rassure les agriculteurs et facilite les transactions relatives aux opérations de branchements et interventions futures sur les compteurs en panne.

Pour ce qui est enfin du RST solaire, son développement – on l'a vu, est encore embryonnaire et ne concerne qu'une faible proportion d'agriculteurs : seules deux exploitations dans notre zone d'étude, équipées en 2013 de panneaux solaires. Elles appartiennent toutes les deux à de nouveaux arrivants. Ils achètent chacun quatre hectares et s'installent dans la coopérative Bni Oukil en 2010. Tous les deux résident sur une partie de la coopérative non électrifiée et leurs puits sont d'abord équipés de moteurs et pompes mécaniques. Puis le premier agriculteur, qui possède deux puits, installe un unique panneau photovoltaïque. Le second possède quant à lui un puits et l'équipe de neuf panneaux. Dans le premier cas, c'est un panneau-test. Il n'a ni suffisamment confiance aux sociétés qui proposent ce service, et n'est pas prêt financièrement à investir plus. À l'inverse, le second agriculteur fait significativement évoluer son projet agricole grâce au pompage solaire, en passant de la culture de l'oignon à l'arboriculture. À l'affirmation suivante, on comprend que pour lui l'investissement est certes coûteux, mais il est rentable :

> « Aujourd'hui j'ai l'eau souterraine comme si elle était gratuite ».

Le cœur de cible des démarcheurs et des entreprises de pompage solaire est constitué des nouveaux investisseurs. Ils n'ont pas pour métier principal l'agriculture et nombreux sont ceux qui vivent dans les grandes agglomérations. Dans le cas des deux exploitations repérées à Bni Oukil, les propriétaires sont respectivement un homme d'affaires et un pharmacien. Pour le démarcheur Adil, le profil de clients avec lesquels il a réussi à conclure facilement des contrats est celui des ingénieurs. Avec eux, dit-il :

> *« Je n'ai eu aucun problème. Ils comprennent vite. Quand ils comprennent, on a déjà gagné 60 à 70% de l'affaire. Les 30% restants, c'est le prix. Ils réfléchissent un peu et après ils nous appellent pour commencer l'installation ».*

Contrairement donc aux agriculteurs de métier qui hésitent beaucoup et avec lesquels les négociations peuvent durer indéfiniment dans le temps. Malheureusement pour lui, la clientèle potentielle à laquelle il a accès dans le Saïss est principalement composée de cette seconde catégorie d'agriculteurs.

2.3. Croisements, cohabitations inter-réseaux : des RST non cloisonnés et relativement ouverts

L'apparition d'un nouveau RST correspond à une évolution des besoins et des usages de l'aquifère. Elle se traduit par l'adoption par les agriculteurs, des objets de ce nouveau RST et des avantages qu'il offre.

L'avènement de ce nouveau RST ne signifie toutefois pas l'abandon systématique de l'ancien. Plusieurs cas de figure montrent l'entrelacement entre les RST. On verra que ces croisements peuvent se faire ou sont visibles à travers 1) des objets qui sont hybridés dans leurs formes et leur mode de fonctionnement, 2) les stratégies des agriculteurs qui font cohabiter plusieurs réseaux sans nécessairement les mettre en concurrence, et 3) la non spécialisation des lieux (et acteurs) de commerce qui se positionnent sur plusieurs réseaux à la fois afin d'étendre leur clientèle.

Premièrement, les agencements ou les montages techniques entre objets de natures différentes pour créer un nouvel objet apportent une illustration de l'hybridation des RST. C'est le cas emblématique du générateur électrique (photo 24 ci-dessous). Le générateur électrique est monté sur un moteur mécanique de type Renault ou Deutz (sur la photo, il s'agit d'un moteur Deutz). Un tel montage est utile pour pallier l'absence d'électricité, généralement dans des zones qui ne sont pas branchées au réseau électrique. Le générateur transforme le mouvement du moteur en énergie électrique, laquelle est ensuite transmise à une pompe immergée. Le moteur continue d'être alimenté au gaz butane ou au gasoil comme c'est le cas sur la photo ci-dessous, mais il produit grâce au générateur, de l'électricité. En l'espèce, l'association moteur Deutz et générateur est utilisée par un réparateur de pompes qui le transporte sur tous ses chantiers.

Photo 24: *Moteur Deutz alimenté par un générateur d'électricité (Bouderbala, 2015).*

On retrouve aussi cet objet hybride dans des EA trop éloignées du réseau électrique et pour lesquelles un raccordement serait trop coûteux pour l'agriculteur. Sur la photo 25 ci-dessous, le générateur électrique est monté sur un moteur Renault 25 pour pomper l'eau d'un forage de plus de 100 mètres. L'agriculteur propriétaire de cet équipement peut s'émanciper du réseau électrique grâce à la flexibilité du réseau de livraison du gaz butane. En effet, malgré la situation très enclavée de cette ferme, les camions de livraison la ravitaillent régulièrement en gaz. Le générateur complète la puissance du moteur, et permet de contourner la contrainte du branchement au réseau électrique.

Photo 25: *Un moteur Renault associé à un générateur électrique (vue avant et arrière).*

L'association entre le moteur mécanique et le générateur électrique est une illustration des solidarités et croisements qui peuvent exister entre différents RST. Dans d'autres situations, le croisement s'opère dans l'usage simultané de deux RST. L'adoption du nouveau RST ne disqualifie pas alors l'ancien, mais les deux se complètent. On retrouve ces cas de figure chez les agriculteurs ayant plus d'un puits ou forage, qui ne veulent pas dépendre d'un seul RST. En oscillant entre deux RST, ils réduisent les risques liés à une dépendance exclusive, profitant des avantages que chaque RST offre. Ils approfondissent leurs connaissances de chaque réseau, avant le cas échéant se fixer sur l'un d'eux.

En matière de prévention des risques, la stratégie d'Abdel, propriétaire de 8 ha dans la coopérative Bni Oukil, est intéressante à documenter. Ce dernier cultive oignons et pommes de terre qu'il irrigue à partir de deux puits équipés de moteurs Renault depuis 2005. À l'emplacement du second puits, l'abri qui protège le moteur est également équipé d'un compteur électrique qu'Abdel a fait installer en 2013 après avoir raccordé son exploitation au réseau électrique. Cette démarche de raccordement au réseau électrique n'a pas été particulièrement contraignante, car l'exploitation est située sur une voie de passage importante qui traverse toute la coopérative. Mais ce n'est pas cette facilité qui l'a d'abord poussé vers le réseau électrique. Ce sont plutôt des rumeurs persistantes sur la hausse du prix des bonbonnes de gaz butane qui l'inquiètent. Si leur coût venait à changer, il ne serait plus en mesure de faire fonctionner ses deux moteurs. Alors il anticipe sa sortie du RST mécanique. En plus du compteur électrique (non encore utilisé) et de l'abonnement souscrit auprès de l'ONE, il s'est déjà renseigné sur les types de pompes immergées et leurs prix, afin d'être prêt à réagir immédiatement aux éventuels bouleversements qui pourraient remettre en cause l'attractivité du RST mécanique.

Pour les agriculteurs des anciennes coopératives et même chez certains investisseurs, l'adoption du pompage électrique n'est pas toujours exclusive. Quand ils en ont plusieurs, ils conservent un puits ou un forage équipé d'un moteur et d'une pompe mécaniques. Une stratégie qui laisse penser que le RST électrique est encore dans une étape de tests où ses dispositifs administratifs et techniques sont « mis à l'épreuve » (Akrich, 1987) par ses utilisateurs. La transition partielle leur permet de bénéficier des avantages des deux types de réseaux sociotechniques en restant prudents par rapport aux changements susceptibles d'affecter l'un ou l'autre réseau. Dans les grandes fermes comme celle de cet investisseur à Aït Daoud qui possède 22 ha de cultures arboricoles, l'abandon du

RST mécanique n'est pas encore envisagé, même si le propriétaire en a les moyens financiers.

Lorsqu'en 2007 il achète ces terres, elles sont déjà équipées de 3 puits et 3 forages. La ferme est divisée en deux parcelles de 11 ha. Seuls 1 puits et 1 forage sont opérationnels, les autres ne produisant pas suffisamment d'eau souterraine pour être exploités. Les deux puits et forages vendus avec l'exploitation sont déjà équipés de deux moteurs Deutz. À son arrivée, l'agriculteur équipe le forage d'une pompe immergée et construit un bassin de rétention d'eau pour cultiver principalement la première parcelle. C'est le comportement courant chez les grandes fermes qui privilégient les nouvelles techniques de pompage électrique. En l'espèce toutefois, l'équipement du puits reste inchangé, car il intervient en appoint pour l'irrigation. Ainsi lorsqu'il n'est pas utilisé comme un ouvrage de secours, le puits (mécanique) irrigue une parcelle restreinte tandis que la part la plus importante de l'eau souterraine est fournie par les ouvrages équipés à l'énergie électrique.

Sur le plan de l'entretien, les responsabilités sont réparties entre le gérant de l'exploitation et son propriétaire. Le premier s'occupe des problèmes de réparation des moteurs et pompes mécaniques : c'est lui qui noue des liens avec les mécaniciens et les réparateurs de pompes locaux. Le second a généralement fait appel à une entreprise pour installer les équipements de pompage électrique et dispose d'une liste d'électriciens agréés auxquels il fait recours en cas de panne. Objets, acteurs et réseaux se rencontrent et cohabitent ainsi dans les champs suivant des schémas de coopération qui servent les intérêts des agriculteurs.

Une autre illustration de l'hybridation et des croisements entre RST est celle des entreprises de vente et d'installation des équipements de pompage solaire, et qui commercialisent également les pompes immergées pour le pompage électrique. Étant donné l'implantation encore embryonnaire du pompage solaire dans le Saïss, ces entreprises proposent une gamme de produits diversifiés qui s'étend « logiquement » pour elles au pompage électrique. La logique résidant ici dans le fait que les fabricants (à l'instar de la marque Lorentz mentionnée plus haut) des pompes submersibles se positionnent dans les deux secteurs de pompage solaire et électrique. En réalité, très peu de sociétés de revente de pompes immergées sont spécialisées dans ce domaine, cela arrive même exceptionnellement. De la même façon que les mécaniciens réparent aussi les pompes à axe vertical et qu'une société peut vendre à la fois des produits phytosanitaires, des pompes immergées et du matériel d'irrigation. Les propos de ce mécanicien à Meknès traduisent bien cette nécessité, lorsqu'il est question de savoir sur quoi il travaille exactement : «*La société est spécialisée dans tout. On travaille selon la demande de l'agriculteur. S'il a besoin d'un outil, on le lui fournit*». Telle pourrait être la devise de tous les RST, dont l'extension (et les possibilités d'extension) semble être sans limites.

Si l'initiative privée est le moteur de cette société de l'exploitation des eaux souterraines et du nouveau monde des forages, l'État n'a pas été un acteur absent ni complètement neutre dans l'avènement de ce basculement. Toutefois, son rapport à ce nouveau monde n'est pas clairement établi, au contraire il est teinté d'ambiguïtés. Quel rôle ont joué les politiques publiques dans le basculement vers ce nouveau monde des forages ? Comment l'action publique se positionne-t-elle aujourd'hui face à lui ? S'agit-il pour l'État de le renforcer, de le fragiliser ou alors de l'ignorer ? Comment l'enjeu environnemental est-il traité ou pris en compte dans ce jeu de positionnement ?

3. Le rôle ambigu des politiques publiques : entre soutien informel et mise à distance de la société des eaux cachées

L'objectif de cette section est de montrer les ambiguïtés de l'action publique dans la gouvernance des eaux souterraines. Manifestant un soutien informel et discret, l'État semble aujourd'hui prendre ses distances avec une partie de la société des eaux cachées qu'il a pourtant contribué à créer. Tantôt en retrait, tantôt offensif, une rétrospective de sa posture depuis les années 1980 montre en effet comment l'action publique a progressivement laissé émerger la «salle des machines», ses RST, plus globalement la société des eaux cachées.

Pour renforcer cette perspective diachronique, on verra concrètement que cette ambiguïté s'organise autour de deux modes d'intervention. Le premier consiste à affaiblir le rôle de l'Agence de bassin dans la gestion des eaux souterraines, afin de libéraliser l'accès à ces ressources. Le second est de freiner un segment de cette société des eaux cachées, d'une part celui qui repose sur l'activité de recyclage des moteurs de pompage et qui, d'autre part, fait vivre autour des puits les «petits» agriculteurs. En effet, ces deux composantes ne sont pas le cœur de cible d'un État qui veut construire une agriculture moderne, même si, dans le même temps, il accorde un «laisser-aller» aux «petits» agriculteurs, en attendant leur conversion en agriculteurs modernes (l'objectif du Pilier II du Plan Maroc

Vert), sachant qu'autrement leur survie est relative, à court ou moyen terme, à cause des baisses des nappes. Pour mener à son terme ses deux modes d'intervention, l'État met en place des instruments de politique publique ciblés qui sont analysés dans la seconde partie de cette section.

3.1. Un État tantôt en retrait tantôt offensif

3.1.1. Les années 1980 : Un État qui se met en retrait, car le secteur privé « peut faire »

En 1956 au moment où le Maroc accède à l'indépendance, seulement 12% de la surface du territoire est cultivée (Akesbi, 2006) surtout selon des modes traditionnels qui mobilisent principalement un outil : l'araire. Il s'agit d'un petit outil de labour à traction animale dont les formes varient en fonction des régions et des milieux (Chiche, 2000). Le nouvel État indépendant se donne pour objectif de moderniser tout le secteur agricole afin d'en augmenter le potentiel de production. Cette modernisation passait la mécanisation des campagnes, qui s'est traduite à deux niveaux : la mécanisation des techniques de labour (suppression de l'outil araire considéré comme archaïque au profit des tracteurs, moissonneuses-batteuses) et une volonté de l'État d'accompagner la mécanisation des pompages (Kruseman et al., 1974). Les centres de conseil agricoles sont créés pour accompagner ces transitions techniques grâce à l'expertise des ingénieurs agronomes, principaux médiateurs de la rationalité modernisatrice en milieu rural. En révolutionnant les dispositifs de mise en valeur de la terre et de l'eau, les nouvelles techniques agricoles transforment le paysage des campagnes avec un engouement tel qu'Ellul qualifie de « *bluff technologique* » (Ellul, 1988). En effet, l'adoption et la diffusion de ces techniques ont été pensées pour révolutionner, moderniser ces campagnes. Mais le progrès ne s'arrête pas là, rythmé par les changements qui s'opèrent dans les modes d'irrigation depuis l'irrigation à partir des sources jusqu'au basculement vers les eaux souterraines superficielles puis profondes.

La naissance de la société minière du Saïss correspond à une période où l'État se met en retrait de la vie économique suite aux Plans d'ajustements structurels (PAS). En effet au début des années 1980, l'État marocain amorce la mise en œuvre du plan d'ajustement structurel prôné par, et avec l'appui des institutions financières internationales (FMI, Banque Mondiale). Les PAS visent à réduire les dépenses publiques budgétaires et l'État s'engage à libéraliser un ensemble de secteurs économiques et sociaux au profit des investissements privés (Hibou, 1998). L'idéologie qui sous-tend cette réforme consiste à mettre en exergue le rôle du secteur privé dans le développement socio-économique. Dans cette optique, l'État intervient uniquement pour accompagner, faciliter le déploiement du privé. C'est la fin de l'État-providence qui pourvoyait à tout. L'État ne peut plus tout faire. De son côté, le secteur privé artisanal a pleinement été vecteur de la croissance agro-économique du Saïss, en quête des techniques de pompage les plus adaptées à la demande locale. Il a librement déployé ses réseaux et a structuré son activité de sorte qu'aujourd'hui acteurs et réseaux sont ancrés socialement et économiquement dans la région. L'État est en retrait, mais il participe indirectement à l'éclosion de ce secteur privé artisanal grâce à l'application de deux mesures : 1) la compensation des prix du gasoil et du butane qui permettent de stabiliser à taux fixe et bas le coût d'achat sur le marché national de ces deux produits ; 2) l'exonération de 30 à 40% à l'importation des motopompes neuves alimentées au gasoil. Mais l'action publique va progressivement évoluer pour devenir offensive vers la fin des années 2000.

3.1.2. La fin des années 2000 : Le « retour » de l'État et l'opposition techniques modernes Vs techniques artisanales

À partir du milieu et surtout vers la fin de la décennie 2000, l'État veut reprendre la main et accélérer la croissance du tissu agro-économique. Celui-ci veut réinvestir les campagnes et changer l'image d'une agriculture artisanale perçue comme pas suffisamment valorisante, même si comme on l'a vu, elle a prouvé sa capacité à produire de la richesse. Son retour est guidé par un paradigme : la « modernisation », comme dans les années 1980. Cette fois néanmoins, son attention se porte également sur les eaux souterraines, devenues un facteur majeur d'intensification agricole et le principal levier pour la réussite de la nouvelle politique agricole incarnée par le Plan Maroc Vert. Afin de répercuter ce vent de « *modernisation* » (Pilier 1 du Plan Maroc Vert) dans le secteur de l'extraction des eaux souterraines, l'État encourage l'investissement privé à se tourner vers les pompages électrique et solaire. Ce qui passe par les subventions à l'achat et l'installation des motopompes immergées, ainsi que la mise en place d'un tarif électrique préférentiel (« tarif vert » ou « force motrice ») pour les agriculteurs abonnés au réseau électrique. L'exonération de la TVA à l'importation des motopompes immergées à partir de 2006 (Loi de finances) a contribué à encourager la prolifération des sociétés de (re) vente de ces objets. L'utilisation des énergies renouvelables (hydroélectricité et énergie solaire) pour l'irrigation devient aussi un argument politique en vue de faire disparaître le secteur artisanal qui se sert des énergies fossiles non renouvelables et plus polluantes. Déterminé à promouvoir le pompage solaire et à réduire la hausse continue de la demande en butane, le gouvernement relaie dans les médias (presse écrite et orale) les actualités des programmes de subventions aux agriculteurs pour les inciter au pompage solaire. L'une des plus récentes étant l'initiative 100 mille hectares irrigués à l'énergie solaire sur 3 ans, qui vise surtout la reconversion des petites et moyennes exploitations (L'Economiste.com, 2017). La diffusion large de telles informations fait connaître les opportunités de développement susceptibles d'attirer des agriculteurs déjà installés, mais aussi des investisseurs, des entreprises de vente d'équipements, et ainsi dynamiser les marchés nationaux et locaux.

La préférence étatique affichée pour les pompages électrique et solaire et la distance prise vis-à-vis des techniques artisanales du pompage mécanique ont créé deux niveaux de reconnaissance publique entre les réseaux sociotechniques : ceux qui sont officiels et les informels. Les premiers sont soutenus publiquement (presse écrite et télévision, c'est le cas des RST solaire et électrique) et financièrement (Plan Maroc Vert, montage de programmes pour les énergies renouvelables). Le second se déploie en marge d'un État qui ne veut plus de lui. On verra de manière détaillée dans les lignes qui suivent, comment il essaie par divers moyens de stopper le développement de ce secteur artisanal.

3.2. Des instruments d'action publique aux objectifs ambigus : lever les freins au monde des forages tout en limitant ses formes d'expansion

L'examen des politiques publiques dans la gouvernance des eaux de l'aquifère impulsées ou mises en œuvre par les différents acteurs publics présentés dans la section précédente, montre que l'État a joué un rôle d'accélérateur de la dynamique d'exploitation des eaux souterraines profondes et dans l'émergence d'une société des eaux cachées. Ceci a été possible grâce à deux mesures politiques principalement : l'ouverture de l'accès au foncier aux investissements agricoles et le déverrouillage juridico-administratif de l'accès à l'eau souterraine. Cependant, il occupe une position ambiguë, non clairement tranchée à l'égard de cette société, qui ne répond plus aux critères de son modèle idéal de développement agricole. Tout en favorisant l'exploitation des eaux souterraines, il envoie des signaux afin de ralentir son activité et de freiner son expansion : interdictions de se ravitailler en ferrailles, menaces sur l'arrêt des subventions à l'énergie butane notamment. On verra dans cette section que ces instruments d'action publique participent d'une volonté de contrôler la publicisation (Candau et al., 2012) de la question de l'épuisement de l'aquifère : toutes les pratiques, usagers et techniques ne se valent pas. Certains creusent le déficit des nappes et doivent donc être évincés, tandis que d'autres, plus vertueux, doivent être encouragés.

3.2.1. L'ouverture du foncier aux investissements agricoles

Lorsqu'il accède à l'indépendance, l'État marocain récupère entre 1959 et 1966 les terres de la colonisation officielle dont il confie la gestion à différents organismes publics. Plus tard, à partir de 1973, ce sont les terres de la colonisation privée qui sont confisquées par l'État qui les redistribue aux agriculteurs marocains dans le cadre de la création de coopératives de la réforme agraire (Bouderbala et al., 1977). Entre 1973 et 1980, les coopératives de la réforme agraire ont constitué aux lendemains des indépendances, l'un des instruments phares de la nouvelle politique agraire de redistribution des terres coloniales et de développement du secteur agricole rural (Bouderbala et al., 1974). Ces coopératives bénéficient de l'accompagnement institutionnel de l'État sur le plan technique (motomécanisation de l'activité agricole) et financier (avec le soutien du Crédit Agricole notamment). Les terres du domaine privé étatique n'étant pas destinées à la réforme agraire sont confiées jusque dans les années 2000 à deux sociétés étatiques pour le développement agricole (SODEA) et pour la gestion des terres agricoles (SOGETA). La création des coopératives de la réforme agraire correspond à une volonté d'encadrer et contrôler la production agricole (Pascon, 1978 ; Kuper et al., 2008) –, une volonté de contrôle qui s'est notamment traduite à travers le droit de jouissance accordé aux agriculteurs des coopératives, l'État gardant la propriété des terres distribuées[12]. Conformément à ce statut juridique foncier, les agriculteurs coopérants ne peuvent ni vendre, ni céder les lots dont la jouissance leur est confiée. La création de ce statut juridique a conduit à diversifier la pluralité des régimes fonciers en vigueur au Maroc (Bouderbala, 1999 ; Daoudi, 2011). À partir des années 2000, les SODEA et SOGETA sont

---

[12] Loi de 1972 fixant le régime juridique des terres des coopératives de la réforme agraire.

démantelées (absence de rentabilité, endettement) et les terres dont elles avaient la gestion sont mises à bail dès 2005 pour de grands investisseurs privés dans le cadre du programme dédié aux Partenariats Publics-Privés. En janvier 2005, une réforme de la politique agricole foncière vient modifier le statut juridique des terres des coopératives de la réforme agraire, éliminant les contraintes relatives à la jouissance intégrale des terres des coopératives et ouvrant la possibilité de les immatriculer. La promulgation de cette réforme, plus connue sous le nom de « *main-levée* » qui autorise donc les privatisations des terres de la réforme agraire, intervient dans un contexte global de réformes structurelles où la libéralisation du foncier est présentée par l'État et ses soutiens internationaux comme une solution pour rendre compétitive l'économie agricole et accélérer sa croissance (Banque Mondiale, 2007). En effet, la libéralisation du foncier est un signal positif vers les investisseurs agricoles qui peuvent désormais sécuriser leurs droits de propriété et investir dans un marché foncier fluide. Le décret d'application publié en août 2006 est venu compléter le dispositif de libéralisation et les conditions d'immatriculation des terres, apportant plus de transparence aux transactions foncières illicites et aux stratégies de contournement de la loi de 1972, que les agriculteurs coopérants avaient déjà développées autour de ces terres. Ces stratégies se traduisaient principalement, tantôt en des cessions des droits d'usufruit (locations de tout ou partie des terres), tantôt en des associations de production avec des tiers (Valette et al., 2014 ; Ameur et al., 2017). De droit, l'attributaire doit d'abord obtenir le titre foncier (à la place du droit d'usufruit) et ensuite il peut mettre, de façon formelle, en location ou en vente tout ou partie de ces terres. De fait, les transactions informelles (location ou association) continuent. Avec la loi de 2005 et son décret en 2006, les dynamiques d'appropriation foncières dans le Saïss se sont certes clarifiées, mais elles se caractérisent surtout par deux facteurs nouveaux : d'une part l'arrivée importante d'investisseurs visés par la réforme et d'autre part l'émergence d'un marché spéculatif autour de la valeur des terres.

Depuis cette date, le profil des agriculteurs des coopératives a beaucoup changé. Près de la moitié de la population des coopératives est constituée de nouveaux arrivants, tantôt propriétaires de leurs lots (les investisseurs) tantôt locataires (ou en association de production). Encouragés par les subventions[13] du *Plan Maroc Vert*, ils développent la culture intensive de produits

[13] Ces subventions ne concernent pas les locataires, mais plutôt les investisseurs.

de rente, en particulier l'arboriculture fruitière (pêches, nectarines, abricots, etc.). Ces nouveaux investisseurs irriguent quasi-exclusivement à partir des eaux souterraines, et en privilégiant le creusement des forages, plus profonds que les puits, dont le débit est aussi plus important. Les locataires, d'autre part, s'engagent surtout dans la production maraîchère intensive, principalement oignon et pomme de terre. Contrairement aux investisseurs, ils sont généralement présents sur leur exploitation et travaillent souvent en association avec les jeunes agriculteurs de la zone (Petit et al., 2018). Selon une récente étude menée sur ces nouveaux investisseurs agricoles, propriétaires comme locataires, installés dans les anciennes coopératives du Saïss, ces derniers représentent les plus grands consommateurs d'eau souterraine pour l'irrigation, contribuant au total pour 33 % des prélèvements alors qu'ils n'occupent que 11,5 % de la SAU (Ameur et al, 2017).

Le profil socio-économique des investisseurs installés dans le Saïss à la suite de la réforme est complexe, mêlant investisseurs agricoles et promoteurs immobiliers (François et al., 2013). Précisément, ce sont quatre catégories d'acteurs (Ameur et al., 2017) :

- des compagnies d'agrobusiness bénéficiant des baux dans le cadre du Partenariat Public-Privé ;
- des investisseurs de taille moyenne souvent d'origine urbaine ;
- des locataires ;
- d'anciens agriculteurs coopérants.

Avec l'arrivée des investisseurs, une bulle spéculative s'est formée autour des terres des coopératives, qui va de pair avec l'augmentation du nombre d'agriculteurs et de la demande globale. Dans le centre de Sebaa Ayoune par exemple, situé entre Meknès et El Hajeb, le prix de vente à l'hectare a été multiplié par trois en l'espace de dix ans, passant de 100.000–200.000 Dh/hectare à 300.000–600.000 Dh/hectare (Valette et al., 2014). De manière convergente, les études sur le foncier agricole depuis la libéralisation de 2005–2006 montrent que ces investisseurs adoptent une stratégie à court et moyen terme (Valette et al., *ibid*; Ameur et al., 2017). La stratégie des locataires est plus représentative de cette temporalité courte : d'abord, ils achètent ou louent les terres des coopératives pour développer l'activité agricole pendant quelques années seulement (15 à 20 ans pour les propriétaires, beaucoup moins pour les locataires). Ensuite, ils l'exploitent jusqu'à épuisement des ressources productives : appauvrissement de la terre (en raison du choix des cultures) et épuisent des nappes d'eau souterraine qui subissent une pression accrue pour l'irrigation (assèchement des puits et des forages). Une fois la terre et l'eau souterraine épuisées, ils s'en vont trouver de nouvelles terres. Cette stratégie de la « terre brûlée » pour reprendre l'expression d'Ameur est encore plus visible chez les locataires dont les rythmes de mobilité foncière sont plus fréquents que chez les propriétaires (Ameur, 2017). Les investisseurs arboricoles ont une logique distincte de celle des locataires, car ce sont en général des non-agriculteurs de métier, qui vivent et travaillent en ville, établissent une seconde résidence (de loisir) sur les terres agricoles qu'ils exploitent selon la recommandation du PMV de valoriser le m^3 d'eau pompé.

À l'évidence, le pari de la concordance entre la libéralisation du secteur foncier et l'explosion des investissements agricoles a été tenu. Les terres privatisées de la réforme agraire continuent d'attirer des capitaux extérieurs qui redynamisent l'économie régionale. Mais là ne s'arrête pas la stratégie de l'État. La réforme de la main levée s'est greffée à la nouvelle politique agricole du Plan Maroc Vert adoptée en 2008 qui encourage, grâce à de nombreuses subventions, la mise sur pied de projets agricoles d'intensification par l'irrigation (à travers le Fonds de développement agricole-FDA). Les nouveaux investisseurs peuvent ainsi bénéficier de l'accompagnement financier, technique et administratif du ministère de l'Agriculture pour aménager leurs exploitations agricoles avec des équipements de pompage parmi les plus performants.

Toujours pour accompagner la libéralisation du foncier agricole, l'État marocain a procédé à l'octroi d'un bénéfice d'abattement de 40 % des revenus fonciers afférents aux propriétés agricoles[14]. En effet, afin d'harmoniser le traitement fiscal applicable à tous les revenus locatifs, la Loi de Finances pour l'année 2016 aménage un nouveau régime fiscal pour les terres agricoles en location. Ainsi, selon les dispositions de cette Loi de finances, le revenu foncier net imposable de la location des propriétés agricoles est désormais déterminé après application d'un abattement de 40 %. Cette mesure fiscale fait partie d'une stratégie plus globale visant principalement à exempter le secteur agricole de taxes foncières sur les

---

[14] Direction générale des Impôts, Note circulaire relative aux dispositions fiscales de la loi de finances n°70-15 pour l'année budgétaire 2016.

terres agricoles. De telles dispositions foncières, financières et fiscales ont accéléré l'exploitation des eaux souterraines profondes pour lesquelles l'État a également débloqué l'accès sur les plans juridique, administratif et technique.

3.2.2. Le déblocage de l'accès aux eaux souterraines

Dans sa volonté de stimuler les investissements agricoles, l'État a progressivement allégé les conditions d'accès à l'eau souterraine pour l'irrigation, offrant plus de flexibilité aux agriculteurs dans les procédures administratives et juridiques.

C'est en 1995 qu'une réglementation sur l'eau est adoptée spécifiant le régime juridique des eaux souterraines. Modifiée en 2016[15], cette loi sur l'eau stipule toujours que l'exploitation des nappes d'eaux souterraines est soumise à un ensemble de procédures d'autorisations, pilotées par l'Agence de bassin. La logique qui sous-tend le régime des autorisations tient au fait que les eaux souterraines faisant partie du domaine public, leur appropriation doit faire l'objet d'une approbation de l'organisme chargé de veiller à leur sauvegarde. Avant de creuser un puits ou un forage, tout agriculteur devrait être muni d'une autorisation délivrée par l'Agence de bassin. Suivant les décrets d'application de la loi datant de 1998 et 2009, le délai d'octroi de ces autorisations était compris entre 70 et 77 jours et la procédure proprement dite devait suivre trois étapes, comprenant (1) la constitution et le dépôt du dossier de demande, (2) la réalisation d'une enquête publique et (3) l'approbation ou la non approbation de l'autorisation après étude de l'ensemble des éléments du dossier et de l'enquête. À tous les niveaux de la procédure, l'Agence de bassin a la mainmise et perçoit en théorie des redevances dont les taux sont fixés par son conseil d'administration. D'une validité de 10 ans, les autorisations peuvent, selon la nouvelle loi sur l'eau être cédées en cas de vente ou de location des fonds agricoles sur lesquelles elles s'appliquent.

Afin d'inciter les agriculteurs à se conformer à cette exigence d'autorisation et de régularisation de leurs puits et forages, le ministère de l'agriculture a associé les procédures d'accès aux subventions hydro-agricoles à celles relatives aux autorisations. En janvier 2008 en effet, il a soumis le versement de ces subventions à la présentation d'une autorisation d'accès aux eaux souterraines dûment délivrée par l'Agence de bassin. En dépit

---

[15] Loi n° 36-15 du 10 août 2016 modifiant la loi 10-95 relative à l'eau.

des délais souvent jugés longs et du paiement d'une redevance, le taux de la subvention agricole très avantageux a permis de lever certaines résistances à la procédure de l'Agence de bassin (Fofack et al., 2015).

Le déblocage de l'accès aux eaux souterraines s'applique aussi sur le plan technique avec la mise à disposition auprès des agriculteurs, de subventions pour l'acquisition d'aménagements d'irrigation. Sont ainsi subventionnés le creusement des puits et des forages, ainsi que l'équipement de ces derniers en moteurs et pompes. Mais tous les types de moteurs et de pompes ne sont pas pris en compte par les dispositifs de financement et il existe une différenciation nette dans le taux de subvention accordé en fonction de l'équipement choisi par l'agriculteur.

De manière plus précise, pour examiner la dimension technique et financière du déblocage de l'accès aux eaux souterraines, il faut considérer un point d'ancrage : la mise en place du Plan Maroc Vert. Il y a en effet un « avant » et un « après » PMV. Celui-ci apporte deux dispositions qui facilitent l'accès aux nappes, par rapport à une situation antérieure régie par le Fonds de développement agricole créé en 1986. La première est relative au montant des aides. Le PMV a revalorisé la part du budget de l'État alloué aux aides agricoles, lequel a connu entre 2008 et 2010 une hausse totale de 33 %. Par ailleurs, avant le PMV les aides pour les aménagements d'irrigation concernaient le creusement et le cuvelage des puits et forages et étaient calculées suivant un taux global variant entre 30 et 60 % selon que la demande de creusement faisait partie ou non d'un projet plus global d'aménagement hydro-agricole. Depuis 2010, le montant de la subvention par mètre creusé est défini à prix fixe et ce dernier est plus avantageux en cas de réalisation d'un forage : 1400 Dhs par mètre creusé pour un puits et 2100 Dhs par mètre creusé pour un forage. On peut y voir une incitation à privilégier les forages par rapport aux puits. La seconde disposition que le PMV apporte pour faciliter l'accès aux eaux souterraines a trait à la variation du taux de subvention. Cette subvention est calculée en fonction de la superficie de l'exploitation agricole pour laquelle la subvention est demandée. Pour les superficies inférieures ou égales à 5 hectares, les plafonds des subventions sont en moyenne plus élevés de 20 % par rapport au montant des subventions pour des superficies supérieures à 5 hectares. En ce qui concerne les postes de financement, deux types d'équipements de pompage sont encouragés et reconnus : le pompage diesel et le pompage électrique. Ici aussi, une légère différence de 10 % favorable au financement du pompage diesel est à noter, même si elle n'est pas très significative. Dans les faits, l'usage du diesel coûte plus cher que l'utilisation de l'électricité qui bénéficie déjà de tarifs spéciaux pour les besoins agricoles (cf. chapitre 2). Comme dans le cas des puits et forages, les plus petites exploitations agricoles (de 5 hectares et moins) particulièrement sont encouragées à réaliser et équiper des forages pour l'irrigation.

En somme, les effets conjugués de la libéralisation du foncier et du déverrouillage de l'accès aux eaux souterraines ont conduit à une sur-mobilisation de ces dernières, de sorte que les taux de pompages depuis 2005 sont beaucoup plus élevés qu'ils ne l'ont été durant les 25 années précédentes (Ameur et al., 2017). Cet état des lieux n'a pas altéré la volonté des politiques publiques de rendre encore plus libéral l'accès aux nappes. Après le foncier, le régime juridique qui régissait l'exploitation des eaux souterraines a été modifié, passant d'un système basé sur des autorisations établies par l'Agence de bassin à un système où une déclaration unilatérale de l'agriculteur vaut permis de pomper. En effet, c'est en 2013 que le ministère de l'Agriculture met fin à l'obligation d'obtenir auprès de l'Agence de bassin une autorisation pour le creusement des puits et forages dans la procédure relative à l'octroi de subventions agricoles. Les termes de la négociation entre le ministère de l'Agriculture et l'Agence de bassin qui soumettaient le bénéfice des subventions agricoles à l'obtention d'une autorisation ont été modifiés et assouplis, de sorte que désormais il est possible de ne plus passer par l'Agence de bassin pour compléter le dossier de demande de subventions. Ce changement dans la procédure d'obtention des subventions équivaut à une éviction de l'Agence de bassin et des contraintes qu'elle imposait aux agriculteurs. Si le contrôle de l'Agence de bassin sur les prélèvements d'eau souterraine restait faible, il reposait dans une grande mesure sur la procédure d'octroi des subventions. Or, avec le retrait du soutien du ministère de l'Agriculture, l'Agence de bassin est isolée et affaiblie et sa politique de contrôle fortement compromise. C'est pourquoi intervient notamment le Secrétariat chargé de l'eau, ministère de tutelle de l'Agence de bassin, que revient la gestion de l'offre en eau par la construction du barrage de M'Dez. Pour le ministère de l'Agriculture et les agriculteurs, cette mise à l'écart de l'Agence de bassin apparaît comme une levée de l'un des derniers boucliers qui entravait encore l'expansion de l'agriculture irriguée.

D'une part, l'État assure la libéralisation des facteurs de production qui ont permis à l'activité d'extraction des eaux souterraines de se développer, et ainsi à la société des eaux cachées d'émerger. Celle-ci repose sur la fabrication et le recyclage des moteurs de pompage des eaux souterraines. Mais, après avoir participé à l'essor de ce monde, l'État décide de limiter son expansion à travers deux mesures phares : l'interdiction d'importer de la ferraille et le projet d'arrêt des subventions à l'énergie butane. Les développements ci-après permettent de cerner l'impact et la portée de ces dispositions.

3.2.3. L'éviction d'une catégorie d'acteurs et RST du développement hydro-agricole : de l'interdiction des importations de ferrailles et menace d'arrêt des subventions sur le prix de l'énergie butane

Depuis son indépendance, le Maroc a un système de compensation des prix des produits de base pour pallier les variations des cours internationaux et maîtriser l'évolution des prix sur les marchés nationaux. Par le mécanisme de la compensation, l'État entend soutenir le pouvoir d'achat des ménages principalement. En 1970, il crée la Caisse générale de compensation[16] chargée d'équilibrer la différence entre les cours enregistrés sur le marché international et les prix de vente intérieurs. La compensation concerne entre autres les produits de base, l'accès à l'énergie gasoil et au butane. Mais en 1995, il supprime la compensation sur le gasoil, libéralise le secteur de la vente des produits pétroliers et institue un système d'indexation des prix sur ces produits[17] qui implique une révision mensuelle des prix en fonction des indices du marché international. Suite à la libéralisation et à l'instauration de l'indexation, le prix du gasoil a progressivement doublé passant de 4,23 Dhs/l en 1995 à 8,94 Dhs/l en 2017. Pendant ce temps, le prix du gaz est resté constant. L'indexation n'a toujours concerné que le gasoil, épargnant le gaz butane. Selon le Directeur des prix et de la concurrence au ministère des Affaires générales et de la gouvernance[18], l'État amortit en moyenne 70 % du prix réel d'une bonbonne de gaz de 12 Kgs, qui, non subventionnée coûterait 120 Dhs. Ainsi, la subvention étatique réduit le prix d'achat du gaz butane à 40 Dhs. L'arrivée progressive du butane à prix réduit avait aussi pour objectif de réduire les prélèvements de bois de feu par les ménages, une

---

[16] Loi n°26 du 29 mai 1970 et loi de finances n°65-1970 du 31 décembre 1970.

[17] Projet de loi de finances 2014, rapport sur la compensation.

[18] Hassan Bouselmam, sur la chaîne de télévision « Mehdi 1 TV » en juillet 2012.

consommation qui avait d'importantes conséquences sur la régénération des stocks ligneux et sur la déforestation (Auclair, 1991 ; Aubert, 2010).

Néanmoins, depuis le début des années 2010, le débat sur la décompensation du prix du gaz butane est de plus en plus récurrent au Maroc. Il est particulièrement actif au moment de la publication des bilans de la Caisse de compensation et du vote du projet de la Loi des finances. Il est en outre systématiquement relayé dans l'espace public par la presse et les médias nationaux. Le gaz butane est, avec le fuel, l'un des derniers produits non alimentaires qui bénéficie encore de cette compensation. Si l'argument du soutien du pouvoir d'achat des ménages était valable dans les années 1990, il est depuis longtemps apparu à l'ensemble des pouvoirs publics que le gaz butane n'est plus utilisé uniquement pour les besoins domestiques et que son usage est « détourné » par le secteur agricole depuis près de deux décennies. Le rapport 2016 de la Caisse de compensation est très précis quant à la contribution de chaque secteur (les ménages et l'agriculture) à la hausse de la consommation continue du gaz butane (en hausse de 4,7 % par rapport à 2015). Ainsi, en 2016, sur l'ensemble du butane vendu dans le pays, 59 % a été consommé par les ménages et 39 % par l'agriculture (Caisse de compensation, 2016[19]). Les débats politiques sur le poids de cette subvention dans les caisses de l'État[20] nourrissent les rumeurs (par la suite démenties) sur la fin de ladite subvention. Il n'en demeure pas moins que ces rumeurs provoquent la mobilisation, également dans les médias, des lobbies de vente du gaz butane, nourrissant l'inquiétude des artisans des moteurs transformés dont le fonctionnement est complètement dépendant de cette énergie. Le rituel est désormais commun chaque année : la publication du rapport de la Caisse de compensation ainsi que les discussions sur la répartition du budget de l'État laissent entendre le lancement de la réforme de la Caisse de compensation. Mais, comme les années précédentes elle n'aura pas eu lieu en 2017. Toutefois, l'incertitude demeure dans le monde des artisans dont l'activité est directement menacée si la flambée des prix du butane dissuade les agriculteurs de se munir de moteurs transformés alimentés au butane.

---

19 Rapport cité par le journal leconomiste.com, édition du 08/02/2017, disponible sur http://www.leconomiste.com/article/1008228-compensation-le-butane-pourrait-s-embraser-en-2017 (consulté le 14 juillet 2017).

20 Cf. notamment la presse électronique : https://lematin.ma/journal/2017/le-gaz-butane-fait-exploser-la-charge-de-compensation/279099.html

Contrairement à la réforme sur le prix du gaz butane qui tarde à prendre forme, l'État a rendu effective l'interdiction de l'importation de la ferraille venue d'Europe. Cette ferraille est constituée entre autres des blocs-moteur et des accessoires nécessaires à la transformation des moteurs pour le pompage des eaux souterraines. Ces produits qui arrivent par voie terrestre dans des fourgons, sont refoulés parce qu'ils constituent selon l'Administration des douanes, un danger d'autant plus grand qu'ils sont de mauvaise qualité et qu'il n'est pas aisé d'en contrôler toutes les entrées. Proposée dans le projet de loi de finances 2014, cette mesure politique vise sans ambiguïté à limiter l'expansion de l'usage des moteurs transformés. L'impact sur cette activité se fait ressentir aussitôt, car la fréquence des livraisons des fourgons transportant la ferraille s'en est réduite, et par là même l'offre en matières premières. Les importateurs qui continuent cette activité doivent échapper aux contrôles douaniers tandis que les artisans constituent des réserves entre chaque livraison, afin de pallier les temps d'attente et de pénurie. Les meilleurs moteurs (dits « de première main ») sont ceux qui n'ont jamais servi après leur transformation. Ils se raréfient de plus en plus. C'est ainsi qu'on retrouve sur les marchés et dans les champs des moteurs qui dans leur seconde vie servent chez un deuxième, voire un troisième agriculteur.

L'intervention du ministère de l'Intérieur dans la mise en œuvre des interdictions des importations de ferraille et/ou de l'usage agricole du gaz butane pourrait être un facteur accélérant/facilitant l'éviction des acteurs visés par le ministère de l'Agriculture. En effet, le *Caïdat* est averti du séjour de personnes étrangères sur son territoire grâce au *Mokadim* et des activités que celles-ci peuvent y conduire[21]. Il peut alors décider de la confiscation des fourgonnettes transportant la ferraille, organiser avec la gendarmerie nationale le refoulement ou l'arrestation des contrevenants à l'interdiction d'importer.

Le *Caïdat* a été témoin de la multiplication des artisans et des marchés de transformation-vente des moteurs recyclés comme le moteur R25. Il a laissé cette activité se développer, car tant que les artisans travaillent sans créer du désordre social, il ne les traite pas différemment des commerçants ou artisans d'autres secteurs d'activités.

---

[21] Nous en avons fait l'expérience à plusieurs reprises, étant donné que pour les besoins des enquêtes nous avons sillonné plusieurs villages et centres urbains et y avons séjourné pendant environ un an. Les *Mokadim* nous avaient identifiée généralement dès notre arrivée, et c'est donc sans surprise que nous avions pour habitude de les croiser sur des motocyclettes au cours de leur tournée de facteur ou dans les *souks*.

Lorsqu'il pointe les incohérences entre les politiques agricole et énergétique, le programme de l'Initiative des Nations Unies (FAO) relative à la vision commune pour une alimentation et une agriculture durables soulève aussi cette possibilité d'exclusion des « petits » agriculteurs dans l'exploitation des eaux profondes (FAO, 2017). En effet, le possible soutien différencié au coût de l'énergie dans l'avenir (butane non subventionné ; électricité et solaire subventionnés) entraîne une inégalité envers ces petits producteurs qui, en raison de leurs faibles revenus, ne pourront pas équiper leurs exploitations de nouvelles techniques. Ils devront donc se contenter de pomper dans la nappe phréatique déjà en cours d'épuisement, et à terme soit se convertir aux nouvelles techniques de pompage pour accéder à la nappe profonde, soit être évincés de la dynamique des pompages pour l'irrigation (Ameur, 2017). Dans ce domaine aussi, les prérogatives de contrôle du *Caïdat* pourront être déterminantes pour garantir l'effectivité de l'interdiction de l'usage agricole du gaz butane. Ce contrôle visera notamment les camions qui livrent les bouteilles de gaz directement dans les exploitations agricoles. En coupant le circuit de ravitaillement, le *Caïdat* s'assure que seules les bouteilles destinées à l'usage domestique restent en circulation. Il suffirait pour le *Caïdat* de contrôler (même à l'insu des agriculteurs) les sources d'alimentation des moteurs lorsqu'ils sont en marche (un moteur[22] en marche peut être très bruyant, et la portée de ce bruit peut difficilement être maîtrisée). Si, comme dit cet agriculteur : « *Un mur ne peut pas être construit sans que le Caïdat le sache* », même en silence, *a fortiori* lorsqu'il s'agit des moteurs.

Le risque avec l'interdiction de l'importation est que la filière s'appauvrit jusqu'à disparaître avec le temps. Du moins, tel est l'objectif visé par les actions conjuguées de la future réforme de la Caisse de compensation et de celle déjà appliquée relative à l'interdiction de l'importation des produits de la ferraille. Ces deux instruments de politique publique dévoilent les priorités de l'action publique, tournées vers le développement d'une agriculture intensive et moderne. Or, vis-à-vis de ce modèle de développement agro-économique que l'État souhaite diffuser, la société des eaux cachées n'est pas en mesure de répondre aux critères qui le définissent.

De même, l'introduction des termes comme « gaspillage » et « anarchie » dans le discours politique, à côté du terme « traditionnel », participe de la mise à l'écart des agriculteurs – et de leurs RST – qui

22 De type Renault ou les moteurs de pompage mécanique en général.

ne valorisent pas l'eau, des artisans ensuite qui ne proposent pas des techniques de pompage modernes. Mais c'est une stratégie politique à laquelle les faits résistent, car de nombreuses incohérences dans la mise en œuvre des politiques publiques liées à la gestion des eaux souterraines permettent de relativiser le rôle des « petits » agriculteurs dans le déficit de l'aquifère. Ainsi, le programme de l'Initiative des Nations Unies (FAO) relative à la vision commune pour une alimentation et une agriculture durables met notamment en exergue les principales incohérences entre la politique agricole et la politique de l'eau, en particulier au niveau de la mise en œuvre des Partenariats Public-Privé (FAO, 2017). En effet, si l'implication du secteur privé dans la gestion des ressources en eau souterraines était l'un des objectifs des PPP, on note un faible intérêt des investisseurs pour la question de la durabilité de ces ressources en eau et une augmentation de la pression exercée sur celles-ci (FAO, 2017).

3.2.4. L'institutionnalisation du soutien aux acteurs et à l'activité de forage

En cohérence avec la mise à l'écart progressive d'un segment de la société des eaux cachées qui s'organise autour des artisans et des puits, le soutien de l'action publique s'institutionnalise vis-à-vis des techniques modernes de forages et d'équipement de ces forages (pompages électrique et solaire). Ici, l'État s'adresse explicitement aux entreprises de forage, point d'entrée des systèmes irrigués dans la modernité. La stratégie de l'État vise l'accélération des programmes d'exploration et d'exploitation de la nappe profonde dans une région du Saïss qui a déjà été identifiée comme une zone à fort potentiel (Pilier I du Plan Maroc Vert). Portée par le Secrétariat chargé de l'eau, la stratégie publique se traduit donc par l'institutionnalisation du soutien aux professionnels des forages. Elle est formalisée d'abord dans la nouvelle loi n° 36.15 du 10 août 2016 relative à l'eau, qui abroge la précédente loi de 1995. La loi de 1995 prescrivait aux agriculteurs l'obligation d'une autorisation de concession préalable au creusement des forages. Elle ne faisait pas état de l'activité de forage en elle-même ni de l'implication des foreurs dans les processus de contrôle des prises d'eaux souterraines à l'échelle du bassin. Avec la loi de 2016, les conditions de creusement des forages et l'exercice de cette activité sont désormais spécifiées, notamment l'obligation du permis de forage (article 114 de la loi 2016). En formalisant le caractère systématique de l'obtention des permis de forage, la loi sur l'eau prévoit la constitution par l'administration de registres des entreprises de forage habilitées à exercer. Cette mesure vise à contrôler l'activité des foreurs, qui a conduit à multiplier par 11 le nombre de forages creusés depuis le début de la décennie 2000 (Hasnaoui, 2017). Ces données officielles tendent toutefois à masquer la masse des forages creusés par un secteur informel peu maîtrisé.

Au-delà du contrôle, l'État veut accompagner ce secteur des forages qui joue un rôle de premier plan dans l'intensification des productions agricoles. C'est dans ce cadre qu'a été organisée à Rabat en octobre 2017, à l'initiative du Secrétariat chargé de l'eau, une réunion de concertation et d'échanges entre ledit Secrétariat, les représentants des Agences de bassin hydraulique et les professionnels du secteur des forages. Tournée vers la prise en compte des difficultés rencontrées par les acteurs du secteur formel des forages et des perspectives de développement de leur activité, cette concertation amorçait le projet de structuration que l'administration souhaite pour renforcer ce secteur stratégique. L'idée qui sous-tend cette concertation était d'une part d'explorer les nouvelles ressources en eau souterraines encore plus profondes (car les eaux superficielles et les premières nappes profondes s'épuisent) et d'envisager ainsi une forte augmentation du budget d'exploration pour les travaux de forage. Il était question d'autre part d'explorer les possibilités de renforcement du secteur formel des forages en déclin depuis la baisse dans l'investissement des barrages, car l'activité des entreprises formelles de forage s'est surtout développée autour de l'implantation des barrages. L'appel au secteur privé formel d'investir dans de nouveaux équipements avec le soutien de l'État pourrait également se traduire dans l'organisation de journées de formation des foreurs ainsi que dans la facilitation des procédures d'obtention des permis de forer. Il est à noter l'absence du secteur informel des forages à cette concertation qui a concentré essentiellement les grosses entreprises de forages disposant de fortes capacités d'investissement.

En définitive, la mise en perspective du rôle de l'État vis-à-vis des RST qui organisent les activités de la société des eaux cachées permet de tirer plusieurs enseignements. Les transformations dans l'activité d'extraction des eaux souterraines au fil des évolutions techniques et hydrologiques ne se sont pas faites en marge de l'État. L'apparente facilité avec laquelle les RST ont toujours répondu aux besoins des agriculteurs, et avec laquelle ils s'étendent sur le territoire de l'aquifère ne doit pas masquer le fait que leur dynamisme peut-être tantôt très contraint par l'action publique, tantôt à l'inverse facilité par cette même action publique.

Partant d'une «*focalisation microsociologique*» (Dodier, 2005) pour examiner les contours *a priori* nets des objets et des RST, l'analyse replace ces interactions socio-techniques à l'échelle plus méso des politiques publiques. Entre les deux niveaux d'analyse, plusieurs visions de développement s'affrontent, entre le modernisme des uns et les innovations incrémentales des autres.

Il est intéressant de noter ici qu'il n'y a pas de conflit réel au sens classique où l'on entend la conflictualité comme un ensemble d'«*incompatibilités entre des usages de l'espace qui sont propres à des groupes sociaux*» (Mormont, 2006 : 302). On n'est pas non plus en face d'un type de conflictualité opposant l'État à certains groupes sociaux pour l'appropriation et le contrôle de ressources productives (Mormont, 1983). Ceci s'explique par le fait que la course aux prélèvements dans l'aquifère pour l'irrigation est la chose la mieux partagée entre tous ces acteurs. Peut-on considérer les RST, *in fine,* comme étant la d'un projet de société dans lequel chaque catégorie d'intervenants humains et non-humains s'exprime? Quels enseignements tirer de la différenciation (entre objets, RST et visions de développement)?

4. Considérer l'existence des RST comme la manifestation d'un projet de société dans le Saïss?

Cette quatrième, et dernière, section vise à instrumenter les RST pour comprendre quelle est la place des objets techniques dans la création de solidarités et de liens sociaux (Dodier, 1997). En d'autres termes, de quels collectifs parle-t-on lorsqu'on décrit ces RST? Que construisent ces RST en termes de société? On verra ainsi qu'au travers de ces RST, c'est un véritable projet de société qui se dessine dans le Saïss, dans toutes ses dimensions sociale, politique et environnementale. On examine ainsi dans un premier temps les contours d'une société minière informelle, adaptative et extrêmement flexible dans ses méthodes, ses processus de déploiement et ses fonctions. Si elle a prouvé sa résilience à travers le temps, elle n'en reste pas moins exposée aux tentatives d'éviction des politiques publiques et à l'épuisement de l'aquifère causé l'intensification des pompages qu'elle-même accompagne. Une situation paradoxale qui amène à s'interroger dans un second temps sur l'existence au sein de ce collectif (l'État compris), d'une conscience liée au fait de partager un sort commun et comment cette conscience s'exprime-t-elle?

4.1. La naissance d'une société minière informelle dans le Saïss

L'activité minière est le plus souvent associée à la recherche de minéraux et de métaux rares (or, diamant, bauxite, etc.). Qu'ils soient solides comme dans les exemples de métaux ci-avant cités, ou liquides comme dans le cas du pétrole, cette activité fait immédiatement référence à l'action de creuser/forer les sous-sols terrestres et/ou marins pour extraire les ressources naturelles qu'ils dissimulent. En l'espèce, les eaux souterraines représentent cette ressource naturelle pour laquelle s'est constitué un véritable socle social.

L'exploitation et utilisation des eaux souterraines dans le monde prennent de nos jours la forme d'une activité minière (Margat, 2008). Il est important ici de définir et caractériser ce qu'on entend par « société minière » dans le cadre de l'extraction des eaux souterraines dans le Saïss. Trois principaux éléments permettent de la caractériser : 1) sa raison d'être et ses motivations ; 2) lesquelles sont politisées et plus nuancées par un État soucieux de légitimer son action ; 3) son extrême flexibilité et sa capacité adaptative ; 4) son informalité et son attachement aux modes artisanaux de production des techniques, ce qui dans son mode opératoire la distingue des autres formes de sociétés. Loin d'être déconnectée des acteurs et des politiques publiques, la société minière est au contraire le produit des interactions entre ces deux unités, les techniques et les ressources en eau souterraines. La société minière n'est pas une entité agissante, qui surplomberait les acteurs en se positionnant à un niveau macro-social. Elle doit être vue comme une conceptualisation du réel qui met en cohérence plusieurs éléments pouvant paraître déconnectés les uns des autres. Ainsi, l'observation faite d'une variété de parcours, des ajustements entre acteurs, de leurs stratégies pour mobiliser certaines ressources trouve tout leur sens quand on s'intéresse à la raison d'être de ces pratiques, à la façon dont elles se sont adaptées à des contraintes variées, et à leur rapport à contexte social et politique externe à eux, externe à la société minière qui existe de leur fait.

4.1.1. « Pomper les eaux souterraines… tant qu'il en reste » : Raison d'être, motivations et valeurs de la société minière du Saïss

La société minière du Saïss fait référence à des regroupements d'acteurs confrontés à une ressource en eau souterraine se raréfiant, mais qui doivent trouver des solutions pour continuer de pomper cette eau souterraine. Les acteurs et les opérations qui s'organisent pour l'extraction des eaux souterraines visent un objectif principal : répondre à la demande en eau d'irrigation qui a fortement augmenté suivant l'expansion de la superficie irriguée et la mise en place de cultures exigeantes en eau d'irrigation. Les techniques de pompage doivent être aussi performantes que possible pour suivre l'évolution et la baisse du niveau des nappes. C'est la raison pour laquelle ce secteur est en constantes mutations. Selon l'Agence de bassin du Sebou, le niveau piézométrique de l'aquifère du Saïss a accusé une baisse de 10 m dans la nappe phréatique et 60 m dans la nappe profonde entre 1980 et 2007 (Pdaire, 2011). Plusieurs périodes de sécheresses ont contribué à générer ces déficits notamment celles de 1980–1984, 1994–1995, 2002, 2007, en plus de l'augmentation de la demande en eau. L'évolution piézométrique annuelle des deux nappes est présentée ci-dessous :

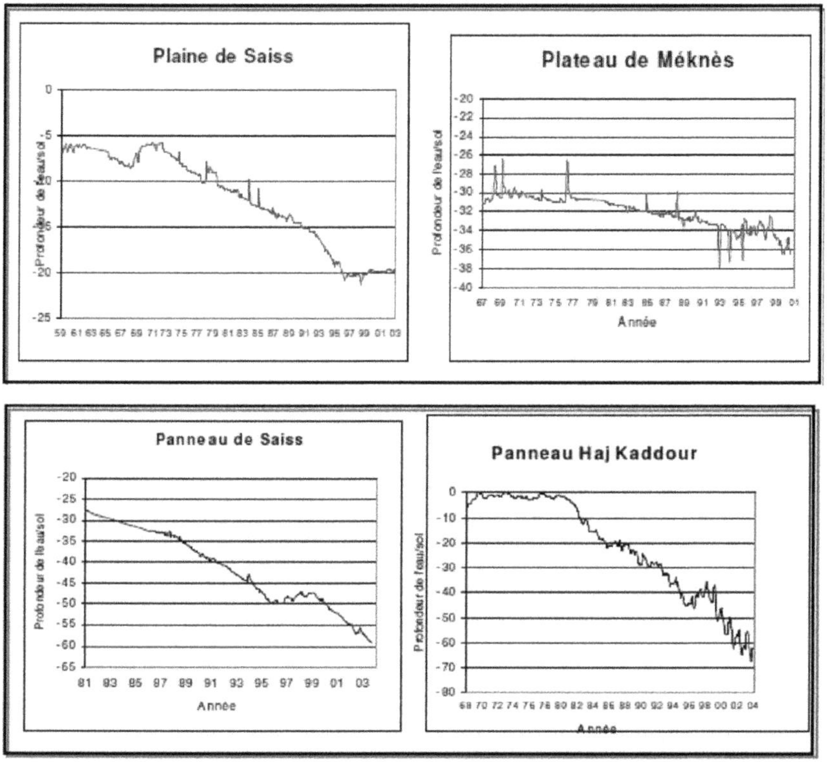

Graphique 9: *Évolution piézométrique des nappes superficielle (au-dessus) et profonde (en-dessous) du Saïss (Source : Ec'Eau Sebou, 2008).*

La société minière existe pour fournir un accompagnement technique adéquat à l'agriculteur dans sa quête d'eau souterraine. À chaque obstacle, il doit trouver une solution. C'est à ces besoins que répond la multiplication des réseaux sociotechniques, car *a priori* et tant que l'expérience prouve qu'il y a encore de l'eau dans l'aquifère, il faut la trouver par tous les moyens. Telle est la raison d'être de la société minière. Où l'on voit le paradoxe soulevé dans le chapitre 1 selon lequel certains agriculteurs sont rentrés dans un monde d'abondance. Pour reprendre les propos de ce mécanicien reproduits plus haut :

> « La société est spécialisée dans tout. On travaille selon la demande de l'agriculteur. S'il a besoin d'un outil, on le lui fournit ».

Il parle ici de son propre atelier de fabrication et de réparation des moteurs et pompes mécaniques. Mais on pourrait aisément transposer ces propos à l'échelle de la société minière dans son ensemble, car c'est l'état d'esprit qui anime tous ses acteurs.

Leurs motivations sont d'une part techniques, c'est-à-dire trouver les bonnes solutions techniques au problème de la baisse des nappes. Elles sont d'autre part économiques : avoir un emploi (donc, une source de revenus) et le préserver. L'activité minière leur fournit un cadre de travail qui présente l'avantage supplémentaire d'être connecté à leurs réalités agraires, socio-culturelles et financières. Le passage des usages des eaux superficielles de la nappe phréatique vers les eaux profondes de la nappe captive est une transition environnementale qui contraint l'ensemble des usagers à faire face à la finitude des eaux phréatiques. La prise de conscience devient un instrument d'action publique, car, de fait, tant que les eaux profondes abondent, l'horizon de l'effondrement de l'aquifère est différé. Face à l'enjeu de développement agro-économique, la sauvegarde des eaux profondes n'est pas posée comme un problème à inscrire à l'agenda de l'action publique. *A contrario*, l'État instrumentalise la question de l'environnement dans le Saïss pour légitimer une politique d'augmentation de l'offre en eau, au point où se pose la question du caractère anti-environnemental de cette gouvernance.

4.1.2. L'environnement : un instrument de légitimation d'une politique anti-environnementale

Pour accompagner la modernisation et la croissance agricoles, la prise en charge de l'agriculture par des entrepreneurs-investisseurs est présentée comme la solution idéale. À cette fin, l'État déploie des mesures (administratives, institutionnelles, financières) pour attirer des investisseurs. Il va même plus loin en validant les projets d'augmentation de l'offre en eau souterraine. La gouvernance du Saïss est basée sur une politique qui vise à accroître la disponibilité de l'eau souterraine. Or, la croissance continue de cette demande en eau souterraine face au tarissement des réserves de l'aquifère appelle à trouver de nouvelles alternatives pour l'irrigation. Après la levée de boucliers à l'accès à l'eau souterraine, l'action publique environnementale est aujourd'hui focalisée sur un grand projet d'approvisionnement en eau d'un périmètre agricole de 34 000 hectares à partir du transfert des eaux d'un barrage situé au Sud-Est de la plaine (le barrage de M'Dez). Il s'agit de transférer dans le Saïss l'eau de ce barrage grâce à une conduite d'adduction de 60 km. Une fois sur place, l'eau va être fournie aux agriculteurs dans un périmètre de 34 000 hectares de cultures arboricoles notamment. Le projet implique donc la création d'un nouveau périmètre irrigué en réponse à l'assèchement des eaux de l'aquifère et dans lequel les agriculteurs pourront substituer les eaux souterraines aux eaux du barrage. L'État entend affecter de façon optimale les ressources en eau pour satisfaire la demande d'irrigation présente et future à moyen et long terme. Le barrage fonctionnera donc comme un réservoir qui augmentera l'offre en eau de surface pour le Saïss et qui est censé permettre de « sauvegarder » les eaux souterraines.

Financé au titre du Green Climate Fund de la Banque européenne pour la reconstruction et le développement (BERD), ce « projet de sauvegarde de la nappe du Saïss » a sur les plans politiques tout d'une action en faveur de la protection de l'environnement : cohérent avec le plan d'aménagement intégré des ressources en eau et validé par tous les acteurs publics du territoire impliqués dans la gouvernance des eaux des nappes. L'action publique s'appuie ainsi sur des arguments écologiques pour justifier sa politique. De fait, le problème que l'État veut éviter est la mise en péril de l'activité agricole à cause du déficit hydrique des eaux de l'aquifère. Mais, au-delà du maintien de l'agriculture irriguée, ce plan est une opportunité pour le ministère de l'Agriculture de déployer son plan de modernisation : sélection des agriculteurs faisant partie du nouveau périmètre irrigué, parmi les investisseurs les plus rentables économiquement (partenariats publics-privés et fermes privées) ; intensification du potentiel cultural de la plaine jugé encore sous-exploité à cause de la faible disponibilité de ressources en eau ; maîtrise de l'offre technique dans le choix du type d'équipement pour les pompages hydro-agricoles. La rhétorique environnementale vient dans ce contexte légitimer un mode d'appropriation et de gouvernance des ressources en eau qui encourage l'intensification de l'usage de ces ressources et in fine son épuisement potentiel. L'idée de base qui anime ce projet est donc la substitution d'une ressource (eau souterraine) par une autre (eau du barrage). Mais cette nouvelle ressource provenant du barrage sera fournie à des agriculteurs qui conviennent à l'État : les investisseurs. Paradoxalement, ces investisseurs qui ont une responsabilité majeure dans le processus d'épuisement des eaux de l'aquifère (Ameur, 2017) vont être récompensés avec l'attribution d'une nouvelle source d'irrigation. Pendant ce temps, les « petits » agriculteurs du monde des puits qui ont déjà été exclus de l'exploitation des eaux souterraines, le seront aussi de l'eau de surface du barrage, car disqualifiés pour avoir accès au modèle socio-technique qui lui est lié. On peut d'ailleurs s'attendre, par un effet rebond, à ce que l'utilisation de l'eau de surface du barrage entraîne une intensification des usages agricoles qui incitera les agriculteurs, même ceux ayant accès à l'eau du barrage, à continuer de pomper dans l'aquifère. D'autant plus que suite à cette intensification des usages, l'eau de surface du barrage ne pourra pas satisfaire toute la demande, même si une sélection par les prix est probable, la tarification de cette ressource alternative (en moyenne 1,1 à 1,2 Dh/m^3) étant bien supérieure au coût des eaux souterraines prévu par les Agences de bassin (0,02 Dh/m^3). Ainsi, même en appliquant une politique de gestion de l'offre en eau, la probabilité du recours aux eaux de surface du barrage pour renforcer/améliorer la résilience des eaux souterraines reste faible.

Ce d'autant plus que l'une des forces de la société minière est sa capacité d'adaptation et d'innovation alors que les usages se tournent vers les eaux profondes plus abondantes.

4.1.3. Une société minière flexible et adaptative

L'un des points forts de la société minière du Saïss est qu'elle prend en compte l'existence de niveaux différents d'évolution socio-technique chez ses usagers et acteurs. Elle a ainsi développé une diversité de mécanismes de pompages des eaux souterraines afin de satisfaire la demande la plus large. Ces mécanismes peuvent se croiser (à l'échelle des objets, des acteurs, des espaces), mais n'entretiennent pas les mêmes enjeux de survie et de développement. Les défis auxquels les RST font face, chacun à sa manière, sont intrinsèquement liés à au stade de l'évolution technique dans lesquels les objets qu'ils portent se situent. En traitant *Du mode d'existence des objets* techniques, Gilbert Simondon (1958) identifie trois étapes fondamentales dans la vie de ces objets : la première étape de constitution ou d'individuation au cours de laquelle l'objet composite forme un seul bloc, se solidifie et devient un «bon outil»; la deuxième étape de «dichotomie» où l'objet devient pérenne s'il a réussi à s'adapter à son utilisateur ou au monde extérieur. La troisième étape repose sur l'objet devenu un objet de réseau qui connecte et crée des interdépendances. Cette grille d'analyse permet de mettre en lumière l'avantage de la différenciation entre RST.

Dans le pompage mécanique, l'objet technique central est le moteur Renault. Celui-ci est créé à partir d'un agrégat de plusieurs autres objets. Il a donc fallu d'abord fallu l'assembler, construire sa stabilité et sa cohérence internes de manière que, par exemple, l'introduction du butane dans le circuit de fonctionnement ne le fasse pas exploser. L'individuation de cet objet technique s'est déroulée, à force de tests, dans les petits ateliers de la région du Saïss. Il a été possible d'observer un moment important de l'évolution technique de la région, celui où le moteur Renault est devenu une innovation. Il n'a pas fallu attendre l'aboutissement de la phase d'unification pour que le moteur Renault devienne un objet de réseau. Tout au long de son processus de création, il a connecté objets, acteurs, espaces et compétences. Il n'a pas été soumis à l'étape de dissociation qui permet aux objets de se pérenniser, et tout se passe comme si cet enjeu de pérennité ne se pose pas. L'important dans ce RST est le renouvellement des objets et la vitesse de ce renouvellement.

Les objets du pompage électrique ont été réceptionnés par les agriculteurs déjà bien constitués. Contrairement à certains objets du pompage mécanique où l'expérience de création de l'objet s'est déroulée localement. Il a donc connecté le Saïss à l'international (Europe, Inde, etc.) et au niveau national (ONEE). On peut donc considérer que l'enjeu de constitution technique dans ce réseau est d'abord celui de son adhésion. Il a satisfait les attentes de son environnement naturel (baisse de l'aquifère et des usagers [facilité d'accès, flexibilité, etc.]). Il a marqué une amélioration significative des procédés de pompage, quand le réseau électrique a commencé à capter l'attention des agriculteurs. L'enjeu du réseau peut être tantôt de s'élargir pour accueillir de nouvelles ressources, ou d'étendre son expansion et sa diffusion auprès des indécis d'un réseau concurrent. En ce qui concerne enfin le pompage solaire, les éléments constitutifs du réseau sont encore mal connus. Cette méconnaissance engendre chez les utilisateurs une mise en question de la solidité, de l'unité de dispositif. Ici, la question qui se pose encore est celle de savoir s'ils sont des objets fiables.

Au regard de l'évolution des techniques, on peut donc retenir que la société minière adresse plusieurs défis : un défi primaire de validation de la viabilité des équipements qu'elle propose; un enjeu de renouvellement de ses techniques; un enjeu de diffusion et d'élargissement auprès de nouveaux utilisateurs. La question du langage que parlent les acteurs (Poncet, 2010) occupe une place importante dans l'appréhension de ces enjeux. Le RST mécanique a davantage de proximité que le RST solaire pas encore établi localement, dont les services coûteux ne sont pas familiers des usages [internet, bureaux d'étude] et dont le langage diffère [langues étrangères, communication écrite et numérique, discours scientifique]. Dans la quête des solutions à ces défis, la société minière met à l'honneur la proximité des acteurs, expertises et des produits artisanaux locaux.

4.1.4. Une société minière informelle attachée aux techniques artisanales d'extraction

L'arrivée des nouvelles technologies pour l'extraction des eaux souterraines profondes [pompes immergées électriques et solaires, logiciels informatiques pour les installations de pompage solaire] n'a pas remis en cause l'existence des techniques artisanales qui continuent d'attirer nombreux usagers agricoles. L'attachement à ces techniques artisanales n'est pas fortuit, elle résulte de deux facteurs. Premièrement la confiance que les agriculteurs ont développée vis-à-vis, non seulement des objets, mais aussi de la chaîne d'acteurs qui les fabriquent. À l'écoute des agriculteurs et réactifs vis-à-vis des obstacles qu'ils rencontrent pour pomper dans l'aquifère, les artisans sont depuis sa naissance la cheville ouvrière de cette société minière. Deuxièmement et par corrélation, la singularité de cette société informelle est liée à sa capacité à produire à partir de matériaux recyclés, des équipements qui ont le même, voire un meilleur rendement que les nouvelles techniques. Le graphique 10 ci-dessous montre l'introduction et l'évolution des équipements de pompage entre 1980 et 2015 dans le Saïss. Il illustre comment les modes artisanaux de pompage [pompage butane et gasoil] restent très sollicités dans un rapport de concurrence avec les équipements dits de haute technologie.

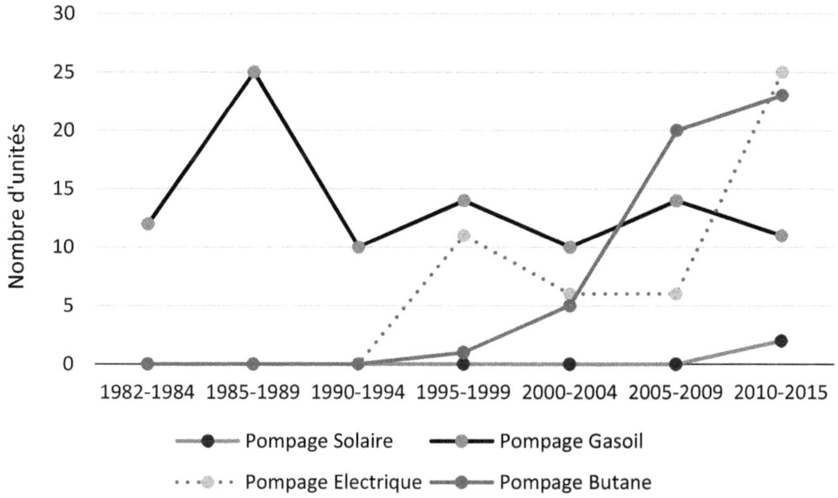

Graphique 10: *Émergence et évolution des types de pompages dans la zone d'étude entre 1980 et 2015.*

Plusieurs acceptions du secteur minier artisanal existent dans la littérature internationale (Hilson et McQuilken, 2014). Généralement comparé à des secteurs qui utilisent les nouvelles technologies, le secteur artisanal est considéré comme pauvre et dépourvu de ressources pour prétendre au soutien des enjeux de développement locaux ou régionaux. Si on lui reconnaît une capacité à capter une main-d'œuvre importante, le manque d'infrastructures, de connaissances techniques et la faible qualité de ses outils suffisent à le disqualifier et à le marginaliser dans les rapports avec les institutions financières et politiques. Cette vision dominante négative du secteur artisanal a commencé à être remise en cause au début des années 2000 par des études et rapports qui démontrent sa contribution effective pour le développement économique et la réduction de la pauvreté [ONU-Commission économique pour l'Afrique, 2003]. Le secteur artisanal n'est donc pas synonyme de pauvreté. Au Maroc notamment, une grande partie de l'activité de la société minière pour l'exploitation des eaux souterraines repose encore de nos jours sur le recyclage des matériaux pour la fabrication des moteurs et pompes. Les mécaniciens donnent à ces objets une seconde vie, en réorientant leur fonction d'origine. C'est le cas des moteurs de pompage Renault. Mais ces opérations de recyclage ont un coût que tous les agriculteurs ne peuvent pas se permettre. Idem pour les réparations de moteurs ou des pompes que les agriculteurs essaient d'effectuer eux-mêmes avant d'appeler un expert lorsque la prise en charge de la panne dépasse le cadre de leurs savoirs. Le tableau 5 ci-dessous présente les tarifs pratiqués à l'achat de certains objets de pompage, et pour des prestations d'entretien et/ou de réparation.

Tableau 5: Coût d'achat des équipements de pompage mécanique dans le Saïss.

Article	**Prix moyen (en Dirhams[a])**
Moteur Renault 25	12–14 000
Moteur Renault 19	10–11 000
Moteur Deutz	15 000
Pompe à axe vertical de marque Alta (3 pouces[b])	Neuve = 3500–4500 D'occasion = 2500
Installation d'une pompe à axe vertical	700_1000
Tube ou conduite de pompe à axe vertical (2,5 m)	Neuve = 750 D'occasion = 400–600
Générateur d'électricité ou Dynamoélectrique (50 kVA[c])	9000 (marque chinoise entrée de gamme) – 17 000 (marque américaine)

[a] 11 Dirhams = environ 1 Euro.

[b] Pouce = diamètre de sortie de la pompe. 1 pouce = 2,54 centimètres.

[c] Le KVA (Kilovoltampère) est lié la puissance de l'appareil électrique, qui est différente du kW (Kilowatt) qui est calculé en fonction de la consommation effective d'énergie électrique. Un générateur d'électricité de 50 kVA équipe les moteurs de pompage Renault les plus puissants (R25, Renault Safran).

Les tarifs donnés par le tableau 5 sont des valeurs moyennes et concernent les produits neufs ou d'occasion de première main. Il est possible de trouver des marques plus ou moins chères. Sur les dynamoélectriques par exemple, la marque américaine Stamford est très utilisée, mais il existe des marques qui valent deux fois son prix et qui sont donc peu proposées aux agriculteurs par les mécaniciens. De la même façon, un agriculteur peut acquérir un moteur Renault moins cher, si celui-ci est acheté en troisième main ou alors il se contente d'un moteur d'une moindre puissance, mais pour lequel il a un budget plus adapté. Le tableau 5 mentionne les prix pour l'achat d'articles « complets » c'est-à-dire déjà opérationnels, après montage de tous les éléments qui complètent la structure : turbines, crépines, arbre, etc. pour les pompes à axe vertical ; radiateurs, batteries, poulies, etc. pour les moteurs Renault. Le coût total pour l'équipement d'un puits ou forage même avec les objets recyclés du pompage mécanique peut être élevé.

Le secteur artisanal de l'extraction des ressources naturelles est informel dans de nombreux pays en Afrique (Hilson et McQuilken, op. cit.). C'est aussi le cas au Maroc en ce qui concerne le pompage des eaux souterraines. On ignore combien de personnes il emploie exactement, de manière directe ou indirecte. Nos enquêtes ont montré que c'est un secteur d'activité qui concentre de nombreux intervenants et crée des opportunités économiques où il n'en existait pas auparavant. Alors que l'activité agricole le Saïss emploie plus de la moitié de la population locale, cette proportion serait sans doute plus importante si le recensement incluait les chaînes d'acteurs qui fabriquent, vendent, réparent, entretiennent de manière artisanale moteurs et pompes d'extraction.

Conclusion du chapitre

Les eaux souterraines ont longtemps été invisibles à la fois physiquement, enfouies dans des aquifères, mais aussi peu prises en compte dans les politiques de développement (Kuper et Del Vecchio, à paraître). Les réseaux sociotechniques leur offrent une visibilité et permettent aux acteurs de s'approprier matériellement ces ressources. On découvre alors un aspect de l'économie agricole locale qui était jusqu'alors resté dans l'ombre. Ce chapitre n'est pas seulement une photographie, certes dynamique, des processus de construction des réseaux sociotechniques autour de l'aquifère et des équipements permettant de l'exploiter. Il resitue aussi cette dynamique socio-territoriale dans un cadre plus grand des politiques publiques et montre qu'on est en présence d'une activité et d'une société minières qui s'articulent nécessairement avec des processus politiques globaux. Instrumenter les RST a permis de s'interroger sur la nature des liens sociaux que l'exploitation de l'aquifère crée. De nature technique et fonctionnelle, ces liens dessinent une société minière dont la raison d'être est de pomper les eaux de l'aquifère, tant qu'il en reste. Ainsi d'une part, elle structure la course aux pompages par tous les moyens disponibles et d'autre part, elle marque la prise de conscience par tous les acteurs, l'État inclus, de participer collectivement au déclin de l'aquifère.

En tout état de cause, les résultats présentés dans ce chapitre valident la pertinence des cadres d'analyse qui, à l'épreuve du Saïss, ont guidé la réflexion et permis de répondre à l'hypothèse énoncée en introduction de l'ouvrage, suivant laquelle : la société des eaux cachées du Saïss serait façonnée par une dynamique de destruction créatrice où un nouveau monde se construit sur un monde en déclin. En effet, cette hypothèse admettait que : i) dans le secteur de l'exploitation des eaux souterraines du Saïss, on est en face d'un monde en mouvement qui se décompose et se recompose dans un rythme soutenu, avec des mécanismes d'inclusion-exclusion-marginalisation ; et que ii) suivre les objets techniques et leurs réseaux est sans doute l'un des moyens les plus efficaces pour saisir ces mécanismes dans leur totalité ainsi que le rythme des changements.

Considérant les objets techniques, une autre hypothèse de recherche s'est focalisée sur leur capacité – et leurs manières – de rendre visibles les eaux souterraines, considérant que cette mise en visibilité des eaux souterraines n'est pas gratuite, puisque par ce biais c'est la compréhension du type de « société » qui se constitue autour de l'exploitation des eaux cachées qui est visée.

L'étude réussit donc à mettre en convergence deux cadres analytiques qui s'avèrent être très complémentaires pour comprendre la société des eaux cachées. Il s'agit de la théorie de l'acteur-réseau, de son acronyme anglais « Actor-Network Theory » (ANT) et de la sociologie de l'environnement. La première pour analyser ce que fait la technique au social et comment le social réagit à la technique (Latour 1987 [2005] ; Law, 1992; Callon, 1986 ; Akrich, 1987). Et la seconde pour interroger le collectif et la conscience de « faire commun » (Barbier et al., 2012 ; Picon, 2012 ; Billaud, 2012 ; Boudes, 2006).

Parce que « *la société ne se construit pas socialement. Elle se construit avec des objets* » pris dans de nouvelles associations avec le collectif (Latour, 1987 [2005] : 16), le moment le plus opportun – et sur lequel cette étude s'est concentrée – est sans doute celui où les techniques sont en train de se constituer. C'est une phase où le collectif teste, ajuste, perfectionne les techniques et les objets techniques sensés répondre à des besoins précis (Akrich, 1987), avec leurs lots d'incertitudes et de controverses, jusqu'au moment où, suffisamment éprouvées et efficientes, ces techniques sont considérées comme des produits finis (du moins jusqu'au prochain bouleversement qui modifiera la perception qu'a le corps social de leurs limites). L'analyse des rapports entre sociétés et techniques, lorsque ces dernières sont en cours d'ordonnancement présente au moins deux avantages (Law, 1992) : le premier est que cette phase donne à voir une importante concentration d'interactions aussi bien entre les acteurs du collectif, entre les objets qui se consolident en une seule machine ; et les uns avec les autres. Il peut arriver qu'une partie de ces interactions disparaisse ou soit occultée une fois l'objet et la technique prêts à l'usage, d'où l'intérêt de les saisir au moment où elles se produisent. Le second avantage, qui représente également l'une des raisons d'être de la théorie de l'acteur-réseau, est de voir comment les objets et techniques façonnent le corps social en même temps que ce dernier les manipule. L'étude exploite précisément le « *halo de socialité* » (Simondon, 1960) des techniques ou, en d'autres termes, leur capacité de mise en réseaux d'individus (Akrich et al., 1988) qui se font face avec leurs histoires, valeurs, épaisseurs (Goffman, 1974 [2003]) afin de contrôler et gérer leur environnement. Ni la technique ni le social ne sont fixés, ils se co-construisent et co-évoluent dans des processus sociotechniques en perpétuel réagencement. Il en résulte une structure sociotechnique qui naît, grandit, se transforme en fonction de l'évolution des interactions qu'elle-même met en scène. Ainsi, en considérant que la société n'est pas ordonnancée ni rationalisée *de facto*, les objets techniques sont conçus ici comme dotés d'un contenu social et politique fort, dans le sens où ils constituent des éléments actifs d'organisation (Akrich, 1987). La théorie de l'acteur-réseau est donc mobilisée afin de répondre à un double objectif. Premièrement, on aborde ainsi les processus d'assemblage à la fois des objets de pompage, des acteurs (artisans, vendeurs, installateurs et agriculteurs), et des uns avec les autres, étant donné que tout ce qui est assemblé est constamment susceptible de se défaire, se déconstruire ou de se ré-agencer. Deuxièmement, l'ANT permet de proposer une explication au type de société qui s'est construite dans le Saïss.

Néanmoins, au-delà de la richesse de son contenu théorique, l'ANT ne permet pas de questionner ce qui fait tenir ce collectif, encore moins de se demander si les acteurs qui le composent ont-ils conscience de faire partie d'un ensemble ordonnancé, ou que leurs actions participent de chaînes de coordination. L'un des points culminants de l'étude des RST est sans doute de questionner s'il existe une « *conscience du collectif* » (Dodier, 1997) d'appartenir à un ensemble sociotechnique plus ou moins hétérogène du fait non seulement de la manipulation des moteurs et pompes d'extraction, mais aussi du fait d'avoir en partage le même aquifère ? Si oui, comment se manifeste cette « conscience de l'aquifère » et sur quelles bases cognitives est-elle établie ? Sinon comment les acteurs se représentent-ils alors dans le modèle d'exploitation de l'aquifère que suggèrent les modes d'appropriation des ressources de cet aquifère ? Qu'est-ce que les objets techniques modifient dans la définition des rapports que ces collectifs entretiennent avec les eaux souterraines ? C'est donc la sociologie de l'environnement qui permet d'activer ce débat sur le collectif, et de tenter de caractériser le type de société que l'extraction des eaux souterraines fait émerger.

En effet, la société minière du Saïss est avant tout un regroupement de solidarités dans une dynamique fonctionnelle (Dodier, 1997). Si elle a montré sa capacité à s'adapter et à adapter les objets techniques à des besoins socio-agronomiques précis, cette société minière n'en reste pas moins exposée à l'épuisement de l'aquifère causé par l'intensification des pompages qu'elle-même accompagne. Mais l'existence d'actions coordonnées pour l'exploitation de l'aquifère implique-t-elle pour autant l'existence d'une conscience collective de la crise environnementale ? Plus encore, peut-on penser que la gestion de cette crise est un horizon envisagé par cette société minière ? Ou au contraire elle ne se reconnaît pas comme formant un groupe social au-delà de ce qui constitue sa raison d'être, c'est-à-dire la course aux pompages ? Telle est la réflexion qui explique dans cette recherche le recours à la sociologie de l'environnement, qui considère que dans les interactions nature-sociétés, l'environnement devient un «*objet socio-naturel*» (Picon, 2012 : 18) investi et socialement modifié par l'action de l'homme. De la même manière qu'il est aujourd'hui inévitable d'appréhender la nature sans interroger sa relation avec l'homme, cette intrication amène à poser les problèmes environnementaux comme de véritables problèmes sociaux (Blumer, 1971) résultant d'une action collective, qu'elle soit structurée ou non (Ostrom, 1990). Le recours à la sociologie de l'environnement s'inscrit donc dans une logique de compréhension des réactions réciproques entre l'environnement et la société (Billaud, 2012). En insistant sur les réponses sociales à ces problèmes : au niveau des pratiques (qui évoluent, s'adaptent) et au niveau des connaissances et savoirs sur l'environnement (qui s'améliorent, se diversifient ou se spécialisent).

L'une des principales réactions sociales aux fluctuations des nappes d'eaux souterraines dans le Saïss est d'ordre technique. Les transitions techniques et la fabrication de moteurs de plus en plus puissants matérialisent une prise de conscience de la vulnérabilité de la ressource. Mais cette vulnérabilité n'est pas posée en termes environnementaux, elle met plutôt en jeu la survie d'une économie rurale et de métiers qui existent du fait des pompages dans l'aquifère. Au total, on est face à un paradoxe : les acteurs ont conscience de la raréfaction des eaux souterraines, et tentent grâce aux techniques de repousser le moment où l'aquifère sera objectivement épuisé. Cet espoir, jusqu'ici toujours réalisé grâce aux prouesses techniques des réseaux sociotechniques, justifie le report perpétuel de l'effondrement annoncé de l'aquifère (Petit et al., 2017).

Le paradoxe du Saïss peut aussi être résumé en ces termes : une conscience collective de participer au déclin de l'aquifère. En effet, quand on observe l'individualisation croissante des prélèvements et de l'exploitation de l'aquifère, il est difficile d'identifier les eaux souterraines comme un bien commun autour duquel les acteurs organisent leurs actions. Dans le cas du Saïss, les eaux souterraines en tant que ressource ne sont pas toujours l'objet commun autour duquel se constituent des collectifs pour sa gestion durable. Si la plupart des travaux relatifs aux biens communs insistent sur les ressources naturelles comme socle de constitution d'une dynamique collective formelle ou informelle, cette expérience peut prendre des formes inattendues et se manifester dans d'autres cadres que ceux de leur « gestion durable » (Dardot et Laval, 2015). En effet, on peut faire ici l'hypothèse que le commun émerge de la construction de réseaux sociotechniques (Akrich, 1989). Ce commun se manifesterait alors davantage à travers les processus d'apprentissage, de transformations et d'innovations techniques adoptées par les acteurs locaux. Ainsi c'est de façon immatérielle dans l'acquisition des connaissances, transmission de savoirs, de savoir-faire qu'on verrait se constituer une forme de bien commun.

Le projet de la société minière n'a donc aucun rapport à la prise en charge ou la gestion de la question de l'épuisement de l'aquifère. Elle partage la conscience du déclin de l'aquifère. Au lieu d'être un facteur qui suscite une remise en cause par les acteurs de leurs modes d'exploitation des ressources en eau (comme dans les nombreux exemples d'autogestion que la théorie des communs documente), la conscience partagée du déclin de l'aquifère stimule au contraire les acteurs qui cherchent des solutions pour instrumenter encore plus cette exploitation. Une conscience de constituer un collectif mettrait les acteurs, dans leurs interactions, en face de la crise en cours. Ce qui aurait pour effet de provoquer une réaction accusatoire et à tout mettre en œuvre collectivement pour réparer ce qui par le passé a entraîné la crise (Dodier, 1997). On assisterait alors à extériorisation de la conscience collective qui se manifesterait par une restriction des réseaux sociotechniques. Il n'en est rien dans la réalité. Artisans, revendeurs, réparateurs, et même l'État, tous les acteurs anticipent leur « sortie » de l'aquifère du Saïss.

Par ailleurs, la question du rapport des politiques publiques à l'environnement est au centre des théories développées par la sociologie de l'environnement (Candau et Deldrève, 2015 ; Thoenig et Duran, 1996 ; Le Bourhis, 2012). Ce champ de recherche est donc aussi approprié pour analyser comment les eaux souterraines au Maroc sont devenues un objet de légitimation des politiques publiques, et dévoiler plus globalement la place très instrumentalisée qu'occupe l'environnement dans une action publique locale présentée comme moins « verticale », inclusive (El Alaoui, 1993 ; Faysse et al., 2012 ; Molle, 2017) et soucieuse de la durabilité des ressources en eau (Kuper et Molle, 2017). Dans cette configuration, la répartition et le contrôle des ressources naturelles, entre acteurs et usages devient un enjeu de cadrage majeur (Mormont, 2006), d'abord entre les différentes institutions qui composent l'appareil étatique (Molle and Tanouti, 2017 : Del Vecchio et Mayaux, 2017) ; puis entre l'État et les autres usagers privés (Fofack et al., 2015). Or, l'État est un acteur pluriel. En tant que telle, sa gouvernance met en scène différentes entités publiques qui ne partagent pas toujours les mêmes rationalités et objectifs vis-à-vis de la définition des usages de l'environnement, des réponses à apporter aux défis environnementaux, ou encore des parties prenantes à ces cadrages. Ceci est particulièrement visible dans les territoires ruraux où la quête d'une maîtrise des usages des ressources naturelles productives peut poser des difficultés de coordination au sein de l'appareil étatique (Bouzidi, 2015), ou générer des tensions entre groupes d'acteurs aux intérêts divergents, convergents et évolutifs. Des tensions exacerbées par le rôle politique, économique et social que ces territoires ruraux jouent dans des systèmes nationaux.

In fine, le choix de la sociologie de l'environnement a représenté un défi majeur dans cette étude. L'enjeu ici est de convoquer une théorie élaborée dans un contexte où l'environnement est devenu un objet de débat, et de l'instrumenter dans un contexte où, *a priori*, ce débat fait défaut. Non seulement les eaux sont cachées, mais aussi toute action publique (hormis les cadres formels) pour réguler leur utilisation (Del Vecchio et Mayaux, 2017). Grâce à cette approche, l'ouvrage discute du rôle de l'État et surtout comment il problématise le problème des eaux souterraines, les instruments et la rhétorique de ce cadrage, ainsi que ses effets. Ainsi, l'environnement est placé au centre de ce cadrage pour légitimer ou justifier l'exclusion d'un segment de la société des eaux cachées. Par sa logique d'exclusion, l'action publique façonne des inégalités environnementales (Deldrève, 2020) qui contribuent à renforcer d'autres inégalités déjà fortes, d'ordre socio-économique ou hydro-techniques. On est donc en face d'une gouvernance publique dans laquelle la sauvegarde des ressources en eau souterraine proprement dite n'apparaît pas comme une priorité politique, un paradoxe qui est entretenu pour servir des intérêts principalement économiques et politiques. La stratégie d'exclusion des politiques publiques aboutit à établir un rapport de hiérarchie entre usagers de l'aquifère, et surtout, en distribuant les bons et les mauvais points, elles formalisent le profil type de l'investisseur agricole qui doit opérer dans le Saïss. Par ce tour de force, l'État réussit à contrôler la manière de percevoir quel, ou alors qui, est le véritable problème sur le territoire de l'aquifère (Candau et al., 2012).

Que devient alors ce segment disqualifié, notamment les artisans qui ont enraciné leur activité dans le Saïss, en y établissant leurs repères sociaux, culturels et relationnels ? Quel avenir se profile pour eux, et comment la structure sociale sur laquelle reposent leurs interactions peut-elle contribuer à clarifier non seulement leurs trajectoires futures, mais aussi celles de l'aquifère et de la société des eaux cachées ?

Chapitre 3

Les artisans de la transformation-vente des moteurs pour le pompage des eaux souterraines : pratiques, interactions et organisation sociale

Introduction du chapitre

L'objectif de ce chapitre est de caractériser les échanges et le type de structure sociale qui sous-tend la conduite des interactions autour des moteurs d'extraction d'eau souterraine. L'on a vu précédemment dans le chapitre 2 comment ces objets techniques dessinent un tissu réticulaire dense dans le Saïss, en se constituant en objets de réseaux qui mettent en contact et créent des interdépendances entre les acteurs. L'étude s'est déroulée à une échelle dans laquelle l'instrumentalisation de la théorie des RST a permis d'analyser la nature de ces collectifs sociotechniques, leurs éléments constitutifs et leur raison d'être, ainsi que leur distribution sociale, territoriale et temporelle. La question qui se pose à présent est de qualifier les échanges à l'intérieur de ces collectifs. Il s'agit d'examiner les règles qui organisent les interactions et guident les comportements des acteurs dans leurs relations de face-à-face (Goffman, 1956 [1969]). L'on quitte donc l'échelle mésosociale qui observe les collectifs dans leur globalité, pour une échelle d'analyse microsociale qui pénètre au cœur de ces collectifs pour comprendre leur fonctionnement.

L'analyse dans ce chapitre cible les interactions entre les artisans, et entre ces derniers et les agriculteurs, en se focalisant particulièrement sur les relations basées sur la fabrique, la vente et la réparation du moteur Renault 25.

Comme son nom d'origine (Renault) l'indique, ce moteur a été conçu par le constructeur automobile français du même nom. Il est donc créé à l'usage des berlines. Son utilisation dans l'agriculture pour l'extraction des eaux souterraines procède d'une «*deuxième vie*» (Anstett et Ortar, 2015) dans un nouvel environnement social, économique et politique. Au cours de cette transition, le moteur Renault 25 subit plusieurs transformations qui changent sa structure et son aspect physiques, le type d'acteurs qu'il côtoie, ses objectifs et les attentes qu'on lui assigne. La pratique de récupération et de transformation des moteurs Renault pour le pompage des eaux souterraines démarre en 2002 dans un contexte climatique défavorable. Des sécheresses des années 1980 qui ont tari les cours d'eau et les sources aux « crises » touchant les eaux souterraines superficielles au cours des années 1994–1995 et 2000, l'utilisation des moteurs Renault en général, et du modèle R25 en particulier a accompagné le basculement des usages sur l'aquifère et le passage vers les eaux profondes. Ainsi, les forages ne sont pas la seule marque du monde de l'abondance ou des eaux profondes, qui ne peut véritablement être comprise sans tenir compte du rôle que le moteur R25 a joué dans son avènement. Dans ce basculement, le moteur R25 a joué le même rôle d'accélérateur que le forage lorsqu'on examine l'évolution des objets d'exhaure. Tandis que les puits sont forés et les forages creusés pour atteindre la nappe profonde, les moteurs de pompage devaient eux aussi gagner en puissance. C'est dans ce contexte qu'apparaît le moteur R25. Il s'est révélé d'une puissance de pompage supérieure à celle des moteurs à gasoil jusqu'alors privilégiés, mais aussi des autres modèles des moteurs Renault (R19, R21, etc.). La pratique de récupération et de transformation du moteur Renault se développe à mesure qu'il séduit (Akrich et al., 1988) de plus en plus d'usagers-agriculteurs. Face au problème de la baisse du niveau de l'aquifère, le moteur Renault devient la réponse technique, comme un « *point de passage obligé* » (Callon, 1986) pour les agriculteurs qui recherchent un accès abondant à l'eau souterraine. En 2015, le modèle R25 est le type de moteur le plus utilisé pour le pompage des eaux souterraines dans le Saïss. Nos enquêtes montrent qu'il représente 38% des équipements de pompage parmi la diversité des marques de moteurs (Lister Petter, Deutz…) et des types de pompage (électrique, solaire) présents. Comment caractériser les liens sociaux étant donné que par hypothèse, ce processus transforme aussi bien le moteur que la société dans laquelle il s'insère ? En effet, la pratique de transformation (du moteur R25) fait naître de nouveaux *collectifs techniques* qui entrent en relation avec les espaces agricoles. Quelles sont les formes d'interactions intra et inter-espaces ? Comment les relations sociales ont-elles évolué avec l'avènement de ce nouveau dispositif de pompage ?

Nous analysons l'activité de récupération et de transformation du moteur R25 et, à travers elle, le monde social qui encadre son existence. Les résultats de cette étude sont présentés en trois parties. La première partie pose les bases d'une filière constituée autour de la transformation technique des moteurs grâce à une ethnographie des types de biens et d'objets qui circulent dans la filière, de ses acteurs et des chaînes d'opérations. À cet égard, nous avons été « en apprentissage » des techniques auprès des artisans afin de cerner les opérations de transformation. Cet apprentissage a aussi constitué des temps de discussions sur la composition et la structure des garages d'artisans, la nature des rapports au sein d'un même garage et entre différents garages, ainsi que sur le fonctionnement des transactions avec les agriculteurs. La deuxième partie analyse les trajectoires socioprofessionnelles des artisans qui transforment les moteurs : comment s'insèrent-ils dans l'activité de transformation-vente de moteurs de pompage, quelles sont leurs motivations, les bifurcations (Veith, 2004) qui ont jalonné ce parcours depuis le début ? Et enfin, comment envisagent-ils leur avenir personnel et l'avenir de leur métier au regard des mutations environnementales, techniques et socio-politiques en cours ? Elle décrypte ensuite la formation d'un corpus de savoirs spécifiques porté par un collectif technique caractérisé par l'existence de positions hiérarchiques et de processus sociaux d'inclusion/exclusion. Puis, nous examinons les reconfigurations que subit le territoire de l'aquifère à l'aune des mobilités d'objets et d'acteurs que l'activité technique génère. Enfin, dans la troisième partie nous analysons les règles qui organisent le travail des artisans et structurent la conduite des transactions entre eux et avec les agriculteurs. On verra ainsi comment dans une forme de modernité recomposée, ces transactions et échanges s'inspirent des principes anciens de l'institution sociale du « *bazar* ». Structure sociale et culturelle traditionnelle dans les sociétés marocaines et du Maghreb en général, les propriétés du « *bazar* » sont réinvesties de nos jours pour organiser les interrelations autour d'objets techniques contemporains.

1. Structuration générale des opérations de transformation du moteur Renault pour le pompage des eaux souterraines

Le recyclage des moteurs Renault et leur transformation en moteurs de pompage des eaux souterraines reposent sur l'utilisation de multiples objets associés pour constituer la structure du futur moteur. Ces objets sont échangés entre vendeurs et acheteurs à l'intérieur d'une chaîne de commerce, mais c'est dans les ateliers ou garages d'artisans que l'assemblage de ces différentes pièces « crée » le nouveau moteur. Cette section vise à répondre à deux questions, à savoir : quels sont spécifiquement les objets qui entrent dans la transformation des moteurs Renault, d'où viennent-ils et qui peut « transformer » un moteur ?

1.1. Une pluralité d'objets alimentant les flux du marché

> *L'artisan :*
>
> *« Ici, c'est nous qui montons les pièces, les moteurs des anciennes voitures Renault 25 essence. On apporte le bloc-moteur et c'est nous qui fabriquons le châssis, nous installons le radiateur, l'appareil de gaz d'origine italienne, le démarreur et un manomètre de température ».*
>
> *Touchant une boîte de conserve trouée sur sa base, je lui demande :*
>
> *« C'est vous qui fabriquez aussi ceci ? »*
>
> *« C'est nous qui... [cherchant ses mots]... on bricole », me dit-il*
>
> *« Qu'est-ce que c'est ? », lui demandé-je encore*
>
> *« C'est notre filtre à air », répondit-il en riant.

Encadré 1: *Extrait d'entretien avec un artisan de la réparation automobile, Bouderbala, 2014.*

L'encadré ci-dessus reporte une discussion avec un mécanicien sur la composition du moteur transformé Renault. Nous sommes assis dans son garage à l'intérieur duquel chaque espace est occupé par des objets nécessaires à cette transformation. Du sol au plafond et sur les murs, il entasse ses pièces de rechange et le travail proprement dit de transformation du moteur se déroule à l'extérieur, à l'entrée du garage. Le bloc-moteur est l'objet principal à partir duquel toute la démarche de transformation est réalisée. Le bloc-moteur désigne la carcasse nue d'un moteur Renault, c'est-à-dire qu'il est débarrassé de toutes les pièces qui l'accompagnent sous le capot d'une automobile. La photo 26 ci-dessous montre un moteur transformé prêt à l'emploi. Dans les développements qui vont suivre, nous le décomposons en identifiant les éléments qui sont greffés au bloc-moteur.

Photo 26: *Le moteur Renault transformé.*
© *Kuper et Fofack, Bouderbala, 2015.*

En dehors de sa base qui est le bloc-moteur, les éléments qui composent le moteur transformé sont au nombre de huit : l'appareil à gaz, la bobine d'allumage, le démarreur, la batterie, le régulateur de vitesse, la poulie et sa courroie de transmission, le châssis, le filtre à air, le radiateur et le tuyau d'échappement des gaz. Ils sont présentés tour à tour ci-dessous, en expliquant le rôle que chaque élément joue dans le futur moteur transformé.

L'appareil à gaz est un objet rond, creux et épais. Principalement d'origine italienne et tchèque, il conduit l'énergie butane des bonbonnes de gaz vers le moteur. Un premier tuyau (bleu sur la photo 27 ci-dessous) placé à l'une de ses extrémités amène le gaz qui est pompé des bonbonnes de gaz. Un second tuyau (noir sur la photo) réceptionne le gaz à la sortie de l'appareil à gaz et le conduit vers le moteur. En somme, l'appareil à gaz prend en charge le gaz butane qu'il injecte au moteur.

Photo 27: *Un appareil à gaz, 2014.*

Comme pour l'utilisation domestique, une vanne placée à l'extrémité du tuyau d'entrée permet d'ouvrir ou interrompre la transmission du butane à l'appareil à gaz. Cette vanne sert également à bloquer les retours de gaz vers les bonbonnes. C'est grâce à cet objet que la transition des moteurs Renault alimentés à l'essence en des moteurs alimentés à l'énergie butane est possible. En cela, l'appareil à gaz est une pièce du futur moteur qui est aussi essentielle que le bloc-moteur lui-même. Le butane est utilisé pour le pompage des eaux souterraines parce qu'il est peu coûteux, car subventionné. La section 3 de ce chapitre analyse en détail le système étatique de compensation des prix du gaz butane instauré afin d'amortir le coût réel de cette énergie. Une mesure politique et économique qui visait à l'origine à améliorer le pouvoir d'achat des ménages.

La batterie et la bobine d'allumage et le démarreur forment le système électrique du moteur (cf. photos 28). La batterie fournit l'électricité à tout le moteur, il peut y en avoir une ou deux simultanément sur le moteur. Elle ne diffère pas des batteries d'automobile recouvertes de plastique solidifié blanc et bleu ou noir. C'est le même modèle qui est utilisé pour les moteurs transformés.

Photo 28: *La batterie, le bobinage et le démarreur, 2014.*

La bobine quant à elle fournit le courant haute tension nécessaire à la combustion du moteur. On retrouve aussi bien les bobines classiques où une seule bobine fournit le courant à l'ensemble des bougies par la tête d'allumeur, que les bobines à distributeur qui gèrent la distribution du courant sans avoir recours à la tête d'allumeur et alimentent au maximum quatre bougies simultanément. C'est le démarreur qui met le moteur en marche, activant les systèmes électrique et mécanique. Il s'agit d'un boîtier en aluminium de forme rectangulaire sur lequel on retrouve la clé de démarrage, un manomètre ainsi que deux voyants lumineux vert et rouge indiquant la température du moteur. En cas de surchauffe du moteur, le voyant lumineux s'allume.

Le régulateur de vitesse est un dispositif intégré permettant à l'agriculteur de choisir la vitesse que le moteur va maintenir constante (cf. photo 29). Un à deux niveaux d'accélération sont programmés. Lorsque le régulateur de vitesse n'est pas activé, le moteur tourne à une vitesse standard, et ce dernier accélère si l'agriculteur actionne la commande. Ainsi le régulateur de vitesse fonctionne uniquement dans le sens de l'accélération. On est en présence d'un objet qui, intégrant bien la logique d'exploitation sur l'aquifère, consiste à toujours moduler à la hausse les capacités d'extraction et les besoins en eau.

Photo 29: *Un régulateur de vitesse, 2014.*

La poulie est accrochée, grâce à des vis, à l'une des extrémités du moteur, celle où est placé le volant moteur. En principe dans une voiture, c'est l'embrayage qui prolonge le volant moteur. On retire l'embrayage et à la place on accroche la poulie. Physiquement, la poulie est un tube en acier cylindrique, dont le diamètre peut atteindre 20 centimètres. La forme de la poulie fait penser à un haut-de-forme à calotte haute, à la seule différence que le sommet de la calotte sur la poulie n'est pas fermé, il reste béant. Sur la base, les bords de la poulie sont étirés vers l'extérieur et troués. Les trous servent à fixer la poulie sur le volant moteur avec des vis et de la soudure. Une fois fixée au moteur et prête à l'emploi, on enroule autour de la poulie une courroie de transmission (cf. photos 30).

Photo 30: *La poulie et sa courroie de transmission, 2014.*

La courroie de transmission en caoutchouc relie la poulie du moteur à la tête de la pompe installée sur le puits ou le forage. La poulie transmet à la pompe l'énergie mécanique du moteur, ce qui permet d'actionner la pompe. Dans une automobile, le volant moteur réduit les vibrations et les bruits de moteur en cours de roulage. Quand le moteur est transformé, le volant moteur perd beaucoup de son efficacité : les moteurs de pompage des eaux souterraines sont très bruyants et réduisent le confort des agriculteurs qui les utilisent. Quant aux vibrations, les mécaniciens ont trouvé une solution qui consiste à immobiliser le moteur avec un châssis.

Le châssis est la charpente métallique en métal rectangulaire destinée à maintenir en place les éléments composés du moteur. Il est constitué de deux poutres en métal assemblées en rectangle ou en H. C'est la structure sur laquelle tous les éléments du moteur sont fixés par un procédé de soudure. Il sert surtout à immobiliser le moteur lorsque celui-ci est en marche. Pour cela, il est posé sur une surface plane grâce à un autre procédé de collage dans du béton armé coulé à même le sol. Les dimensions du bâti métallique sont faites sur mesure, en fonction de la taille du moteur qu'il va supporter. Le moteur est soudé au châssis, puis le châssis est fixé dans le sol.

Au sein de l'exploitation agricole, moteur et châssis sont installés sur un dôme en béton armé. Ainsi, l'ensemble se solidifie dans le béton. Sur la photo 31 ci-contre, on voit un châssis coulé dans du béton. Le moteur a été retiré, mais on peut lire sur le dôme l'inscription de la date à laquelle l'agriculteur l'avait installé.

Photo 31: *Châssis coulé dans du béton armé, 2014.*

Il peut arriver qu'un châssis se superpose à un autre. C'est le cas lorsque l'agriculteur change de moteur. Soit il conserve ce premier châssis de l'ancien moteur et le réutilise pour le nouveau moteur, soit il fait fabriquer un châssis neuf. Dans ce second cas, le châssis neuf n'est plus coulé dans du béton, mais il est fixé par-dessus l'ancien grâce à des vis. À proximité des puits ou des forages inactifs, la présence d'un châssis indique que l'ouvrage de captage a été opérationnel par le passé. Ou alors, si la pompe est installée dans le puits, le châssis vide peut signifier que le moteur en panne a été transporté chez un mécanicien.

Le filtre à air et le tuyau d'échappement des gaz jouent des fonctions d'aération sur le moteur. Il y a deux types de filtres à air : le premier est un modèle issu des voitures et motos, on le retrouve chez les ferrailleurs et il peut être importé. Le second type de filtres à air (cf. photo 32) est fabriqué par les mécaniciens eux-mêmes.

Photo 32: *Un filtre à air « bricolé », 2014.*

Ce filtre à air est conçu à partir d'une boîte cylindrique qui est trouvée sur sa base comme décrit le mécanicien dans l'encadré 1 présenté au début de cette section. Dans la suite de notre entretien, l'artisan explique la technicité qu'exige la fabrication du filtre à air :

> « C'est notre système "D". Voici un moteur Renault 4, on y met cette boîte au lieu du filtre à air. Ces trous-là [dit-il en pointant la base de la boîte] c'est calculé. Ils sont calculés en fonction de l'appareil. S'il y a beaucoup d'air qui rentre par rapport au gaz, c'est problématique. Il faut un équilibre entre les deux sinon le moteur dérape ».

Ainsi, la taille et la puissance du moteur à équiper déterminent le nombre de trous de la boîte. Le mécanicien choisit le diamètre de la boîte à percer selon ces caractéristiques. Ce filtre à air local remplace et remplit le rôle du premier type de filtres à air, et il ne faut pas croire qu'il s'agit d'une catégorie au rabais, car son efficacité satisfait aussi bien que le premier.

Le tuyau d'échappement évacue les gaz de combustion du moteur. À la différence du pot d'échappement des moteurs de véhicules, ce tuyau d'échappement n'atténue pas les bruits liés à la combustion interne. Ce qui explique qu'un moteur de pompage en marche peut s'entendre plusieurs dizaines de mètres alentour.

Le radiateur est une pièce utilisée pour le refroidissement du moteur, comme pour les véhicules. Parfois, ce sont les radiateurs de tracteurs, moissonneuses ou de camions qui sont utilisés, car ils sont plus grands (cf. photo 33).

Photo 33: *Le radiateur monté sur le moteur, 2014.*

Une plus grande capacité de rétention d'eau permet à l'agriculteur de faire fonctionner le moteur plusieurs heures sans avoir à remplir le radiateur à des fréquences trop rapprochées (toutes les demi-heures par exemple). Le radiateur peut être remplacé par des fûts qui ont une plus grande capacité de stockage de l'eau de refroidissement. Comme sur la photo 34 ci-dessous, les fûts sont utilisés par paire. Ils sont tous les deux troués à l'avant et à l'arrière, et chaque trou est équipé d'un tuyau. Le premier fût (à gauche sur la photo ci-dessous) est rempli d'eau fraîche qui vient directement du puits. Elle s'écoule jusqu'au moteur à travers le tuyau branché sur l'orifice situé à l'arrière. Quand l'eau chauffée ressort du moteur, elle est acheminée vers le deuxième fût par un tuyau qui le relie au moteur. Enfin, l'eau chauffée recueillie dans le deuxième fût est reversée dans le puits. Les fûts fonctionnent également comme des vases communicants, d'une part afin que l'eau chaude tiédisse l'eau du puits quand elle est glacée, d'autre part pour refroidir l'eau chauffée afin que le tuyau qui assure le retour de l'eau dans le puits ne fonde pas à cause de la chaleur.

Photo 34: *Deux fûts de refroidissement du moteur, 2014.*

En somme, quelques éléments (cf. tableau 6) de la version Renault automobile sont donc conservés après la transformation. Lorsque c'est le cas, ils remplissent les mêmes fonctions même s'ils ne sont ou ne peuvent pas être replacés suivant les mêmes dispositions. Quant à leur provenance, les objets utilisés dans la transformation du moteur sont tantôt produits sur le territoire marocain ou obtenus dans les ateliers et décharges locales dans le Saïss, tantôt encore importés de l'étranger.

Tableau 6: Origine des objets utilisés pour la transformation du moteur Renault.

	Objets importés	Objets présents au Maroc	Objets présents dans le Saïss
Bloc moteur	X		
Appareil à gaz	X		
Bobine d'allumage	X	x	
Batterie		x	
Démarreur			x
Régulateur de vitesse	X	x	
Poulie		x	x
Courroie de transmission		x	x
Châssis			x
Filtre à air	X	x	x
Tuyau d'échappement	X	x	
Radiateur	X	x	
Fûts de refroidissement		x	x

Si l'on ajoute à ces éléments une machine dynamoélectrique et un double carter, il est possible d'augmenter significativement la puissance du moteur. La machine dynamoélectrique amplifie l'énergie électrique jusqu'alors fournie par la seule batterie, tandis que le double carter qui contient l'huile lubrifiant le moteur, permet d'augmenter l'autonomie de celui-ci. En somme, le moteur Renault est le produit d'une filière locale, régionale et internationale d'approvisionnement de filières agricoles orientées vers le marché. Plusieurs objets sont d'origine mixte, et peuvent être trouvés aux trois niveaux de vente ou à deux niveaux simultanément. Mais d'autres sont spécifiques à un seul niveau d'approvisionnement : soit local soit international. La notion de filière est pertinente ici, car elle offre un cadre de compréhension de la structuration des chaînes de production et de commercialisation de ce moteur R25. Dans ce sens, la filière est comprise comme «*la succession des opérations qui partant de l'amont d'une matière première – ou d'un produit intermédiaire – aboutit en aval après plusieurs stades de transformation/valorisation à un ou plusieurs produits finis au niveau du consommateur*» (Tallec et Bockel [FAO] 2005 : 4). Considérer la filière permet globalement de décomposer le «marché» lié au moteur R25 : ses circuits de production et de distribution, les flux d'objets qui sont échangés, les agents qui participent de ces circuits ainsi que leurs échelles d'intervention, et les principaux lieux d'échanges et d'acheminement des objets.

1.2. Le marché de l'occasion et les chaînes d'approvisionnement du moteur R25

Au niveau local, la chaîne d'approvisionnement en objets recyclés est la plus courte. Elle concerne les objets fabriqués par les artisans eux-mêmes (les châssis par exemple) à partir de petites ferrailles, ou des pièces d'automobile récupérées (le tuyau d'échappement, le radiateur, le filtre à air). La petite ferraille (fer et acier notamment) est transformée chez l'artisan qui l'utilise directement ou le met en vente pour l'usage d'autres garages. Pour trouver les matières premières nécessaires à leur fabrication, le principal lieu de ravitaillement est le dépôt de ferraille dans la ville de Meknès. C'est un quartier industriel situé à la périphérie Sud-Est de l'agglomération. Les acteurs présents ici sont les mécaniciens, les soudeurs, et des revendeurs au détail. Ces revendeurs sont tantôt ambulants, tantôt locataires d'une boutique près des ateliers de mécaniciens. Les revendeurs ambulants se déplacent en fourgonnettes d'un centre urbain à un autre pour écouler leur stock. Les produits de la ferraille arrivent par camions et sont déversés dans de vastes hangars prévus à cet effet. Ils sont vendus au kilogramme. Chaque client effectue son tri et choisit dans le hangar les pièces de ferrailles qu'il juge recyclables. Sorties du quartier de la ferraille, ces pièces circulent entre les garages et à l'intérieur des centres urbains situés à proximité des villages comme Haj Kaddour ou Bouderbala. Pour acquérir les parties du moteur transformé de meilleure qualité, les artisans travaillent avec des fournisseurs qui exercent dans les grandes villes du pays. La tôle en aluminium de couleur bleue utilisée dans la fabrication des fûts de refroidissement, la batterie et les éléments constitutifs du démarreur (le boîtier et ses voyants lumineux, le nanomètre) sont les seuls éléments du moteur qui sont neufs lors de leur première utilisation, même s'ils sont réutilisés sur plusieurs moteurs ensuite. Là, on retrouve les détaillants ci-dessus mentionnés : des revendeurs ambulants et fixes qui achètent auprès des magasins du centre-ville de Meknès. Les revendeurs achètent dans des souks régionaux, notamment les souks d'Agadir au sud du pays; Beni Mellal au Centre; et au nord à Tanger, à Nador et ses alentours (Taourit, Berkane ou plus loin Oujda). Les revendeurs ambulants ou fixes du Saïss ne limitent pas leur activité aux objets d'occasion ni aux moteurs, diversifiant leur offre avec la vente des pompes d'extraction. C'est le cas d'Hassan rencontré à Haj

Kaddour à bord de sa fourgonnette, en train de vendre des pièces à un agriculteur (cf. photo 35). Pour lui, ce mode de vente par itinérance est rentabilisé parce qu'en allant à la rencontre des agriculteurs, il s'assure de répondre aux demandes les plus courantes. Or, en matière de pompage, ces besoins concernent le moteur ou la pompe. De cette façon, il est certain d'écouler sa marchandise, de créer ou faire perdurer ses relations d'affaires.

Photo 35: *Un revendeur itinérant à Haj Kaddour, 2014.*

Les fournisseurs peuvent être spécialisés dans la vente d'un type d'objets. Pour ce mécanicien de Bouderbala par exemple, « *les spécialistes des moteurs [blocs-moteur] sont de Taourirt* », près de Nador. Ces fournisseurs qui viennent de souks régionaux sont des revendeurs. Ce sont eux le plus souvent qui peuvent être spécialisés dans la vente d'un type d'objets qu'ils achètent chez plusieurs vendeurs à la fois. Ils achètent tous à des primo-fournisseurs qui importent les pièces d'occasion d'Espagne, d'Italie ou de France. Deux principales voies de passage sont empruntées par ces importateurs : soit le détroit de Gibraltar et ils accostent dans les ports de Tanger ; soit la rive méditerranéenne en passant par le port de Nador. Le trajet que les fourgonnettes empruntent croise les points de vente dans les souks régionaux. Concernant par exemple les départs de Nador, les fourgonnettes suivent le cordon Nador-Taourirt-Guercif-Taza-Saïss.

Passée la frontière marocaine, les primo-fournisseurs écoulent leurs marchandises soit en vente indirecte dans les souks régionaux aux revendeurs, soit en vente directe aux agriculteurs. La vente indirecte offre un gain de temps à l'importateur qui évite de faire le trajet jusque dans le Saïss. En vente directe, l'importateur en camionnette est en contact avec un ou plusieurs mécaniciens avec lesquels il a entamé la négociation préalable. Il rencontre le mécanicien pour conclure la vente sans passer par des intermédiaires. À la question posée de savoir où ils trouvent les pièces du moteur transformé, la réponse des mécaniciens renvoie directement au primo-fournisseur : « *On achète à des commerçants, des immigrés-commerçants* », ou encore « *ce sont des amis qui vivent à l'étranger* ». Du local à l'international, la filière est schématisée sur la figure 5 ci-dessous :

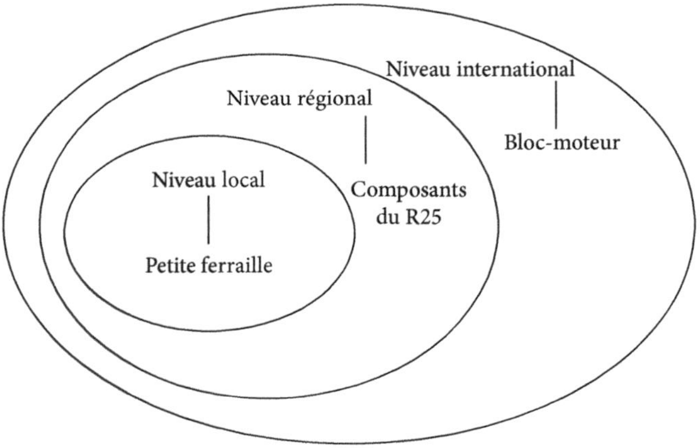

Figure 5: *Du local à l'international : la filière d'approvisionnement du moteur R25.*

Moins il y a d'intermédiaires entre l'importateur et le mécanicien, plus ce dernier a des chances d'obtenir les articles de premier choix (cf. encadré 2). La multiplication des intermédiaires dilue la qualité du stock importé, car les objets de meilleure qualité sont vendus les premiers. C'est la raison pour laquelle le mécanicien à la tête d'une écurie a un à deux fournisseurs « officiels » principaux. Ceux-ci lui garantissent la priorité d'achat sur leurs stocks, et éventuellement sur de nouveaux modèles disponibles. En contrepartie, le chef d'écurie doit être un client qui achète sinon « au gros », une part importante du stock.

Une fois qu'il dispose de tous ces éléments, la prochaine étape consiste à les assembler. Cette étape primordiale se déroule en atelier, dans un garage qui représente également le lieu où travaillent plusieurs catégories d'artisans.

> *Mécanicien à Aïn Taoujdate, Mohamed Sahraoui est l'un des plus connus de la commune rurale dans le secteur de la fabrication vente et réparation des moteurs de pompage Renault. Il dirige un atelier, véritable entreprise où les commandes de moteurs s'enchaînent au rythme des livraisons. Ne voulant pas révéler le nombre de ses fournisseurs, il affirme au cours de notre entretien qu'un bon patron doit toujours avoir des solutions de recours pour assurer la continuité des services de son garage.*
>
> *Nous comprendrons plus tard pourquoi les informations sur ses fournisseurs privilégiés sont cachées. Sans fournisseur sûr, un garage peut difficilement proposer des moteurs de bonne qualité et satisfaire les demandes régulières des agriculteurs. Notre entretien se déroulait en présence d'un de ses collaborateurs au sein du garage, auquel il confie la responsabilité de la formation des apprentis. Or, il se trouve qu'un précédent collaborateur a récemment quitté la tutelle de notre chef d'écurie pour fonder son propre garage. Ce qui n'est possible que, lorsqu'on a notamment un réseau de fournisseurs certains. En l'occurrence, ce sont les réseaux du chef d'écurie que cet ancien collaborateur a captés. Il gère donc désormais son propre garage à quelques encablures de celui de son ancien chef.*
>
> *Suite à ce départ, notre chef d'écurie prône désormais la prudence quand il traite avec ses fournisseurs, préférant limiter les informations qu'il transmet et les contacts entre eux et ses collaborateurs les plus aguerris.*

Encadré 2: *Les informations sur les fournisseurs, une denrée précieuse pour les garages.*

1.3. Qui peut transformer un moteur Renault ? Le garage : une concentration d'expertises plurielles

Le garage est l'atelier de montage et de réparation spécialiste de la mécanique des moteurs de pompage d'eau souterraine. Acheter et réunir toutes les pièces nécessaires à la fabrication du futur moteur dans cet atelier ne suffit pas à le faire exister. Il faut savoir les assembler et parfois aussi savoir les adapter ou les fabriquer. Ce savoir est pluriel, car la transformation du moteur Renault touche à différents types de métiers ou spécialités. Les principaux métiers sont représentés par les mécaniciens (la mécanique), les soudeurs (la soudure), les électriciens, le « tour » ou « tourneur » et les réparateurs de radiateurs.

L'agriculteur entre en contact avec le mécanicien quand il a besoin d'un nouveau moteur ou de faire réparer un ancien moteur. Le mécanicien est son principal interlocuteur dans le garage dont il est généralement le chef ou le gérant. Il coordonne les activités des autres artisans, reçoit et organise la livraison des commandes, mène les négociations sur les prix des prestations et assure le management général du garage : rémunération des artisans, location du local de l'atelier, embauche de la main-d'œuvre, répartitions du travail, ravitaillement en pièces d'occasion, contact avec les fournisseurs et les clients, etc.

Photo 36: *Des garages de mécaniciens. Centre de Haj Kaddour, 2014.*

L'expertise technique du mécanicien est la plus recherchée dans le garage, car c'est lui qui supervise l'assemblage du moteur et sa transformation générale. Le garage fonctionne ainsi comme une écurie automobile où chaque poste a une spécialité précise et intervient dans un temps précis du montage des moteurs.

Le soudeur apporte deux pièces au moteur Renault à transformer : le châssis et les fûts de refroidissement. Il aide aussi à fixer la poulie sur le volant moteur. De manière générale, le soudeur peut intervenir à tout moment dès qu'il faut souder ou transformer le fer. « *Dans ce travail de fer, tout est utile ici. Rien ne se perd* », fait remarquer un soudeur de Haj Kaddour en pointant des amas de ferraille posés au fond et à l'entrée de son atelier. Le fer utilisé pour la fabrication du châssis est acheté dans les dépôts de ferrailles. Ce soudeur travaille avec une enclume surélevée grâce à un tronc d'arbre. Il s'en sert pour forger les métaux, principalement le fer. Avant de battre le fer, il le chauffe au charbon sur un petit grill. C'est un équipement rudimentaire qu'on ne retrouve plus dans les autres ateliers selon lui : « *Ils n'utilisent pas ça. Ici c'est moi seul qui transforme le fer de cette façon. Les autres utilisent les cuves [faisant référence aux fours à charbon]* ». En effet, dans un atelier de petite taille comme le sien, le soudeur dispose d'un petit gril pour chauffer le fer. Mais lorsqu'il est plus grand, l'atelier est équipé d'un grand four, de plusieurs enclumes et de disques à polir. Les soudeurs travaillent en binôme soit dans des ateliers de soudure spécialisés, soit dans une écurie au sein de l'équipe dirigée par un mécanicien.

L'électricien joue un rôle central lui aussi, car il a la délicate mission de connecter un système électrique à un dispositif qui fonctionne au gaz butane. Pendant la phase de montage, « *l'essence est délicate à manier en plus avec l'électricité* ». En outre, « *Il faut que les énergies [électrique et mécanique] soient équilibrées pour que le moteur marche normalement* ». Dans le cas contraire et à la première étincelle pendant le pompage de l'eau dans le puits ou le forage, l'agriculteur qui utilise ce moteur n'est pas à l'abri d'une explosion. Son travail consiste à connecter la batterie, la bobine d'allumage et le démarreur. Contrairement au soudeur, l'électricien n'a pas d'atelier indépendant. Il travaille nécessairement dans une écurie avec le mécanicien, car leurs deux interventions doivent être coordonnées. La plupart des mécaniciens qui transforment les moteurs Renault ont d'abord été mécaniciens sur des moteurs d'automobiles puis ils se sont adaptés aux spécificités des moteurs de pompage Renault. Certains mécaniciens tentent de cumuler les deux rôles de mécanicien et d'électricien, mais selon un électricien que nous avons rencontré, c'est une erreur d'essayer :

> « Je suis un expert. Ce n'est pas facile pour un mécanicien-auto de maîtriser l'électricité des moteurs. [...] La voiture essence ne tombe pas en panne tout le temps comme la voiture Diesel ».

Ils ont donc peu d'expériences sur l'électricité de l'automobile qui fonctionne à l'essence, contrairement aux électriciens.

Le « Tour » ou « Tourneur » est l'artisan qui fabrique les poulies et les restaure. On l'appelle le « tour » en référence à son principal instrument de travail : une machine qui effectue des tours afin de donner une forme déterminée au métal ou afin de le polir. Parmi tous les artisans qui interviennent dans la transformation du moteur, le « tour » est la spécialité la moins répandue en raison de l'équipement coûteux que nécessite leur installation. Comme le soudeur, le « tour » peut travailler dans un atelier indépendant ou au sein de l'écurie d'un mécanicien.

Photo 37: *Le « Tour » dans un garage. Centre de Haj Kaddour, 2014.*

Enfin les réparateurs de radiateurs travaillent en écurie et une faible proportion d'entre eux (deux, dont un indépendant à Haj Kaddour et un second en écurie à Meknès La ferraille) possède un atelier indépendant. Lorsqu'ils font partie d'une écurie, ils montent les radiateurs sur les moteurs en cours de transformation, réparent ceux qui sont cassés, bouchés par l'accumulation de résidus ou de calcaire. Leur activité consiste aussi à acheter des radiateurs au *souk*, les retaper en fonction de leur état et les revendre aux mécaniciens voire aux agriculteurs.

En somme, si la transformation des moteurs pour les pompages des eaux souterraines s'effectue dans un garage, ce dernier peut avoir la structure d'une écurie réunissant toutes les expertises nécessaires à la transformation. Dans le cas contraire, le mécanicien doit faire appel à l'expertise externe proposée par les ateliers indépendants. La façon dont se déroulent les interactions entre les différents corps de métiers rencontrés grâce au moteur R25, montre un rapport de forces où le mécanicien occupe une place prépondérante. Non seulement les autres artisans interviennent en complément de son action, elles sont en outre coordonnées par lui dans le sens où c'est le mécanicien qui distribue les rôles et les moments où chaque corps de métier est sollicité. Plus important encore, la direction d'une écurie est généralement le fait des mécaniciens. C'est parmi les membres de ce corps de métiers que se constituent les chefs d'écuries qui vont à leur tour recruter les différentes autres spécialités. Si le garage est un lieu de concentrations de métiers, c'est surtout autour de la figure du mécanicien que cette concentration s'opère. Il y a donc un rapport de dépendance vis-à-vis de ce dernier, qui s'exprime au-delà de la relation hiérarchique née de la position de chef qu'il occupe.

Les enquêtes menées dans le Saïss ont permis de recenser 53 ateliers d'artisans qui travaillent à la transformation des moteurs. Ils sont inégalement répartis sur le territoire, comme on peut le voir sur le graphique 11 ci-dessous :

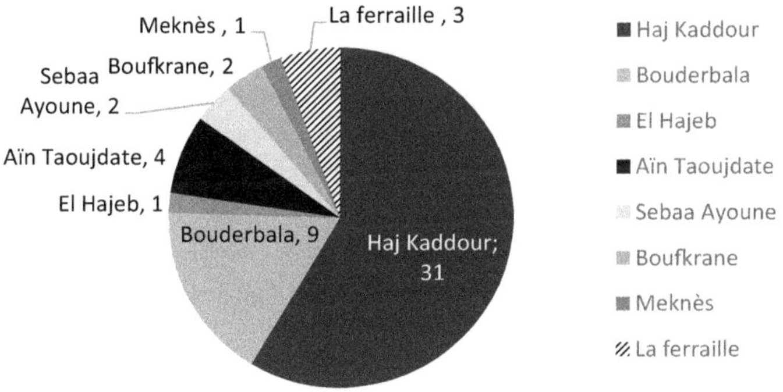

Graphique 11: *Nombre d'artisans du secteur de transformation des moteurs Renault, par centre urbain.*

Une zone se dégage clairement comme étant un lieu de concentration importante des artisans : c'est Haj Kaddour. Elle est l'épicentre de l'activité de transformation-vente des moteurs Renault, car elle concentre près de 60 % de cette activité. La prééminence de ce pôle s'explique historiquement par la trajectoire des artisans. C'est à Haj Kaddour qu'ils se sont installés en premier lieu et le succès de leurs entreprises a entraîné, au fur et à mesure, d'autres artisans venus s'y former. Toutes les spécialités d'artisans y sont représentées (soudeurs, électriciens, mécaniciens). Ils ont construit la réputation de ce lieu devenu central dans la plaine, et dont la réputation s'étend désormais en dehors de celle-ci. Lorsqu'on arrive à Haj Kaddour, on est d'abord face à un rond-point qui dessert quatre directions : à l'Ouest la ville de Meknès et son quartier La ferraille ; au nord, Sebaa Ayoune et Aïn Taoujdate ; à l'Est Bouderbala et au Sud El Hajeb et Boufkrane. À l'entrée de la ville, on rencontre surtout des commerces autour du rond-point. Il faut continuer son exploration vers le Nord pour voir les premiers garages d'artisans. À partir de là, il n'y a plus qu'eux. Concentrés sur un segment de deux kilomètres de long, ces garages trop petits pour contenir tous leurs équipements se prolongent sur les trottoirs. Le processus de création du moteur R25 implique différents types d'interventions, et on retrouve des garages qui ne traitent qu'une seule des phases du montage. Ce qui explique le nombre important de ces micro-entreprises. Les plus petits garages sous-traitent une partie des commandes de leurs confrères. En outre, cette offre de services est corrélée à la demande en moteurs, elle aussi en grand nombre. C'est donc ce petit tronçon de route secondaire qui est devenu la référence des agriculteurs pour l'achat de moteurs performants, surtout les moteurs transformés Renault. L'analyse de parcours socio-professionnels des artisans permettra de comprendre comment cette ascension s'est réalisée.

Bouderbala arrive en deuxième position dans ce classement, car c'est un centre urbain très dynamique et diversifié où la réparation d'automobiles est aussi importante que les activités liées à la transformation des moteurs de pompage d'eau souterraine. Pour reprendre les termes de cet artisan de Haj Kaddour :

> « Bouderbala commence à être connu dans l'agriculture, surtout pour ce métier ».

En effet, tandis que Haj Kaddour s'est, dès le départ, spécialisé dans les moteurs de pompages d'eau souterraine, l'activité principale à Bouderbala est restée la réparation automobile. Le centre urbain s'est développé autour d'un carrefour qui dessert les grandes villes de Fès et Meknès. Comme à Haj Kaddour, les artisans que nous recherchons sont regroupés sur l'une des quatre voies du carrefour. Ici, un garage sur deux consacre au moins une partie de son activité à la transformation des moteurs. Les garages à Bouderbala ont en effet une activité diversifiée, qui n'est pas exclusivement dédiée aux moteurs de pompage des eaux souterraines. Ceux-ci ne « transforment » pas les moteurs, mais ils peuvent les réparer s'ils sont sollicités. Parmi les ateliers qui ont été recensés, on retrouve notamment : un garage de mécaniciens créé pour la réparation des machines agricoles et leurs moteurs, qui a ensuite intégré la réparation des moteurs transformés Renault ; un garage de revente des moteurs transformés par d'autres garages et qui propose également des pompes à axe vertical ; un autre garage s'est lui aussi consacré uniquement à la réparation des moteurs à domicile et en atelier. Nous avons au total rencontré deux écuries complètes qui transforment elles-mêmes les moteurs qu'elles vendent.

La zone urbaine d'Aïn Taoujdate (où sont installés les garages) est plus étalée que les deux précédentes, mais les garages des artisans ne sont pas pour autant éparpillés dans l'espace urbain. Ils sont situés surtout sur le plateau Sud de la ville, à proximité des anciennes coopératives de la réforme agraire et des villages d'une commune rurale (Laqsir) qui a le plus fort taux de SAU irriguée dans le Cercle Aïn Taoujdate[23]. Parmi ces artisans, on retrouve deux écuries de mécaniciens et des ateliers de soudeurs. Peu nombreuses, mais bien équipées, elles proposent un service complet aux agriculteurs : transformation et réparation des moteurs, vente de pièces de rechange. Dans cette zone, les styles ne se mélangent pas : les garages pour automobiles (les plus répandus) d'une part et les garages de transformation des moteurs d'autre part. Les artisans mécaniciens sont peu visibles dans la ville en raison de leur petit nombre, mais aussi parce qu'ils sont directement connectés aux espaces ruraux. Les soudeurs quant à eux sont intégrés à la ville comme aux champs. Ils fabriquent aussi bien les portes, fenêtres et antivols que des châssis de moteurs.

Notre enquête distingue la ville de Meknès de son quartier industriel La ferraille. La première privilégie le commerce d'équipements neufs : pompes immergées et à axe vertical pour les pompages souterrains, pompes submersibles pour les pompages dans les oueds, dynamoélectriques. Ce sont des entreprises qui vendent ce type de biens, et leur offre s'oriente de manière générale vers les équipements de pompage électrique et solaire. Le second, le quartier de La ferraille est à l'inverse tourné vers la vente de matériel d'occasion, dont l'état d'usage varie des pièces de « bonne occasion » pour désigner les modèles de premier choix à la petite ferraille que déchargent les camions dans les hangars. Selon qu'on se trouve dans la ville de Meknès ou dans le quartier, l'on rencontre des profils différents d'acteurs et de produits. D'un côté les entreprises, leur matériel de pompage vendu à l'état neuf, leur clientèle constituée des grandes fermes privées qui utilisent quasi-exclusivement les pompes immergées électriques ou solaires. De l'autre les garages d'artisans et les produits d'occasion dont l'usage est répandu chez les petites et moyennes exploitations agricoles.

---

[23] Centre des Travaux d'Aïn Taoujdate, 2010. *Monographie de la zone d'action du CT 23-04 d'Aîn Taoujdate*, 35p.

De ce qui précède donc, Meknès n'est pas un cœur de cible pour ce cas d'étude sur la transformation des moteurs Renault. Non seulement la ville est spécialisée dans la vente de matériel neuf pour les pompages d'eau souterraine, mais son intérêt est dirigé vers les pompes immergées ou électriques. À l'inverse, le quartier La ferraille embrasse le secteur des pièces et moteurs d'occasion parmi lesquels ceux de la marque Renault. Toutefois, pour les agriculteurs et les artisans d'autres centres urbains, ce quartier représente plus un lieu de ravitaillement en pièces et moteurs que l'endroit où ils réparent ou font entretenir ces moteurs. Ceci s'explique par l'éloignement du quartier, excentré vis-à-vis de la situation géographique des villages. D'autre part, il y a beaucoup de demandes et peu d'artisans mécaniciens qui transforment les moteurs Renault. Nous en avons compté deux dans ce grand espace. Un artisan Tour qui y a travaillé avant de s'installer à Haj Kaddour nous explique les réticences des agriculteurs à se rendre régulièrement à La ferraille : « *L'agriculteur ne va pas aller jusqu'à Meknès et en plus attendre son tour pour être servi* ». La distance est à nouveau exprimée comme étant un problème, auquel s'ajoute le temps d'attente dans la prise en charge de son moteur. Cette impression d'être moins rapidement servi qu'à Haj Kaddour est sans doute renforcée par la proximité de cafés à Haj Kaddour où il peut patienter, en conversant avec d'autres agriculteurs.

Dans les autres centres urbains (Boufkrane, El Hajeb, Sebaa Ayoune), la transformation des moteurs Renault n'est pas l'activité la plus représentative en termes quantitatifs. Avec en moyenne une écurie de mécaniciens par centre urbain, la non-proximité d'autres ateliers d'artisans comme à Haj Kaddour ou Bouderbala, les oblige à être aussi fonctionnels et indépendants que possible. Le chef d'écurie doit concentrer le maximum d'expertises dans son garage pour compenser l'éloignement des principaux pôles ; il développe ainsi une écurie autonome du point de vue des équipements et de la main-d'œuvre. Cette contrainte peut se transformer en opportunité eu égard le monopole qu'il institue dans une aire géographique où la demande des agriculteurs alentour est réelle.

L'activité de transformation des moteurs pour le pompage des eaux souterraines mobilise des objets, des expertises, elle est aussi portée par des acteurs qui lui permettent d'exister de la même façon qu'elle influence leurs trajectoires sociales et professionnelles. Par l'analyse de ces trajectoires, on pourra comprendre comment – et pourquoi – l'activité s'est développée et s'est ancrée sur le territoire de l'aquifère. Nous examinerons les récits de vie des artisans dans une conjonction entre des choix personnels et des déterminants extérieurs (Bertaux, 2010). Il en ressort comme on le verra des dynamiques imbriquées d'ordre social et spatio-temporel qui permettent de croiser la construction du secteur des artisans de moteurs avec l'expansion agricole du Saïss.

2. Des trajectoires socio-professionnelles inscrites dans le territoire de l'aquifère du Saïss

Cette section s'attache à étudier la constitution d'un secteur d'activité, celui de la transformation des moteurs pour le pompage d'eaux souterraines en mobilisant les outils et méthodes de l'analyse biographique. L'analyse biographique présente une grande diversité d'approches (Veith, 2004), mais il est important de situer les récits de vie des artisans dans une itération entre le recueil de données ethnographiques et leur interprétation théorique. L'induction offre résolument l'avantage de reconstituer avec ses principaux sujets, l'activité de transformation des moteurs : comment elle a émergé et s'est imposée dans la région agricole du Saïss. Ces récits de vie mettent en évidence deux facteurs essentiels. Premièrement, nous constatons l'existence de processus temporels dans le parcours de l'artisan qui se construit en tant que membre d'un collectif sociotechnique, puis en tant qu'individu ayant une identité propre au sein du collectif. Deuxièmement, ces parcours biographiques révèlent l'ancrage territorial de l'activité des artisans dans un territoire bien précis. L'apparition de ces métiers n'est pas fortuite, elle est substantiellement liée à l'expansion de l'agriculture irriguée à partir des eaux souterraines. Quelles sont les raisons de cet ancrage territorial ? Comment l'activité des artisans s'adapte-t-elle aux changements environnementaux locaux qui se traduisent par des baisses successives du niveau de l'aquifère ? En tout état de cause, il faut appréhender cette activité de transformation des moteurs à travers le prisme de l'évolution du contexte agricole et environnemental du Saïss. Les rapports entre les deux sont inclusifs. Si ce contexte agricole et environnemental justifie l'implantation de l'activité des artisans, cette dernière s'est rendue incontournable pour le premier.

2.1. Les trois temps de la construction du métier d'artisan : reconversion, apprentissage, installation

Avant l'arrivée des artisans dont nous venons de décrire les fonctions, ces spécialités et métiers n'existaient pas. Leur présence dans les centres urbains du Saïss est la résultante d'un processus conduit en trois principales séquences : la reconversion professionnelle, l'apprentissage du métier d'artisan, et l'installation de l'artisan. Devenir artisan est un parcours qui commence pour beaucoup d'entre eux par une reconversion professionnelle. Il se poursuit avec une phase d'apprentissage propre au nouveau métier d'artisan et se termine par l'installation de l'artisan à son propre compte. Les trois temporalités expriment ainsi différents niveaux dans la manière qu'ont les artisans de mettre en mots leur histoire et leur parcours (Dubar, 2002). En effet, la reconversion professionnelle est, dans tous les récits, marquée par un ou plusieurs événements intimes qui ont poussé l'acteur à changer de métier. Ainsi, les ressorts de la bifurcation qui se produit à ce niveau du parcours de l'artisan sont nécessairement subjectifs. Dans la phase d'apprentissage, l'interaction avec les autres artisans est essentielle, et grâce à elle il commence à se représenter comme appartenant à un collectif technique spécifique. Il acquiert des savoirs sur les techniques, mais aussi sur les alliances et les filiations à conclure pour réussir la troisième étape de son parcours : celle de son installation en tant que garage indépendant ou chef d'écurie.

2.1.1. L'hétérogénéité des trajectoires dans la reconversion : mobiles, formes et effets

Cette section présente trois parcours de reconversion professionnelle. Ils illustrent la variété des origines professionnelles des artisans des moteurs. Le but de la diversité n'est pas de comparer les expériences, mais de montrer comment se traduit le pouvoir d'attraction de l'aquifère du Saïss, les moyens par lesquels elle s'exprime, ainsi que les ressources que les acteurs ont mobilisées pour réussir leur reconversion.

– **Ba'ahmed, une reconversion rendue possible grâce à une forte mobilité géographique**

Ba'ahmed est un artisan âgé de 76 ans. Il est mécanicien à Haj Kaddour et représente la figure pionnière parmi les artisans dans la transformation des moteurs. « Ba » est un préfixe qui est ajouté à son prénom en signe de respect dû à son âge. Il est né dans la ville de Rissani, à environ 400 kilomètres au sud de la plaine du Saïss. Son père était mécanicien-automobile et l'apprentissage de la mécanique chez lui remonte à son enfance. Ils travaillent tous les deux dans le garage du père à Rissani. Quand je lui demande comment il a appris ce « métier », il me répond : *« Au départ j'ai appris ce métier en réparant les vélos. Je montais les roues de bicyclettes. Papa avait un garage. Puis j'ai réparé les voitures qui faisaient la route, les camions* ». À cette question restée délibérément ouverte, il se projette spontanément vers son premier métier, dans la mécanique générale. Ce sont ces bases qui lui ont fourni des clés de réussite pour sa future reconversion.

Quand son père décède quelques années plus tard, Ba'ahmed est toujours apprenti. Il part vivre chez son oncle, un petit cultivateur de blé. Il évoque les problèmes de sécheresse qui ont forcé les habitants de son village à migrer, et présente ces contraintes comme justifiant son propre départ.

> « Pourquoi je suis venu ici [à Haj Kaddour] ? Il y avait un barrage [à Rissani] où il y avait peu d'eau. Les ingénieurs sont venus pour améliorer le débit et renflouer l'oued. Mais ça n'a pas marché et il n'y avait toujours pas d'eau. Avant, les gens irriguaient le blé. Avec le temps l'eau a disparu, il n'y avait plus de travail. Les gens sont tous partis. Pourtant, il y a de bonnes terres là-bas ».

Mais les raisons de sa migration vers le nord du pays sont plus profondes. Quand je commente cet épisode de sécheresse, il se tait. Puis je le relance :

> *« Qu'est-ce qui te fait partir de Rissani ? » (L'entretien flotte dans un silence où je vois mon interlocuteur replonger dans son passé)*
>
> *« La vie. J'ai trouvé mieux ici… », me répond-il.*

Ce qu'il veut taire, c'est le souvenir douloureux de son oncle envoyé en prison. Resté seul aux commandes du garage et avec sa famille à charge, il doit gagner suffisamment d'argent pour couvrir leurs besoins à tous. Aux prises avec ses difficultés familiales, Ba'ahmed reçoit la proposition d'un ami qui lui demande de le rejoindre à Haj Kaddour. Cet ami a besoin d'un mécanicien pour s'occuper de son moteur. Il s'agissait pour lui d'une mission de quelques jours uniquement.

> « J'arrive ici parce que je connaissais quelqu'un qui a acheté un moteur tout neuf à Casablanca. Mais le moteur ne marchait pas. Il m'a demandé de venir ici le voir. Je suis arrivé et j'ai décidé de démonter complètement le moteur. Mon ami s'est exclamé : "qu'est-ce que tu fais, c'est un moteur tout neuf!". Il me croyait fou. Je lui ai répondu que je ne peux pas regarder ce moteur en panne sans essayer de le réparer. J'ai donc remonté le moteur et il est reparti à Casablanca pour essayer de le réparer. Sans succès, il est revenu et le moteur ne marchait toujours pas. Je l'ai démonté à nouveau pièce par pièce jusqu'à repérer la pièce qui ne marchait pas, sur le piston. Ça m'a pris deux jours pour le réparer. Quand j'eus fini de le réparer, un autre agriculteur

> m'a apporté son moteur, après un autre encore m'a apporté le sien et ainsi de suite. J'étais venu juste pour quelques jours, et je suis resté quatre ans».

La rupture qu'il évoque au bout de quatre ans correspond au moment où il doit rentrer chez lui à Rissani. Pas pour y rester, mais pour définitivement faire ses adieux à sa famille. Il a trouvé un nouveau métier avec la réparation des moteurs pour le pompage des eaux souterraines. La reconversion professionnelle de cet artisan mécanicien s'est faite entre deux domaines d'activités qui partagent une base commune (la mécanique). Il a ainsi pu réinvestir tout son capital cognitif et technique dans son nouveau métier. D'autres mécaniciens ont suivi le même type de parcours, en passant de la mécanique générale à la mécanique spécialisée pour les pompages d'eau souterraine. Le cas de Ba'ahmed a été, de ce point de vue, exemplaire.

Il se marie et construit sa maison à Haj Kaddour, dans la même rue où se trouve son garage. Les premiers moteurs sur lesquels il intervient sont donc des modèles conçus pour les pompages (Lister Petter). C'est quelques années plus tard qu'il commence à travailler à la transformation des moteurs d'automobiles tels que les moteurs de marque Renault.

- **Mohamed A., une reconversion qui passe par l'échec d'un primo-projet d'émigration**

Âgé d'une trentaine d'années, Mohamed A est titulaire d'un baccalauréat technique en 2000. Il est originaire de Haj Kaddour. Un an après le baccalauréat, il monte un projet d'émigration vers l'Allemagne pour continuer des études supérieures. Ce projet échoue, mais il n'abandonne pas complètement l'idée d'émigrer à l'étranger. Entre-temps (de 2001 à 2005), il réalise plusieurs passages professionnels auprès de mécaniciens confirmés, parmi lesquels le vieux Ba'ahmed. Il travaille d'abord comme Tour, sur un matériel qui appartient au garage où il est employé. Puis sa curiosité s'étend à l'ensemble des opérations de transformation du moteur :

> «J'ai appris plus que mon travail. Mon travail c'était le tournage, mais j'étais intéressé par les pièces sur lesquelles je travaillais. Quand je fais la maintenance d'une pièce je m'intéresse à la manière dont on utilise cette pièce, comment on la met dans le moteur ou la pompe, où est-ce qu'on l'installe. Je m'intéressais à l'ensemble du moteur [...] ses organes, son fonctionnement».

Parallèlement, Mohamed A. introduit une nouvelle demande d'émigration, toujours vers l'Allemagne. Les conditions de délivrance de visa ont changé et le niveau de langue demandé aux candidats est plus élevé. Il s'endette pour compléter sa formation linguistique en allemand, mais cette deuxième tentative échoue aussi.

> « J'avais emprunté de l'argent à la famille, aux amis et aux voisins pour faire mon dossier, mais tout est tombé à l'eau. Et il fallait que je rembourse cet argent dans un délai d'un an. Je ne pouvais pas recommencer les cours de langue et perdre six mois sur mon échéancier de remboursement de la dette. Ça allait mettre tout le monde dans les problèmes et rallonger à dix-huit mois le remboursement. Alors j'ai débloqué mon compte [sa caution, équivalent de ses ressources financières pendant un an en Allemagne], j'ai remboursé ceux qui m'ont donné de l'argent, et j'ai changé d'idée ».

Par ces mots «*j'ai changé d'idée*» il aurait décidé, encouragé par ses proches, de trouver du travail au Maroc. Mais cette décision intervient plus tard, car il tente un ultime essai pour aller travailler au Canada grâce à un contrat professionnel agricole.

> « Après la dernière tentative au Canada, un ami m'a dit "le boulot que tu veux aller faire au Canada, tu peux le faire ici". J'ai changé d'avis et j'ai trouvé un associé pour travailler ».

De fait, ayant investi ses économies dans ces projets d'émigration, il avait besoin d'un travail pour renflouer ses finances. Il trouva donc une poste d'artisan-ouvrier dans un garage près de la ville d'Ifrane, y travailla pendant cinq ans avant de venir dans le Saïss. Durant cette collaboration, il est salarié tandis que son associé, maître-artisan, est le propriétaire et chef du garage. Les conditions climatiques à Ifrane ne lui semblent pas propices pour s'installer : il y fait très froid et les mécaniciens n'y travaillent pas à plein temps. Ce qui réduit l'offre et la demande de travail. En 2010 il décide de s'installer à son propre compte et choisit pour cela le centre de Haj Kaddour qui est déjà en plein essor et où l'activité ne connaît pratiquement pas d'interruption. Il est également associé, non plus simplement en tant qu'ouvrier-artisan, c'est lui le chef. Il agrandit l'atelier et en 2015 celui-ci emploie en moyenne sept personnes (ouvriers-artisans et apprentis confondus).

Ainsi, le travail de mécanicien, a *priori* temporaire, est devenu son métier. Entre le primo projet d'émigration et ses activités de mécanicien, il n'y a pas eu de rupture, les deux évoluant simultanément. Il est resté compétitif, car il a continué à entretenir ses compétences, et les a améliorées avec l'évolution des techniques de transformation des moteurs. De cette façon, il s'est assuré de conserver un statut lui permettant de rester dans le réseau socio-professionnel des artisans tant que son projet d'émigration était en cours. D'un garage à l'autre, il construit son propre réseau social et professionnel. Cette accumulation progressive de ressources lui permettra de négocier, puis d'obtenir, un emplacement locatif pour son garage dans le très convoité Haj Kaddour des années 2010.

En somme, les deux artisans dont les profils viennent d'être présentés ont en commun une première expérience dans le domaine de la mécanique générale. Certes, Ba'Ahmed fait figure de pionnier, arrivé au début de la dynamique de transformation des moteurs qu'il a – peut-être – en partie impulsée, alors que Mohamed arrive en 2010 quand elle est déjà en place. Quoiqu'il en soit, des opportunités de travail plus rentables dans la réparation des moteurs de pompage des eaux souterraines ont suscité et accompagné leur reconversion. Les transitions ne sont pas toujours aussi souples pour tous les artisans toutefois. Dans d'autres cas, la reconversion s'appréhende comme une rupture vis-à-vis d'une précédente activité professionnelle.

– D'agriculteur et chauffeur de taxi à vendeurs de moteurs : deux reconversions en rupture avec la trajectoire professionnelle d'origine

Deux reconversions professionnelles sont analysées ici : celle de Mohamed B., ancien agriculteur et celle de Allal, qui fut d'abord chauffeur de taxi.

Mohamed B. était agriculteur à Aït Harzallah, une commune rurale voisine à celle de Haj Kaddour où son père était attributaire dans une ancienne coopérative agraire. Sur l'exploitation familiale, il cultivait la pomme de terre et l'oignon avec ses frères sur six hectares. En 2012, ils décident de ne planter que la pomme de terre, mais après la récolte sa famille et lui n'arrivent pas écouler leurs productions. Ils ne reçoivent pas suffisamment de commandes de grossistes, ce qui arrive habituellement, même avant la récolte et assistent ainsi impuissants à la chute du prix au kilogramme de la pomme de terre dans les *souks* (marchés). La famille n'a pas vendu la moitié de sa production pour cette campagne agricole, et les pertes, que Mohamed B. estime à quarante mille dirhams, les ont conduits à la banqueroute. Il résume cette période en ces termes :

> *«J'ai abandonné l'agriculture pour venir vendre les moteurs [...] Surtout que je suis encore jeune, je peux faire autre chose».*

Mais alors, comment lui vient l'idée de vendre des moteurs pour, comme il le dit «*faire autre chose*»? Âgé d'une quarantaine d'années, Mohamed B. se définissait comme agriculteur et commerçant. Commerçant dans la mesure où il lui était arrivé de revendre des pompes (à axe horizontal et à axe vertical) et des moteurs (gasoil, essence) dans les *souks* hebdomadaires. C'était une activité secondaire qui lui offrait une source de revenus indépendants de ceux issus de l'exploitation familiale : «Je ne faisais pas tout le temps le commerce. J'arrêtais souvent deux ou quatre ans pour me concentrer sur l'agriculture, puis je revenais. L'agriculture doit être suivie de près». Le fonctionnement de ce commerce est basé sur la revente de produits d'occasion. Il achète pompes et moteurs aux agriculteurs qui désirent vendre leurs équipements, puis les revend au *souk*. Il travaille avec les courtiers qu'il fréquente dans les salons de café afin de rester informé sur ce qui se vend, s'achète et qui est susceptible de le vendre ou de l'acheter. Lorsqu'il quitte l'agriculture pour ouvrir son propre garage, il devient de fait courtier à plein temps. Mohamed B. n'est pas mécanicien, ni artisan. Son métier a plusieurs facettes : (1) acheter des pièces utiles à la transformation du moteur, faire fabriquer le moteur par d'autres mécaniciens et les revendre; (2) acheter des moteurs déjà transformés et les revendre; (3) acheter des moteurs en mauvais état, les faire réparer par des mécaniciens et les revendre. À la différence des courtiers que l'on peut retrouver dans le commerce des produits agricoles, il est le propriétaire de la marchandise qu'il vend. Il possède aussi un atelier où il emploie deux artisans-ouvriers et des apprentis. Ceux-ci réparent les moteurs, les transforment et vont les installer chez les clients. Mohamed B. tient les comptes financiers dans un bureau qu'il a installé dans le garage, fait inhabituel, car les garages des mécaniciens n'ont pas de bureau. Sa vitrine ne se limite pas à l'exposition des moteurs à l'extérieur, elle se prolonge à l'intérieur dans l'espace de bureau où il reçoit ses clients.

Dans le même type de reconversion en rupture avec un précédent métier, Allal est un cas exemplaire. Ancien chauffeur de taxi à Haj Kaddour, il conduisait une voiture de type Mercedes 240, un modèle qu'on retrouve dans la plupart des villes au nord du Maroc pour les liaisons avec les communes rurales. Le circuit de Allal l'amenait ainsi à Meknès, Boufkrane et El Hajeb. Quand il décide de quitter ce métier, ses aptitudes d'intermédiaire dans les transactions qu'il gère et la confiance qu'il inspire vont l'amener à concrétiser son rôle de courtier. Il commence avec peu de moyens et agrandit son capital au fur et à mesure.

> «Au moment d'ouvrir la boutique, j'avais comme argent 1200 dirhams uniquement. Voilà mon commencement. Je n'avais rien, sinon ces 1200 dirhams».

C'était il y a sept ans, en 2007. Il focalise son attention sur la vente des moteurs Renault, notamment le modèle Renault 19. Trois ans plus tard, il entreprend aussi la vente du modèle Renault 25. Parmi les moteurs qui sont utilisés au cours de ces années, les moteurs Renault sont les plus connus et la demande des agriculteurs est forte. Il n'est pas mécanicien, il ne transforme pas lui-même ces moteurs. Il se définit comme un courtier, mais, dans les faits, c'est un commerçant, car son rôle dépasse celui d'un courtier simplement témoin de transactions. Comme Mohamed B. précédemment, il a un local fixe qui les distingue des autres catégories de courtiers. Il achète les pièces du moteur, sollicite les Tours et soudeurs qui travaillent dans des ateliers indépendants. Muni de la poulie et du châssis, c'est l'unique ouvrier-artisan qui travaille pour lui et qui se charge du montage du moteur.

Les quatre reconversions professionnelles ci-dessus ont d'abord été présentées comme débouchant sur le métier d'artisan. Il apparaît nettement maintenant que ces acteurs qui sont «enrôlés» (Akrich, 1991) dans les pompages sur l'aquifère ne sont pas homogènes. On a des artisans qui possèdent des savoirs techniques et des compétences commerciales (comme Ba'ahmed et Mohamed A.) et d'autres qui n'ont que des compétences commerciales (tels que Mohamed B. et Allal). Les artisans qui nous intéressent surtout ici sont ceux de la première catégorie. Ce qui les caractérise, c'est leurs savoirs et connaissances techniques. Or, ils les acquièrent par l'apprentissage. Ainsi, la reconversion professionnelle vers le métier d'artisan s'accompagne-t-elle nécessairement d'un processus d'apprentissage qui l'initie aux techniques de transformation des moteurs, et qui distingue sa carrière de celle du vendeur ou du courtier.

2.1.2. L'apprentissage ou le temps de construction du sentiment d'appartenance à un collectif technique et social

L'apprentissage met en scène une double dimension d'espace-temps qui rythme le parcours des artisans. C'est pendant l'apprentissage que l'artisan développe une conscience liée au fait d'appartenir à un collectif. Il se déroule en atelier, souvent dans une écurie, où l'apprenti est en interaction avec toutes les spécialités qui interviennent dans la transformation des moteurs. C'est la phase où l'artisan en devenir acquiert la culture technique de son milieu professionnel, mais aussi une culture sociale qui comprend les manières de travailler avec le groupe, à l'intérieur de l'atelier et à l'extérieur. Au sein de l'atelier, cette rhétorique de l'apprentissage met en scène des rapports de hiérarchie. Il existe en effet une hiérarchie structurante s'exprimant notamment à travers des niveaux de qualification, qui sont au nombre de deux : niveau débutant pour ceux qui sont appelés apprentis, et le niveau expérimenté pour les ouvriers-artisans. Au-dessus de la pyramide, il y a le maître-artisan encore appelé *Mâalam*. L'ouvrier-artisan est le compagnon de travail privilégié du maître-artisan, c'est le bras droit qui le seconde dans la direction de l'atelier.

À l'extérieur de l'atelier, l'apprentissage définit les rôles et les positions de l'artisan dans ses relations avec : les ateliers voisins, les fournisseurs, et ses clients avec les agriculteurs. La conduite des relations avec chaque acteur dépend du statut que celui-ci occupe parmi les garages installés dans le centre urbain.

– D'apprenti à ouvrier-artisan : un parcours initiatique

L'écurie emploie de jeunes apprentis qui travaillent sous la responsabilité des ouvriers-artisans plus expérimentés.

Les apprentis sont pour la plupart des jeunes déjà en rupture scolaire à l'âge de 10 ans, ils intègrent les écuries très tôt. Le garage pour eux devient le lieu où ils se forment à un métier, acquièrent un savoir pratique. Même s'il n'est pas certain qu'ils persévèrent tous dans cette voie à l'âge adulte. Ba'ahmed, maître-artisan à Haj Kaddour, exprime en ces termes sa vision de l'apprentissage :

> *« Il y a des parents qui sont pauvres qui ne peuvent pas envoyer les enfants à l'école. Et ces petits garçons ne savent pas quoi faire. Je les prends tout petits [...] et je leur apprends un métier. Après ils vont ouvrir leur propre garage et gagner même des fois plus d'argent qu'un fonctionnaire. Si je ne prends pas ces garçons pour leur apprendre ce métier, ils vont faire beaucoup de choses pas bonnes (voler, fumer, etc.). Moi, je veux leur donner un avenir à ces enfants ».*

D'autres apprentis, vers l'âge de 16 ans, peuvent s'inscrire dans une formation professionnelle en centre d'apprentissage technique. C'est tantôt le moyen pour eux de fixer leur orientation professionnelle après un parcours scolaire discontinu. Leur travail en atelier complète alors un cursus professionnalisant qui dure deux ans. Parfois, ils sont déjà apprentis dans le garage et désirent obtenir un diplôme. Dans ce cas, l'obtention du diplôme marque le passage vers le statut d'ouvrier-artisan.

De manière générale donc, les artisans démarrent leur apprentissage très tôt. L'âge n'est pas en soi un critère pour être accepté en apprentissage, il s'agit simplement d'un état de fait. Cependant, pour ceux qui opèrent une reconversion professionnelle en rupture avec une précédente activité, l'âge agit comme un facteur de blocage pour l'accès à l'apprentissage. Du point de vue de leur statut personnel et social, il est quasi-impossible de s'enrôler en tant qu'apprenti à l'âge adulte. Ils choisissent alors de devenir courtier ou s'orientent vers la revente des moteurs et de pièces détachées.

– **L'apprentissage est aussi une forme de transmission intergénérationnelle d'un savoir et d'un savoir-faire**

D'une génération à l'autre, les techniques changent et les savoirs aussi. La transmission ne se résume pas au transfert de connaissances vers l'apprenant. Celle-ci doit s'enrichir des nouvelles méthodes qui visent à améliorer le rendement des moteurs. De sorte que le savoir de l'artisan évolue entre ce qu'il reçoit, ce qu'il intègre et ce qu'il transmettra plus tard. On peut identifier deux générations d'artisans ayant joué un rôle majeur dans l'introduction et le développement des techniques de transformation des moteurs. La première génération d'artisans est celle qui s'installe dans le Saïss (le cas du mécanicien Ba'ahmed) dans les années 1980. Elle s'autoforme à la réparation des moteurs et démarre les transformations de moteurs, entre autres marques, Renault. La deuxième génération s'établit au milieu des années 2000, formée par la première. Pour améliorer les performances des moteurs transformés Renault, elle ajoute notamment à l'ensemble du moteur deux nouveaux dispositifs techniques : la machine dynamoélectrique et le double carter. Comme Mohamed A., cette génération, devenus maîtres-artisans à leur tour, s'est installée à proximité de leurs mentors. Ainsi à Haj Kaddour, les liens entre certains artisans s'apparentent à des liens de filiation marqués par le fait d'avoir été formé par le même maître-artisan pendant une partie de leur apprentissage. Une troisième génération est constituée de jeunes ouvriers-artisans qui travaillent encore sous la coupe d'une écurie ou alors qui se sont associés dans un atelier.

L'apprentissage relève de la transmission d'un savoir et d'un savoir-faire, celui qui consiste à transformer les moteurs. Mais cet apprentissage doit également enseigner à l'artisan, comment gérer son propre garage, conduire ses relations avec ses partenaires, et réussir ses transactions avec les clients, transactions qui intègrent généralement la notion de « service après-vente» et de «garantie». C'est lorsque l'apprenant devient ouvrier-artisan que son apprentissage intègre cette dimension. En d'autres termes, comme le souligne Mohamed A. :

> *«Il faut qu'ils aient de l'expérience pour gérer le garage, de l'expérience pour travailler avec des associés [...] Il faut l'expérience, il faut faire plus d'efforts; toujours être à côté des autres, avoir la confiance des autres, à l'écoute pour obtenir l'expérience»*

Les relations sociales entre artisans et avec leur entourage sont déterminantes pour la prospérité de l'atelier. Lorsqu'elles sont conflictuelles, le garage de l'artisan peut être mis à l'écart des échanges au sein du groupe : il ne recevra plus de commandes de la part des autres artisans, et sa réputation auprès des agriculteurs et des fournisseurs peut en pâtir. Or, ces échanges entretiennent le tissu de relations sociales et professionnelles sans lesquelles son activité ne peut prospérer. On retrouve ici le rôle important d'une multitude de petits échanges, qui permettent de créer et entretenir le réseau social sans prendre trop de risques à la fois (Geertz, 1979 [2003]). Consciente de la forte pression immobilière à Haj Kaddour, je me suis étonnée de l'installation récente d'un artisan qui est venu de Meknès il y a un an (en 2014). Celui-ci a en effet profité du départ inopiné d'un précédent locataire qui n'entretenait plus de bonnes relations avec ses pairs :

> «Il ne travaillait pas bien avec les gens et il est parti».

Cette phrase permet de comprendre pourquoi l'interlocuteur précédent (Mohamed A.) insiste sur l'*«expérience»* que l'apprenti doit acquérir. Il s'agit bien d'une aptitude liée à la gestion des relations sociales. C'est donc doté de la culture technique, sociale et culturelle du collectif que l'ouvrier-artisan peut s'installer à son propre compte, même si les conditions financières sont elles aussi déterminantes. L'installation est alors perçue comme une marque d'émancipation lui permettant de s'affirmer au sein du collectif, car en prenant son autonomie, il reste dans le collectif.

2.1.3. L'étape de l'installation : affirmer son individualité dans le collectif sociotechnique

Il y a une importante dimension collective dans le parcours de l'artisan, notamment pendant la phase d'apprentissage de son métier. Mais au milieu du collectif, celui-ci aspire à affirmer son statut personnel. Si les artisans s'identifient comme faisant partie d'un collectif ancré à la fois sur un espace territorial (celui du centre urbain, celui de l'aquifère) et social (lien avec les agriculteurs et fournisseurs), ils recherchent aussi à se démarquer de cette représentation collective. Ils affirment de ce fait leur individualité. La recherche d'individualité ne consiste pas à se séparer du groupe, elle vise plutôt à se faire reconnaître par celui-ci comme un maillon singulier, irréductible. Comment l'artisan affirme-t-il son indépendance, quels sont les « ressorts » (Castel et Haroche, 2001) ou les conditions par lesquelles peut se réaliser cette individualisation ? Deux principaux éléments peuvent répondre à cette interrogation : l'individualisation passe par l'accès à la propriété d'un garage qui confère le titre de chef, et par l'appropriation des fruits de son travail.

– Une individualisation conditionnée par l'accès à la propriété d'un garage

Les ateliers d'artisans qu'on appelle aussi « garages » ou « boutiques » sont le signe extérieur de leur ascension professionnelle et sociale. S'installer à son propre compte, comme un agriculteur s'installe dans une ferme, représente l'objectif ultime du parcours de l'artisan, celui qui justifie son enrôlement dans l'activité de transformation des moteurs. Il y a une forme de fierté personnelle à gérer sa propre affaire :

> « J'ai été manœuvre dans un autre garage. Ici c'est mon garage. C'est moi le patron, le responsable du garage. C'est mon garage ».

De propriété, l'artisan n'a d'abord que celle des murs où il travaille. Le sol, l'emplacement du garage est locatif. Dans le centre de Bouderbala, ces terres appartiennent à des habitants riverains. À Haj Kaddour, les garages sont installés sur les terres d'une ancienne coopérative de la réforme agraire et dans les rez-de-chaussée des habitations construites au bord de l'axe routier. Les locaux en rez-de-chaussée sont déjà construits pour des locations. L'artisan qui souhaite s'installer dispose d'un local déjà existant. C'est tout l'inverse pour les anciennes terres des coopératives où l'artisan loue la terre « nue », à charge pour lui de construire le local. Tout le temps que durera l'occupation du sol, il en paiera la location. Les murs reviennent au propriétaire du sol s'il décide de partir. Mais généralement, le transfert de la location se fait entre artisans et donne lieu à des cooptations. Dans les centres urbains les plus convoités, l'offre immobilière est réduite et la demande importante. Pour les jeunes artisans qui souhaitent s'installer, l'accès au garage dépend des liens de confiance avec leurs anciens *Mâalams*. Forts de leur ancienneté dans le métier et de leur ancrage social dans le centre urbain, ils se portent garants pour leurs anciens apprenants. Leur recommandation est essentielle, et c'est la raison pour laquelle les apprentis et ouvriers-artisans tiennent à garder de bons rapports tant qu'ils ne sont pas autonomes. C'est ce qu'il ressort de cet échange avec cet artisan devenu lui-même chef d'écurie. Dans le récit de son parcours professionnel, il insiste sur les relations amicales qu'il a gardées avec ses anciens collaborateurs, et rappelle qu'au terme de chaque collaboration ils se sont séparés sans conflit.

> *« Les gens te respectent beaucoup quand tu as ton propre atelier ».*

Le garage est un signe d'ascension professionnelle et sociale, il augmente l'estime de la communauté à l'égard de l'artisan qui prouve sa réussite. Non seulement parce que cet atelier est le point d'achèvement d'un parcours souvent long d'apprentissage, mais aussi en raison des responsabilités qui accompagnent cette ascension : gestion des apprentis, des approvisionnements auprès des revendeurs, de la répartition des bénéfices entre membres du garage, des relations avec les clients. Mais ces contraintes arrivent bien plus tard dans le fonctionnement du garage. Outre les difficultés pour trouver un local dans de tels environnements concurrentiels, il faut ensuite le mettre en service. La mise en service passe par l'équipement en outils de travail, le raccordement au réseau électrique, le paiement des impôts auprès de la mairie. Des difficultés qui peuvent remettre en cause tout le projet à moins d'être, comme l'a été cet artisan, soutenu :

> *« Au moment où j'étais à la recherche d'un garage, à Haj Kaddour c'était saturé. Ce garage-ci était presque occupé et le locataire et le proprio avaient un projet ensemble. Le proprio est un ami et au moment où j'étais bloqué je l'ai rencontré et on a parlé. Il m'a dit qu'il ne peut rien me promettre, mais il a finalement accepté. C'était en 2011, et il fallait que je fasse ensuite le branchement pour l'électricité et que je trouve ma licence d'installation. C'était le parcours du combattant avec l'État. Je me bats pour avoir un travail, mais l'État me met les bâtons dans les roues. Et c'était en pleine saison et il ne fallait pas que je rate cette période de commandes ».*

Pour faire face à l'investissement financier que nécessite une mise en service de garage, une des options privilégiées par les artisans est l'association. L'association peut être à deux personnes ou à trois. Dans une association à deux, les artisans mettent leurs capitaux financier et cognitif en commun et se partagent les bénéfices de leur activité nets des charges.

En général, c'est celui qui dispose déjà d'un local équipé qui propose à un autre artisan de compléter son équipe de travail. C'est dans cette forme d'association qu'on retrouve surtout les ouvriers-artisans qui ont terminé leur apprentissage, mais qui n'ont pas d'argent pour réaliser leur propre ambition. Une association à trois inclut un investisseur tiers qui apporte les financements tandis que les artisans apportent leur savoir-faire. Ceux-ci ont aussi la responsabilité de faire fonctionner le garage. En apparence ils sont les chefs d'écurie. C'est le cas dans ce garage situé à Haj Kaddour et qui est géré par deux jeunes artisans, respectivement Tour et mécanicien.

Khalid a 28 ans, il occupe la fonction de Tour. Il est né dans la localité voisine de Khémisset (à environ 70 kilomètres du Saïss), mais a passé son enfance à Haj Kaddour. À l'âge de 16 ans, il quitte définitivement l'école pour devenir apprenti. Avec Mustafa lui aussi ouvrier-artisan, ils ont l'opportunité de devenir maîtres-artisans dans un garage qui est l'un des mieux équipés du centre urbain avec ses deux machines « tours » et son matériel de soudure. Leur activité s'étend aussi à la fabrication du matériel d'irrigation (stations de pompage). Mais c'est à un investisseur qu'ils doivent cet équipement, car ils n'ont pas les moyens financiers de l'acquérir. À eux deux, ils constituent la force de travail qui fait fonctionner le garage et partagent leurs gains avec le propriétaire de leurs équipements. Cette forme d'association à trois n'est pas courante, mais elle leur a permis de s'autonomiser.

En réalité donc, la véritable propriété de l'artisan dans le garage est immatérielle, c'est son savoir-faire. Lorsqu'il travaille pour le compte d'autres garages, ce savoir-faire contribue à la notoriété de ces garages et à leur essor. En ouvrant son propre garage, il peut se faire un nom et profiter directement des retombées de son travail.

– Une individualisation qui passe par l'appropriation des fruits de son travail

Les retombées du travail de l'artisan sont d'ordre financier et relationnel. Ouvrir son garage lui donne la possibilité d'une part de se rémunérer à la hauteur de ce qu'il vend et d'autre part de bâtir sa propre réputation auprès des clients.

L'autorité de l'artisan peut être grande. Pour mieux le comprendre il suffit d'examiner la structure des garages. Ceux-ci sont généralement installés de part et d'autre des principaux axes routiers qui traversent les centres urbains. Les locaux que l'on aperçoit sont les lieux de travail où s'activent les artisans, ils servent aussi de vitrines où sont exposés les moteurs à vendre. Passé le seuil de cette vitrine, l'espace garage se prolonge en un magasin de stockage des blocs-moteur et pièces détachées. Il peut s'agir d'une arrière-boutique ou d'un local distinct de celui du garage. En vitrine, les artisans exposent leurs spécialités respectives (soudure, Tour, mécanique, vente de radiateurs ou de pièces détachées, etc.) ainsi que les commandes prêtes à être livrées. La vitrine met aussi en avant l'équipe des artisans en train de travailler et son dynamisme. Le magasin est au contraire en retrait, mais sa taille et son contenu donnent la mesure réelle de l'importance de l'activité de l'artisan. À la commande d'un nouveau moteur, le client est conduit vers le magasin où il choisit lui-même le bloc-moteur qui servira à la fabrication de son moteur de pompage. Celui-ci « fait son marché » dans l'entrepôt de l'artisan et si la qualité des objets qu'il y trouve ne le satisfait pas, il ira ailleurs passer commande de son moteur.

Si les artisans communiquent aisément sur les prix des moteurs et leurs pièces détachées, le sujet de la rémunération des apprentis et ouvriers-artisans est difficile à aborder. De fait, en tant qu'apprenti il n'y a pas de norme de salaire régulier, car dans la logique de l'apprentissage c'est l'apprenant qui gagne en compétences. En ce qui concerne les ouvriers-artisans plus expérimentés, la situation est différente. En principe, le *Mâalam* les rémunère à hauteur des ventes et des réparations effectuées par le garage mensuellement. Des tensions peuvent survenir entre ouvriers-artisans et *Mâalams,* si les premiers estiment que le montant à eux versé est proportionnellement inférieur à l'activité enregistrée dans le garage. Soit les tensions sont résolues, soit l'ouvrier-artisan décide de travailler avec un autre garage. Quelle que soit l'issue du problème, moins cette rupture donne lieu à un conflit ouvert et public, moins elle sera susceptible de desservir ses futures demandes d'association. S'il quitte sa tutelle dans un contexte ouvertement conflictuel, les autres maîtres-artisans pourraient se ranger de l'avis de son ancien *Mâalam* qui y verrait de l'ingratitude. À l'inverse, dans un contexte non conflictuel ou de tensions simplement latentes, ce départ témoignerait d'une évolution socio-professionnelle encouragée par ses pairs. Les modalités et le contexte de la rupture sont importants dans la mesure où l'impétrant reste partie du collectif. Gagner de l'argent et jouir pleinement des retombées financières de son travail sont les raisons qui justifient ou motivent l'ambition de fonder son propre garage. L'individualisation procède ainsi d'une appropriation des fruits de son travail, mais ceux-ci ne sont pas uniquement monétaires.

Une autre retombée de ce travail est relationnelle, c'est sa réputation. À l'avant du local de l'artisan, une enseigne affiche son nom et son numéro de téléphone. Il est d'usage de désigner un garage ou son équipe par le nom du *Mâalam* marqué sur l'enseigne. La qualité du travail réalisé dans cet atelier contribue à augmenter la réputation (bonne ou médiocre) de ce dernier. S'ils ne sont pas anonymes, les autres artisans n'existent pas pour autant sans leur collectif. À partir du moment où ils s'émancipent de toute tutelle pour leur propre enseigne, leur savoir-faire leur est attribué pleinement, que ce soit pour les transformations des moteurs ou en termes d'expérience de management. L'individualisation ne se réduit pas à la propriété ou la jouissance de biens (louer un local et/ou avoir la mainmise sur ses outils de travail). Elle se construit aussi à partir d'éléments qui affirment la «*propriété de soi*», pour reprendre l'expression de R. Castel et C. Haroche, c'est-à-dire le fait de jouir des retombées financières, relationnelles et sociales de son travail (Castel et Haroche, 2001).

En somme, l'analyse des parcours d'artisans montre que ceux-ci s'inscrivent dans trois temporalités successives avec des logiques centrées tantôt sur le collectif, tantôt sur l'individu. Ces deux logiques sont interconnectées et interdépendantes. La teneur des reconversions professionnelles d'artisans et la pluralité des lieux de marchés des moteurs sont des indicateurs du potentiel d'exploitation des eaux de l'aquifère. Face aux baisses du niveau de ces eaux et à la diversification de la demande, les artisans développent des stratégies pour maintenir leur activité.

2.2. Se maintenir quand les nappes baissent : représentations et stratégies des artisans sur l'aquifère

Le potentiel du Saïss lui vaut d'être qualifié depuis le Protectorat de plaine agricole «riche», loin des «marges» du Maroc. C'est pourquoi s'y est implantée une colonisation par de grandes fermes modernes que l'État indépendant n'a pas voulu démanteler, d'où la création des grands domaines de l'État. En même temps, la bourgeoisie a voulu récupérer des terres (Pascon, 1977) ce qui explique que la décolonisation des terres a duré jusqu'en 1973. Et enfin, il y a eu une redistribution modeste à travers des coopératives de réforme agraire. Pascon (1977) résume bien le partage des terres qui a aussi concerné le Saïss : « *En somme en 1976 sur 100 ha de terre coloniale de 1956, 35 sont passés aux mains de propriétaires privés marocains, 35 sont gérés par l'État et ses sociétés, 30 sont attribués à des agriculteurs de la réforme agraire* ». Si l'État indépendant n'a pas souhaité démanteler ces grands domaines bien équipés de la colonisation, c'est selon Geetz (1968), qu'il s'agissait pour lui d'éviter la chute d'une production agricole déjà bien rentable dans les échanges commerciaux internationaux. Cette agriculture du Saïss montre de nos jours l'image d'un secteur où le paysan s'efface au profit de l'agriculteur-entrepreneur (Dugué et al., 2015 ; Petit et al., 2015), recherchant l'innovation technique et accompagné dans cette quête par des innovateurs privés aux profils variés (Fofack et Billaud, 2015). De concert avec les agriculteurs, ces innovateurs sont des artisans qui apportent des solutions techniques pour faciliter les pompages dans l'aquifère. Artisans spécialisés dans la manipulation des moteurs ou des pompes, Ils conçoivent ces équipements de pompage à partir de matériaux recyclés, ou les adaptent suivant les besoins exprimés par les agriculteurs. Ainsi s'est construite une « *réaction sociale* » (Boudes, 2006) face à la baisse des niveaux des eaux souterraines dans le Saïss. Une réaction qui s'est traduite par la fabrique et l'adoption de techniques de pompage des eaux souterraines plus performantes, par les transformations techniques opérées sur le Moteur Renault, l'extension d'une filière d'approvisionnement pour ce moteur, ou encore par les bifurcations des trajectoires d'artisans. Cette réaction sociale est également portée par la manière pour les acteurs de se représenter le potentiel de l'aquifère et de ses ressources en eau, et se concrétise à travers les stratégies adaptatives visant à répondre à la baisse des niveaux des nappes.

2.2.1. Représentations sociales de l'état des ressources en eaux souterraines

Les représentations sociales permettent aux acteurs de se positionner sur l'exploitation des eaux souterraines invisibles. Elles sont une forme spécifique de savoir fondée sur une opinion partagée de ce que recèlent les sous-sols méconnus (Moscovici, 1984). Il s'agit moins de diagnostics sur l'état de l'aquifère que d'une part de représentations des réserves en eau dont elle dispose et de projections sur le fait de profiter des opportunités économiques. Les diagnostics sont plutôt de l'ordre des constatations liées à une stabilisation, une diminution ou une augmentation des niveaux piézométriques des nappes. Ils n'émanent pas des artisans de moteurs uniquement, ils sont co-produits avec les agriculteurs et d'autres catégories de métiers spécialisés dans la réparation des pompes ainsi que le creusement de puits et de forages. Parce que la baisse des nappes les concerne tous, elle est autant susceptible de dévaluer ou de propulser leurs activités socioéconomiques respectives. Le diagnostic peut ne pas concerner tout l'aquifère, mais uniquement un puits ou forage, une seule exploitation agricole, un seul village. Il demeure que, une fois posé, il entraîne une réaction. Dans le secteur de la transformation des moteurs, cette réaction se manifeste par des tendances dans le choix des moteurs et la construction de moteurs de plus en plus performants. Les savoirs des artisans ne sont pas statiques, ils ont évolué face aux contraintes d'innovation que leur imposaient (et leur imposent toujours) les fluctuations des niveaux de l'aquifère. Comme le dit Mohamed A. :

> « Les premières transformations de moteur que j'ai faites étaient sur les moteurs Mercedes. L'arrivée du butagaz était d'abord pour ces moteurs-là. Puis on a vu que le Renault était plus facile à monter, mais plus puissant. Et c'est comme ça que tout le monde a commencé à travailler sur Renault. Grâce à mon expérience, aujourd'hui je travaille sur le R25 ».

Les témoignages des artisans décrivent tous l'évolution des niveaux des nappes en égrenant les modèles des moteurs Renault qui se sont succédé dans leurs garages, les suivants plus puissants que le précédent : R9, R19, R21, R25. L'achat d'un moteur intègre d'abord une phase de conseil pendant laquelle l'artisan se renseigne sur le profil de l'agriculteur client, le profil et les besoins en irrigation de son exploitation agricole et les caractéristiques des ouvrages d'exhaure à équiper. L'équipement d'un puits ou d'un forage ne peut être identique, à partir du moment où le forage est plus profond. Pour ce dernier, il est donc nécessaire d'utiliser un R25 si l'agriculteur souhaite pomper abondamment et irriguer sans discontinuité pendant plusieurs heures. Les diagnostics sur l'état de l'aquifère poussent également les artisans à adapter leurs stratégies afin de se maintenir dans ce secteur d'activités.

2.2.2. Baisse du niveau des nappes : les stratégies des artisans face à une diversification de la demande

Les mécaniciens sont les plus nombreux parmi les spécialités d'artisans représentées : 51% à Haj Kaddour et 55% à Bouderbala. En fonction des commandes de moteurs qu'ils reçoivent, l'activité de l'ensemble des artisans qui interviennent dans la chaîne de transformation peut être plus ou moins importante. Pour rester compétitifs, les artisans adoptent des stratégies variées : certains sont spécialisés et vont baser leur réputation et leur travail sur un modèle précis de moteur (le moteur Renault Safrane par exemple), tandis que d'autres vont à l'inverse proposer une gamme variée de moteurs pour toucher le maximum de clients. Plus intéressante encore est la succession d'adaptations faites pour deux principales raisons : la baisse des nappes (qui n'est pas homogène, mais change d'un contexte à l'autre) et la diversité de profils des agriculteurs clients (taille des exploitations agricoles, nombre et profondeur des puits ou forages, statut des terres et de l'agriculteur, etc.). Toutefois, deux stratégies adaptatives se sont principalement imposées : développement du service après-vente à travers la réparation des moteurs et la diversification de l'activité du garage.

Le service après-vente des moteurs transformés n'est pas l'aspect le plus rentable économiquement de l'activité des mécaniciens. Pour Hichem par exemple, mécanicien qui possède une écurie à Haj Kaddour depuis 2005, il intervient pour des réparations à domicile à certaines conditions. Il l'exprime ainsi :

> « Cela dépend du client, où il se trouve et de la charge de travail, s'il est loin d'ici ou pas. Parfois ça peut coûter 200 ou 250 dirhams. Et ça dépend s'il y a beaucoup de travail très intéressant ici. Si c'est le cas, je vais laisser mon travail et automatiquement je vais augmenter le prix ».

En effet, les réparations se déroulent souvent sur l'exploitation agricole. Elles nécessitent alors des coûts de déplacement chez l'agriculteur et mobilisent hors du garage la main-d'œuvre de deux à trois artisans. En outre, la durée de l'intervention est incertaine et les tarifs de la prestation ne sont ni fixes ni garantis, car ils dépendent de la réussite de l'intervention. En dépit de ces contraintes, la réparation des moteurs est devenue indispensable dans ce secteur d'activités. En effet, dans le but de consolider sa réputation, le mécanicien assure le service après-vente des moteurs qu'il vend, et se rend disponible pour diverses réparations sur des moteurs achetés dans d'autres ateliers. Sa disponibilité et la célérité pour la réparation d'un moteur sont d'autant plus importantes que l'irrigation peut être complètement interrompue à cause de la panne en question. C'est donc la production agricole qui est en jeu. Un agriculteur satisfait recommande volontiers son mécanicien aux autres. Par le procédé du bouche-à-oreille, cette réputation peut s'étendre au-delà de la commune rurale où il travaille. Ainsi, parce qu'il sait que son travail sera commenté et évalué, le mécanicien contrôle à la source l'information qui va circuler, en se rendant disponible pour sa clientèle. En somme, la réparation des moteurs n'est pas évaluée en bénéfices financiers, mais en gains de notoriété.

Les garages ne sont pas tous consacrés exclusivement aux moteurs de pompages des eaux souterraines. Parmi eux, certains ont diversifié leur activité en se tournant vers la réparation des moteurs d'automobiles. Ils réparent aussi bien les moteurs pour puits et forages que les moteurs pour véhicules et tracteurs. La diversification ne concerne pas uniquement les mécaniciens, même si elle est plus aisément observable quand on examine les équipements et outils présents dans leurs ateliers. En effet, les soudeurs travaillent aussi pour la confection d'autres objets (antivols, portes et fenêtres) et le Tour est sollicité pour la réparation des foreuses et certains éléments de la pompe (notamment les turbines, l'arbre en cylindre, la poulie placée dans la tête de la pompe). La photo 38 ci-dessous montre un garage qui a diversifié ses activités. À gauche, quelques blocs-moteur et pièces détachées qui entrent dans la composition des moteurs pour puits et forages ; à droite et suspendus au plafond, les objets utilisés dans les réparations des moteurs de véhicules.

Photo 38: *La diversification de l'activité d'un garage d'artisans. Bouderbala, 2014.*

Les artisans ont conscience du fait que la survie de leur métier dépend de l'aptitude des moteurs à pomper dans la nappe profonde. Ils ont aussi conscience, en considérant les changements de techniques réguliers, que les eaux de la nappe profonde diminuent et risquent de s'épuiser. L'histoire de la nappe du Souss (Sud du Maroc) dont l'épuisement progressif aurait conduit à la construction de forages très profonds que ne peuvent plus prendre en charge les moteurs de pompage mécanique, alimente la vision sur la fin des métiers d'artisans qui n'auront plus de raison d'être dans le Saïss. C'est pourquoi ces derniers envisagent leur « sortie » de l'économie agricole du Saïss, souvent par la recherche de nouveaux marchés vers d'autres régions agricoles.

En définitive, l'analyse des récits de vie des artisans a consisté à croiser deux perspectives, l'une diachronique et l'autre synchronique. La première, diachronique s'est attachée à décrire l'historicité des parcours des artisans et la façon dont les étapes de leurs vies professionnelles se sont déclinées. La seconde perspective, synchronique a permis de révéler des rapports transversaux entre d'une part les artisans et d'autre part l'aquifère en tant que territoire producteur de ressources en eaux et agricoles. L'examen des micro-situations, des succès et bifurcations de ceux qui parlent de leurs vies met a priori en tension des logiques individuelles qui sont imbriquées dans un collectif. Mais se limiter à une dichotomie entre individu et collectif ne rendrait pas compte des véritables enjeux sociaux qui gouvernent la vie du secteur de transformation des moteurs. Les questions suivantes se posent alors : comment caractériser les relations et les échanges induits par la circulation, la transformation et la vente des moteurs ? Sur quel substrat social reposent toutes ces interactions ? Nous montrerons dans la section suivante que c'est le « *bazar* » (Geertz, 1979 [2003]) qui remplit cette fonction. Le *bazar* en tant qu'institution et structure sociale est le support des échanges commerciaux depuis plusieurs siècles. Ainsi, l'organisation sociale du secteur de la transformation et de la vente des moteurs s'inspire du système traditionnel du *bazar*. Où l'on voit comment un secteur d'activité récent, basé sur l'exploitation des ressources en eau, et sur des échanges autour d'objets d'un nouveau genre, s'est développé en réinvestissant des modes d'organisation centenaires.

3. Entre « tradition » et « modernité » : Le « bazar » comme système d'échanges et de communication dans le secteur de la transformation-vente des moteurs de pompage

Le *bazar* désigne étymologiquement le marché oriental. C'est d'abord un lieu ou un espace, appelé souk au Maroc, qui remplit deux fonctions principales : vente et achat. Mais plus qu'un lieu ou des fonctions, il représente « un système singulier de relations sociales centré autour de la production et de la consommation de biens et services » (Geertz, 2003 [1979] : 58). Lorsqu'en 1979 Clifford Geertz publie les résultats d'impressionnants travaux empiriques réalisés sur le souk de Sefrou au Maroc, il met en évidence l'existence d'un système culturel, social et économique à part entière appelé le *bazar*. Le *bazar* donne un cadre de pensée et d'action qui repose lui-même sur une longue histoire d'usages et de dispositifs consacrés par la pratique. C'est sous le prisme de ce système que peut être appréhendé l'ensemble des échanges marchands dans l'espace du souk. Si l'information joue toujours un rôle central dans la structure du *bazar*, son système a connu certaines évolutions depuis les travaux de Geertz, notamment en ce qui concerne la transmission héréditaire des savoirs et des avoirs (Lejars et al., 2017). Nous examinerons dans un premier temps la réception de la théorie du *bazar* et le contexte dans lequel elle a été produite. Puis dans un second temps, nous montrerons l'articulation entre les logiques du *bazar* et celles qui gouvernent les relations sociales dans le secteur de la transformation des moteurs, afin de mettre en évidence les nouvelles formes de *bazar*. En d'autres termes, nous analyserons comment de nos jours les artisans des moteurs et leurs partenaires font/créent leur *bazar* en réinvestissant les codes et le système de communication des souks traditionnels.

3.1. La théorie de l'économie de bazar dans le champ de la socio-anthropologie

Au début du XXe siècle, sous le protectorat, la recherche s'intéresse depuis longtemps à la culture orientale et essaie de comprendre les supports sociaux qui organisent la vie dans ces systèmes. C'est dans ce contexte que prolifèrent au Maroc et dans le Maghreb en général, des terrains de sociologues, d'ethnologues, et divers enquêteurs (géographes, économistes, etc.). Les chercheurs investissent divers objets d'étude qui pourraient apporter des éléments de compréhension de la structure sociale globale. Ils sont souvent critiqués pour leurs postures post-colonialistes, concevant la culture orientale au travers d'un imaginaire et de représentations propres à l'Occident, loin de la réalité du Maghreb (Saïd, 1995 [1978]). Parmi eux, très peu se sont intéressés au marché oriental, plus connu sous le nom local de souk. Dans ces recherches sur les souks, on trouve de vastes monographies de souk en Tunisie (Quemeneur, 1941 ; Berque, 1958) qui décrivent la distribution spatiale des boutiques, les différentes zones d'activités commerciales ainsi que la structure des corps de métiers. C'est aussi l'organisation des artisans en corporations (Massignon, 1924) qui avait, quelques années plus tôt, retenu l'attention au Maroc. On découvrira ensuite de puissantes corporations impliquant une série de métiers manuels autour de la transformation du cuir (Guyot et al., 1936) et qui sont parmi les plus centrales dans le souk. Dans un second temps et parallèlement aux monographies, ces travaux sur le souk commencent à aborder une réflexion plus profonde sur le sens des échanges et des interrelations qui ont été mis en exergue. La question s'est alors posée de savoir si, et comment l'économie de marché répandue en Occident a également pénétré les sociétés orientales ? Question qui, pour y répondre, suppose celle-ci : La forme du marché capitaliste est-elle une grille de lecture pertinente pour comprendre les mécanismes en œuvre dans les marchés orientaux ?

Soumis à ce double questionnement, le souk est perçu dans plusieurs analyses comme une structure socioculturelle et économique qui dépasse la simple dimension des échanges commerciaux (Le Tourneau, 1949 ; Massignon, 1924). Adoptant le même point de vue, mais en le prolongeant, d'autres chercheurs insistent sur les transformations qui traversent le souk, sous l'influence de l'économie capitaliste (Troin, 1975 ; Berque, 1958).

Plutôt que de mener une critique du modèle capitaliste dominant à l'aune de l'expérience marocaine, C. Geertz adopte une démarche résolument inductive pour identifier le « facteur liant » dans cette société, en d'autres termes ce qui pour les habitants de Sefrou oriente leurs manières d'agir et de penser. Ses résultats apportent des éclairages nouveaux dans le champ de l'anthropologie sociale et économique au Maroc. Ils montrent d'une part la capacité des institutions du *bazar* à fixer un contour cohérent aux interrelations qu'elles prennent en charge ; d'autre part ils décryptent les processus complexes d'interrelations, définissent leurs propriétés et montrent comment ces processus contribuent eux-mêmes à rendre intelligible le système du *bazar*. Cette institution, le *bazar*, dépasse le cadre du souk, car elle permet d'englober les dynamiques de la société marocaine entière.

Toutefois, la théorie du *bazar* contraste avec une thèse qui a longtemps dominé la compréhension des sociétés maghrébines et qui a notamment été inspirée des travaux de Durkheim sur la division sociale du travail (Durkheim, 1896). Considérant la structure sociale comme basée sur les relations de filiations et morcelée en différentes tribus et clans, la thèse d'une « société segmentaire » au Maroc (Gellner, 1969 [2003]) considère qu'il n'existe pas d'institution sociopolitique forte chargée d'organiser les relations entre individus. Les relations sociales fonctionnent alors suivant un modèle binaire de scission/fusion entre différents segments de la société. En situation de conflit, les interrelations entre ces segments relèvent nécessairement de deux ordres distincts : divisions ou alliances (Gellner, ibid.). Ce type de société est caractérisé par une faible division du travail et l'interchangeabilité des hommes et de leurs fonctions. Ceci conduit à la formation de solidarités mécaniques à l'intérieur des unités sociales. Or, la théorie du *bazar* déconstruit cette forme de déterminisme en insistant sur la complexité de stratégies d'acteurs impliqués dans des situations ponctuelles.

D'autres chercheurs parmi les plus proches collaborateurs de C. Geertz au Maroc (cf. Cefaï, 2003), épousent ce point de vue. Ils travaillent sur des univers aussi variés que la famille (H. Geertz), les relations interethniques et les relations hommes-femmes (L. Rosen), le système scolaire et la culture des jeunes (T. Dichter), ou encore le changement social vu par les acteurs de terrain eux-mêmes (P. Robinow). Dans leurs manières de restituer leurs expériences de terrains, ils partagent la même vision globale de la société marocaine selon laquelle les effets de structure sont peu ou pas déterminants dans la conduite de relations sociales. Ces dernières sont plutôt « le fruit de coordinations d'actions [...] comprises, motivées, articulées et ordonnées par des réseaux de significations » (Cefaï, 2003 : 13). Dans ce sens, selon eux, il convient de ne pas présupposer la place ou le rôle d'une structure, mais plutôt de privilégier l'analyse de situations concrètes qui objectivent le sens des pratiques de ceux qui les vivent. Le souk de Séfrou, analysé par Geertz, a d'abord été un point de passage caravanier. Il a grossi pour devenir un foyer régional commercial d'approvisionnement en produits alimentaires artisanaux et en équipements (Troin, 1975). L'organisation sociale à l'intérieur du souk de Sefrou est, pour Geertz, celle du *bazar*. Comment identifier cette forme d'organisation sociale ? Qu'est-ce qui la caractérise ? Après avoir démontré que l'information est l'élément central dans le *bazar*, C. Geertz construit un modèle qui dresse ses principales propriétés. Ainsi, on reconnaît cette institution sociale à l'existence de neuf principales caractéristiques qui sont, suivant leur classification originelle :

- La présence d'entreprises de petite taille
- Une division très fine du travail

- La prévalence des transactions interpersonnelles
- La non-homogénéité des biens et services
- L'irrégularité et la faible fiabilité des systèmes formels de transmission des signaux
- La supériorité des techniques d'échange sur les compétences techniques
- L'indifférenciation des actes d'achat et de vente
- Des relations basées sur le contrat personnel, oral ou écrit
- La mise en retrait d'institutions formelles telles que l'État.

À la lumière des pratiques des artisans de moteurs du Saïss et de l'analyse de leurs modes de fonctionnement réticulaires, nous montrerons comment ces propriétés du *bazar* sont réinvesties pour organiser les échanges entre artisans et entre ceux-ci et les agriculteurs. Dans cette optique, on verra que l'importante segmentation des activités et des métiers, le rôle clé de l'information et des relations interpersonnelles marquent encore fortement les contours de cette structure sociale qu'est le *bazar*. Il n'en demeure pas moins qu'elle a évolué dans le temps sur certains aspects devenus moins prégnants, dilués au contact d'une économie agricole globalisée.

3.2. Le marché de la transformation-vente des moteurs et les logiques du bazar

L'étude des modes de transformation du moteur Renault 25 pour les pompages d'eau débute en 2013. À partir de 2014, plusieurs observations et des enquêtes aussi bien quantitatives que qualitatives ont été réalisées afin de comprendre quelles sont les dynamiques sociales qui sont nées ou qui ont été induites par l'insertion de cet outil de pompage dans le champ des acteurs que celui-ci côtoie et des réseaux qu'il traverse. Les résultats des enquêtes montrent une chaîne d'acteurs et de services où la segmentation des activités et des métiers, le rôle clé de l'information et des relations interpersonnelles sont déterminants dans le fonctionnement de ce secteur.

Concernant en premier lieu la segmentation des activités et des métiers, les garages et les ateliers d'artisans sont caractérisés par une grande spécialisation, se traduisant parfois par l'existence de garages de petite taille. Ceci est encore plus marqué à Haj Kaddour qui est l'épicentre des activités de transformation-vente des moteurs de pompages.

On y trouve des ateliers aménagés dans des espaces de trois mètres carrés, jusqu'à 28 mètres carrés pour les grandes écuries. Les ateliers les plus grands sont les moins nombreux et sont le signe extérieur de notabilités dans le souk. Cette forte pression immobilière se répercute dans les prix de location. Plus on s'éloigne des principaux lieux de commerce, moins les prix sont élevés. Le mouvement du centre vers la périphérie dilue le nombre de garages d'artisans-moteur présents dans le souk. Haj Kaddour et Bouderbala sont les marchés les plus importants en nombre d'artisans-moteurs implantés et en termes de fréquentations. Suivent Aïn Taoujdate, Meknès La ferraille et Boufkrane, puis El Hajeb et Sebaa Ayoune. Plus on s'éloigne du centre, plus le nombre d'artisans-moteurs par rapport à la totalité des vendeurs du souk est faible. Ce centre est aussi représenté par les axes urbains autour desquels sont concentrés les ateliers des artisans-moteurs.

Afin de rendre compte de l'organisation sociale du *bazar*, il est indispensable de considérer les types de métiers, corrélatifs à la division fine du travail dans le processus de transformation-vente des moteurs (cf. figure 6). La spécialisation professionnelle est dans un premier temps technique.

Dans le système du *bazar*, une écurie n'est pas supérieure à une autre, car sur une transaction elle peut être en position de vente (offre), et sur une autre en position d'achat (demande). C'est le principe des hiérarchies inversées. Il peut aussi arriver que les petits garages aussi soient en position de force par rapport à l'écurie en raison notamment de leur proximité avec les clients ou de la rapidité de leurs livraisons.

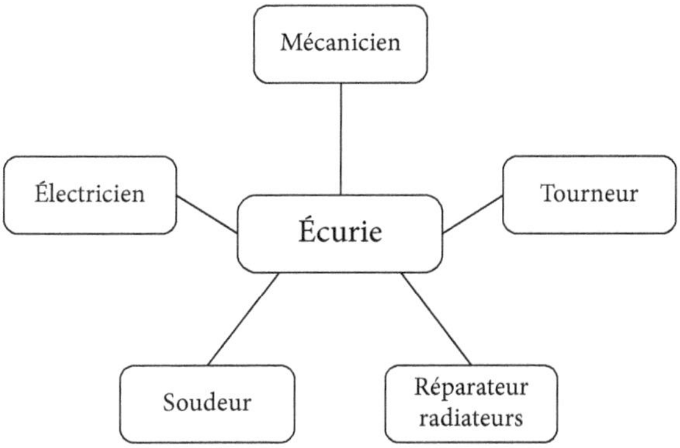

Figure 6: *La spécialisation des métiers d'artisans pour la transformation-vente des moteurs.*

Aux métiers techniques (mécaniciens, etc.), il convient d'associer les métiers de revendeurs et courtiers qui font surtout appel aux compétences d'échanges. Dans un second temps, cette spécialisation professionnelle est spatiale. Les lieux que nous avons décrits cumulent la transformation et la (re) vente des moteurs. Ils sont de facto permanents en raison de l'installation des ateliers. D'autres lieux sont exclusivement dédiés à la vente de pièces détachées ou de moteurs. Ce sont des marchés périodiques, hebdomadaires, coordonnés de sorte que chacun soit actif un jour fixe et n'empiète pas sur l'activité des autres : tous les lundis à El Hajeb, les dimanches à Sebaa Ayoune, les mercredis à Meknès La Ferraille.

Outre cette segmentation des métiers, l'accès et la diffusion de l'information déterminent en second lieu la façon dont les interactions sont conduites en matière de transformation-vente des moteurs R25. Le rôle clé de l'information dans ce secteur découle de l'absence de publicité et d'institutions spécialisées qui centralisent et répartissent l'information. La transformation-vente des moteurs, comme nous l'avons vu au début de ce chapitre, sont des processus qui mobilisent une pluralité d'objets qui composent le futur moteur transformé. Cette pluralité d'objets va de pair avec la multiplicité des types de services qui sont proposés par les acteurs du souk : vente du matériel de travail (joints, culasses…), de pièces détachées, réparation de radiateurs, etc. La publicité au sens formel n'existe pas dans le souk des moteurs. Pour les artisans, c'est la réputation auprès des agriculteurs qui joue ce rôle, comme le dit ce mécanicien rencontré à Bouderbala : « Notre seule publicité c'est l'agriculteur ». Il n'existe pas non plus des formes de centralisation de l'information. Chacun trouve par ses propres moyens les informations utiles, qu'elles soient relatives au prix des moteurs sur le marché pour user de cet argument au cours d'une négociation ; à l'arrivage de nouveaux moteurs et pièces détachées pour les garages en attente de leurs fournisseurs, aux recherches d'associations et la future mise en location d'un garage pour les artisans en quête d'indépendance. L'information porte aussi sur l'innovation (Lejars et al., 2017), plus précisément sur les nouvelles pratiques de pompage, les nouvelles marques de moteurs, les dernières techniques de montage des blocs-moteur, les nouveaux réseaux de fournisseurs. L'innovation s'étend donc également à l'apprentissage. La survie d'un garage dépend de sa capacité à maîtriser les dernières innovations (à défaut de les créer soi-même). Autrement dit, il faut être à la pointe de la technique pour rester compétitif. C'est ainsi que le moteur R25 dit « simple » est surclassé par celui à double carter, ou cet autre qui associe l'énergie du dynamoélectrique. Ce sont des innovations qui exigent que l'artisan non seulement actualise ses compétences, mais qu'il le fasse au bon moment, sous peine de ne pas pouvoir conserver sa clientèle et/ou sa réputation.

L'information dans ce secteur est également relative aux réformes présumées ou réelles des lois et politiques publiques qui pourraient favoriser ou au contraire nuire à l'activité du souk. Dans la catégorie des nuisances, il y a notamment la hausse du prix du gaz, envisagée par le ministre des finances depuis le projet de loi des finances 2014 qui pourrait inciter les agriculteurs à se détourner de l'usage des moteurs Renault fonctionnant tous à l'énergie butane. Dans le même registre, l'interdiction par le ministre des transports, de l'importation des pièces détachées d'occasion en provenance de l'Europe ajoute des contraintes d'acheminement des matières premières vers les garages et complexifie le travail des fournisseurs qui tentent de contourner cette interdiction. Soit, toutes mesures susceptibles de ralentir la production de leur secteur d'activités, et pour lesquelles artisans comme agriculteurs se tiennent informés pour anticiper les changements. Le fait d'être en contact avec des intermédiaires dans le Saïss et en dehors, avec divers profils d'agriculteurs étoffe à la fois le contenu de leurs informations et les sources de ces informations.

Dans un troisième temps, il apparaît que le système d'échanges dans le secteur de la transformation-vente des moteurs est essentiellement basé sur des relations interpersonnelles. L'achat, la vente, et tout le processus de négociation qui entoure ces deux actes se font entre individus et pas avec des entités institutionnelles. En tant que client potentiel ou confirmé, l'agriculteur qui entre en contact avec un ou plusieurs garages d'artisans interagit directement avec le chef d'atelier. Les transactions de face-à-face sont les plus courantes, et le rôle des courtiers est secondaire. Dans tous les cas, la réputation et la confiance des artisans sont les deux facteurs clés qui déclenchent – ou pas – les procédures de clientélisation ou de marchandage. En effet, dans l'établissement et la conduite de leurs relations d'affaires, les agriculteurs sont attentifs à la réputation que leurs pairs attribuent aux artisans. La réputation a plusieurs dimensions : « donner la parole » et être « juste » dans les prix.

« Donner la parole » au cours d'une transaction, c'est faire preuve de franchise et d'honnêteté. Dans un domaine comme celui de la vente des moteurs, où l'investissement pour l'achat de l'équipement de pompages est coûteux, et où la qualité de cet équipement peut déterminer le sort de la campagne agricole, « la parole sur le marché est impérieusement présente » (Geertz, 2003, p. 162). Les agriculteurs se renseignent pour savoir dans quelle mesure et jusqu'à quel point ils peuvent accorder leur confiance. Cette dernière est basée sur trois éléments qui peuvent être cumulés : l'appréciation consensuelle du souk vis-à-vis de l'artisan à un moment précis (ce que dit la rumeur), l'appréciation personnelle de l'agriculteur lorsqu'il a déjà interagi avec cet artisan, et dans le cas contraire, l'appréciation dérivée de l'expérience d'un proche ou ami qui aurait déjà eu recours aux services de cet artisan. Ainsi, d'une certaine façon, les agriculteurs ont affaire à des artisans qu'ils connaissent avant de les rencontrer. La réputation est une ressource qui peut influencer le parcours de l'artisan en cours ou en fin d'apprentissage. Pour être recruté en tant que compagnon d'artisan, pour trouver des associés ou pour s'installer à son propre compte, les comportements de l'artisan au cours de ses relations professionnelles passées renseignent l'opinion du *bazar* sur sa réputation. Dans le récit de sa reconversion professionnelle en vendeur de moteurs à Haj Kaddour, un ancien chauffeur de taxi met en exergue la façon dont il a gagné la confiance de ses nouveaux partenaires de travail. Il faut être tenu pour quelqu'un qui tient ses promesses, et qui dit habituellement la vérité :

> « *J'allais souvent dans un café, pendant longtemps et j'ai commencé à changer de métier pour être courtier. J'avais de la parole : par exemple si quelqu'un vend quelque chose à un autre, je vais rester jusqu'à ce que l'autre lui paie l'argent qu'il doit. Pour qu'il n'y ait pas de tricherie. J'étais l'intermédiaire. C'est comme ça que, en gagnant l'amitié des mécaniciens et des gens, j'ai pensé à ouvrir cette boutique-ci* ».

La seconde dimension de la réputation a trait aux prix. Le vendeur ou l'artisan qui fixe des prix « justes » est honnête. Le juste prix est défini est fonction de :

- la qualité des produits vendus (qualité confirmée ou infirmée dans le temps par l'usage) ;
- la moyenne du marché, même haute, si la qualité du produit le justifie ;
- le suivi après-vente des commandes.

Lorsque la relation de confiance s'installe après un premier partenariat concluant, les agriculteurs établissent des relations continues ou durables avec le même artisan pour la fourniture des mêmes types d'équipements. La clientélisation est une forme d'interactions qui facilite les échanges. L'artisan maîtrise les besoins de ses clients et ces derniers se fournissent chez lui pour chaque nouveau puits ou forage à équiper. C'est à ce niveau de la relation que les marchandages relatifs au crédit sont les plus répandus. L'artisan ne concède pas de crédit à n'importe quel agriculteur, ce crédit est la marque d'une relation continue et satisfaisante. Il tient les comptes de ses créanciers en s'assurant de garder un équilibre entre la continuité des investissements qu'il déploie et l'absence de bénéfices immédiats. Les crédits sont établis sur une campagne agricole, ou deux, en fonction du type de cultures que l'agriculteur plante. Selon une étude réalisée sur le rôle des intermédiaires pour l'accès aux équipements d'irrigation dans le Saïss (Lejars et al., 2017), le crédit fait partie de la stratégie marketing utilisée par des vendeurs insérés dans un marché très compétitif. Ainsi, 60% d'entre eux disent accorder un crédit dans leurs transactions, tandis que 40% des agriculteurs enquêtés affirment avoir eu accès à un crédit pour acheter leur équipement d'irrigation. Si les montants et les formes de crédits sont proportionnels aux revenus agricoles de l'agriculteur, dont la solvabilité est scrupuleusement évaluée par l'artisan, ils sont aussi fonction de la réputation du créancier. Un riche agriculteur, dont l'exploitation agricole a une superficie de plus de 100 hectares d'arboriculture, par ailleurs est représentant à la Chambre d'Agriculture, se fournit en matériel de pompage dans un atelier à Aïn Taoujdate. Il achète aussi des moteurs, des pompes à axe vertical et des pompes immergées. Pour le vendeur, c'est un notable auquel il peut se fier pour respecter le paiement de ses créances. Celles-ci sont flexibles et peuvent être renégociées dans des cas précis ;

elles le sont moins en ce qui concerne les conditions et l'échéancier de remboursement (généralement fixé par rapport aux rythmes des récoltes).

De ce qui précède, il apparaît que les contrats sont souvent d'ordre personnel. En effet, artisans et agriculteurs préfèrent les partenariats entre personnes physiques aux relations qui impliquent des interactions avec des personnes morales comme les entreprises. Dans le même sens, le règlement des différends fait appel à l'intermédiation d'un individu tiers que l'on juge « fiable », en lieu et place de dispositifs juridiques. Ainsi, le rôle des institutions formelles dans le *bazar* reste diffus et marginal. C'est le cas pour l'État dont le contrôle sur les activités des artisans est quasi-inexistant. Les artisans paient des impôts et taxes pour l'emprise de leurs garages sur le territoire municipal et l'exercice d'une activité commerciale sur ce territoire ; ils déclarent l'installation de leurs ateliers comme lieux de commerce afin d'obtenir un branchement sur le réseau électrique.

En définitive et au regard de ses propriétés fonctionnelles, le marché de la transformation-vente des moteurs R25 repose sur la structure du *bazar* de Geertz. Ce système d'échanges a été réinvesti dans le Saïss pour structurer et accompagner le développement des pompages dans l'aquifère. Si les caractéristiques du *bazar* tel qu'analysé par Geertz dans les années 1960 sont bien représentées, le marché des moteurs R25 actuel a évolué dans le temps en développant des caractéristiques particulières, en raison de son adaptation aux enjeux socioéconomiques spécifiques à une agriculture basée sur l'exploitation des eaux profondes.

3.3. Une nouvelle forme de bazar adaptée à la dynamique d'extraction des eaux profondes pour l'irrigation

L'économie agricole du Saïss, marquée par un basculement des usages de l'aquifère vers les eaux profondes, a bouleversé les mécanismes du *bazar* ancien. Trois éléments permettent de souligner cette évolution du *bazar* : d'abord l'essor des réseaux sociotechniques qui élargissent les frontières socio-territoriales et densifient les circulations d'acteurs à l'intérieur du *bazar* ; ensuite l'importance accordée aux marques qui tend à homogénéiser certains biens et services ; et enfin la prééminence des compétences commerciales des artisans qui tentent de se démarquer dans un domaine compétitif où l'offre est variée et change rapidement.

Le *bazar* actuel est composé d'acteurs et de groupes d'acteurs eux-mêmes intégrés au sein de réseaux sociotechniques divers. En enrôlant tous ces acteurs, l'activité d'extraction de l'eau souterraine a donc créé des collectifs dont les frontières sont par définition mouvantes et extensibles (Akrich, 1988). Ainsi, si le *bazar* de Geertz fonctionnait dans un environnement social peu ouvert à de nouveaux acteurs, c'est tout l'inverse pour celui du Saïss. Ce dernier se distingue plutôt par sa capacité à accueillir de nouveaux acteurs, compétences et métiers pour surmonter les contraintes de pompage dans l'aquifère. Lorsqu'ils ne sont plus aptes à atteindre leurs objectifs, ces acteurs sont mis à l'écart par le réseau qui met en scène d'autres types de ressources humaines, professionnelles ou cognitives. Flexibilité et ouverture sont donc particulièrement déterminantes dans la manière dont le *bazar* se déploie. C'est ainsi qu'il a permis l'insertion de nouveaux artisans par reconversion, anciens chauffeurs de taxi ou agriculteurs. Le marché s'ouvre aussi à eux notamment parce qu'ils lui apportent de nouvelles ressources relationnelles. L'importance accordée aux marques de fabrique des moteurs fait écho et illustre cette nature dynamique du *bazar*.

En effet, dans le *bazar* les moteurs sont classés en fonction de leurs marques. C'est la marque de fabrique qui confère aux moteurs leur valeur monétaire et transactionnelle, c'est par elle qu'on les identifie et les désigne. Il y a des marques populaires, puissantes et solides comme la marque Renault ; d'autres moins recherchées, car difficiles d'entretien comme la marque Volkswagen. Certaines encore, telle la marque Lister Petter, qui ont été célèbres par le passé, mais ne sont plus suffisamment puissantes pour pomper dans la nappe profonde. Au sein d'une même marque, d'autres standards classifient les modèles produits par le constructeur automobile au fil des décennies, du plus ancien au plus récent : le modèle Renault 9, Renault 19, Renault 21, Renault 25, Renault 25 à double carter, Renault Safrane. Plus le modèle est récent, plus il coûte cher. À titre d'illustration, le modèle Renault 25 transformé coûte environ 13 mille dirhams (pour les moteurs d'occasion de première main), tandis que le Renault 19 (dans un état équivalent) coûte 9 mille dirhams. Le marché tend ainsi à homogénéiser les biens qu'il propose.

La description du *bazar* de Geertz fait prévaloir les compétences commerciales dans le souk par rapport aux compétences techniques. Cet ordonnancement est particulièrement concevable dans la mesure où le marchandage des prix est omniprésent et peut être difficile à transformer en une vente ferme. La réussite ou l'échec d'un artisan et de son atelier tiendrait donc d'abord à sa capacité à mener les négociations avec ses clients, mais aussi avec ses fournisseurs, les vendeurs de moteurs. Toutefois, et cette limite tient à la nature des produits échangés dans le souk des moteurs, les qualités techniques de l'artisan qui transforme le moteur sont aussi essentielles que ses compétences commerciales. La qualité de maître-artisan est attachée à la possession d'une expertise technique. C'est cette expertise qui déclenche l'acte de marchandage. L'agriculteur va vers l'artisan qui est réputé avoir les meilleures techniques de transformation des moteurs, ou autrement dit, celui qui « fabrique » les meilleurs moteurs, c'est-à-dire des moteurs puissants certes, mais surtout résistants à l'usage et qui ne tombent pas constamment en panne. Et tous les maîtres-artisans du souk ne peuvent pas se prévaloir d'une telle réputation, d'où les hiérarchies implicites qui existent entre eux. Ainsi, c'est d'abord la qualité de l'expertise technique qui détermine le succès d'un atelier de transformation-vente des moteurs. Ce succès sera confirmé ou infirmé par l'habileté du maître-artisan à conduire et à conclure ses transactions.

Enfin, l'ethnographie du moteur R25 permet de comprendre que dans ce marché, l'achat et la vente des moteurs peuvent mobiliser des procédures et présupposés distincts. Ils ne constituent pas toujours des activités indifférenciées à partir du moment entre les deux actes, la transformation des pièces achetées doit créer un nouvel objet avant la remise en vente. Cependant, lorsque des goûts ou des préférences s'imposent dans le marché, ils le sont aussi bien pour les clients que pour les vendeurs. Les quantités achetées ont des répercussions positives sur le nombre et le rythme des quantités vendues et vice-versa, jusqu'à ce que le fonctionnement du marché évolue. Si cette préférence va par exemple vers le moteur Renault 25 comme c'est le cas depuis le début des années 2010, les fournisseurs vendent autant de pièces détachées et de blocs-moteur que les artisans transforment de moteurs et que les agriculteurs les achètent puis les revendent. Par ailleurs, les opérations d'achat et de vente ont systématiquement recours au marchandage (enquête sur les prix du marché), à la négociation des prix et à la clientélisation.

En somme, le marché de la transformation-vente des moteurs dans le Saïss peut être considéré comme un *bazar* qui a subi quelques évolutions liées au contexte de l'agriculture irriguée dans la région. Cela montre bien qu'il ne s'agit pas d'une structure sociale figée dans le temps ni dans l'espace, car elle épouse les spécificités des situations vécues par les acteurs, situations qu'elle permet d'objectiver. Le *bazar* mêle de nouveaux acteurs privés et des réseaux qui se positionnent à la fois comme extérieurs à l'espace de production agricole et interconnectés avec celui-ci. Ces artisans dont nous avons étudié les rôles et les parcours forment un collectif sociotechnique ancré dans l'espace géographique de l'aquifère par lequel il définit son appartenance. Mais il se caractérise surtout par son ouverture vers des espaces extérieurs à celui de l'aquifère d'où il tire de nouvelles ressources techniques (pièces de moteur) et relationnelles (fournisseurs). Les mobilités des objets et des acteurs sont une forme d'expression à part entière et indissociable de l'activité de transformation des moteurs. Les nœuds de circulation du moteur transformé sont constitués par les lieux de marchés que nous avons identifiés (Aïn Taoujdate, Bouderbala, Boufkrane, El Hajeb, Haj Kaddour, Meknès et Sebaa Ayoune) et à l'extérieur du Saïss où les artisans et leurs fournisseurs dépendent des ressources venant des régions telles que Agadir, Beni Mellal, Tanger, Nador et ses alentours (Taourit, Berkane, ou plus loin Oujda). De fait, le *bazar* offre un cadre qui favorise les croisements entre des espaces et des acteurs qui ne partageaient pas nécessairement les mêmes univers.

Conclusion du chapitre

Au terme de ce chapitre, l'accent a été mis sur les mécanismes particuliers de constitution du social dans lesquels les individus interagissent entre eux, et où ils se confrontent aussi aux objets. Il ne s'agit pas juste de l'interactionnisme (Goffman, 1956 [1969]) entre des acteurs qui se font face avec leurs histoires, mœurs et valeurs ; c'est aussi de l'interactionnisme avec les objets. La structure sociale du *bazar* donne une épaisseur plus importante à ces interactions, qu'elle permet de caractériser avec plus de finesse. Le *bazar* dessine en quelque sorte un cadre d'expression et de structuration des échanges à l'intérieur du système sociotechnique. Deux éléments peuvent porter à réflexion au regard des développements précédents. En premier lieu, le redéploiement du *bazar* à l'ère contemporaine pourrait constituer une alternative à l'intervention des institutions que sont l'État et le marché dans les rapports sociaux liés à l'usage de l'eau souterraine. En second lieu, le *bazar* a créé les conditions de la naissance d'une activité collective autour de l'exploitation des eaux souterraines.

Premièrement, peut-on considérer le *bazar* comme une structure sociale qui « apprivoise » l'État et le marché ? La question du choix entre l'État ou le marché pour réglementer l'utilisation de l'eau est ancienne dans la littérature (Petit, 2002). Si, du point de vue du marché, l'eau doit être considérée comme un bien économique ouvert à toutes formes de transactions marchandes économiques, pour l'État, l'intervention publique est essentielle pour préserver les droits de chacun grâce à une allocation et une distribution équitables entre usagers. Entre ces deux approches, le rôle des communautés d'usagers pour construire leurs propres moyens d'action sur leurs ressources communes en eau est valorisé. À partir de l'ethnographie des moteurs transformés, nous avons mis en évidence un ensemble d'actions coordonnées pour l'exploitation des eaux souterraines. Le fonctionnement de ces coordinations reposant sur la structure sociale du *bazar*, c'est cette dernière qui organise par conséquent la façon dont l'eau souterraine doit être exploitée. Or, ce *bazar* n'est pas le marché au sens néoclassique, de la même façon qu'il maintient l'État à l'écart de ses processus. Si le système du *bazar* a été construit dans un contexte précis d'échanges commerciaux, le fait qu'il soit réinvesti aujourd'hui dans le cadre de l'exploitation des eaux souterraines l'introduit aussi dans les enjeux actuels sur les modes de gouvernance des ressources naturelles (cf. Lejars et al., 2017). Autrement dit, le *bazar* organise la réaction sociale (Boudes, 2006) des acteurs locaux face aux baisses des niveaux de l'aquifère. La portée de cette réaction est à chercher au-delà de la matérialité des moteurs qui sont transformés pour les pompages.

Deuxièmement, l'analyse du fonctionnement des interactions à l'intérieur du système sociotechnique ne met-elle pas en évidence la forme sociale sur laquelle repose ces interactions ? Elle montre ainsi la capacité des objets techniques à fédérer au sein d'un collectif des acteurs pris dans une organisation « distribuée » (Dodier, 1995). Dans le champ de la sociologie des sciences et des techniques, N. Dodier (1995) apporte un regard nouveau sur les relations entre hommes et techniques. Pour cet auteur, « *le fait sociologique majeur lié à la technique ne doit pas être recherché dans les formes de sociabilité entre humains qui se reconstruiraient autour des techniques* », mais plutôt dans le fonctionnement des techniques (Dodier, ibid., p 91). Cette recherche suppose l'étude des chaînes d'opérations techniques, le nombre de ces opérations ainsi que l'analyse des rapports entre matières de différentes natures et interventions humaines. Les analyses en question placent l'objet technique au centre d'une organisation « distribuée » au sein de laquelle l'activité technique est éclatée entre plusieurs opérateurs dont l'objectif est de surmonter les dysfonctionnements dans le fonctionnement de ces techniques. Cette forme d'organisation offre une souplesse et une flexibilité dans le travail de l'artisan qui dispose alors d'un champ large pour exprimer sa créativité et sa virtuosité par le biais d'essais expérimentaux. On peut à partir de là envisager plus précisément le rôle joué par ces objets techniques dans l'ancrage d'un collectif au sein duquel les acteurs ont conscience d'être chacun un maillon de la chaîne d'opérations. Cette « conscience du collectif » (Dodier, 1997), déjà interrogée dans le chapitre 2 concernant l'activité des réseaux sociotechniques, revient ici dans la mesure où RST et artisans sont tous deux des composantes de la société minière. C'est donc bien vis-à-vis de la société minière de manière englobante qu'est définie la conscience de faire collectif.

En considérant l'activité de récupération des artisans, cette conscience est matérialisée par les moteurs à partir desquels les circuits de coopération et d'échanges se structurent. La dimension fonctionnelle de ces moteurs fait converger acteurs et actions vers un même objectif qui est de pomper les eaux de l'aquifère. Ils obligent les acteurs, premièrement à se constituer en réseaux et deuxièmement à se focaliser sur l'environnement naturel associé à ces moteurs. Mais est-ce qu'ils amènent ces acteurs à développer une conscience d'avoir en commun l'aquifère et les crises qu'il peut manifester en raison de son exploitation massive ?

Mais elle repose surtout sur le partage de savoirs et de savoir-faire techniques et commerciaux. Dans les périmètres irrigués où les canaux de surface délimitent un territoire « hydraulique », l'action collective est généralement identifiée autour de la ressource en eau elle-même, qui fédère et amène ses usagers à constituer un cadre commun pour sa gestion (Ostrom, 1990). Or, nous l'avons montré dans le chapitre 2 précédent, les eaux souterraines ne représentent pas un objet commun autour duquel les agriculteurs ou les artisans se coordonnent, s'organisent. Elles sont au contraire appropriées de façon individuelle et leur exploitation nécessite fort peu de coopération entre agriculteurs. À l'intérieur du *bazar* au contraire, les échanges et transactions sont nombreux et là, comme on l'a montré, un sentiment d'appartenance à un monde partageant un même « bien commun » peut se forger. Ce bien commun ne procède pas d'un rapport aux ressources elles-mêmes, mais des savoirs expérientiels qu'artisans et agriculteurs construisent au rythme d'apprentissages et de transmissions de savoirs et savoir-faire au sein des réseaux sociotechniques. À la question posée en introduction générale de savoir s'il existe sur ce territoire du Saïss des modes d'assemblage qui soient la manifestation d'une prise de conscience du collectif, la réponse est donc loin des analyses courantes qui explorent le plus souvent des lignes de tension liées à la prise de conscience des crises environnementales. La situation du Saïss permet de mettre en évidence le fait que le « commun » peut se cacher dans des dimensions immatérielles peu voire pas explorées. En cela, le couplage théorique entre l'ANT et la sociologie de l'environnement pour l'analyse des interactions sociotechniques initiée s'est révélé particulièrement fructueux.

Conclusion générale

Parvenue au terme de nos analyses sur la société des «*eaux cachées*» (Al Karagi, 1017 [1973]) du Saïss, il convient de revenir sur le questionnement initial qui a fondé cet ouvrage. À l'origine, cette recherche a démarré sur un constat, celui selon lequel en dépassant la vision bucolique des champs arboricoles, maraîchers et céréaliers qui recouvrent la plaine du Saïss, on rencontre un système aquifère dont les ressources en eaux souterraines ont été individualisées, privatisées par les modes d'appropriation et d'exploitation de différents acteurs. L'étude s'est alors fixée pour objectif de comprendre à quel type d'«*assemblages du social*» (Latour, 2006) répond la dynamique d'exploitation des ressources en eaux souterraines dans le Saïss, une dynamique alimentée par les processus de coévolution des ressources, des techniques et des usages sociaux.

Partant de cet objectif, la démarche de recherche s'est articulée autour de trois principales hypothèses. Suivant la première hypothèse, il existe dans le Saïss, par-delà des pratiques d'irrigation plutôt atomisées, des «*mondes sociaux*» (Strauss 1978 [1992]) liés à l'exploitation des eaux souterraines, identifiables par leurs caractéristiques cognitives, techniques et économiques. Ces mondes traduisent l'existence d'une société des eaux souterraines, dont le contenu social et politique reste à qualifier. Les objets techniques de pompage dans l'aquifère seraient alors des éléments actifs de structuration de ces mondes sociaux (Akrich, 1989), dans le sens où ils matérialisent à la fois les ressources en eau invisibles et les rapports sociaux à l'aquifère. La deuxième hypothèse avançait que cette société du Saïss fonctionne selon un processus de destruction créatrice où un nouveau monde se construit sur un monde en déclin. Elle serait sans cesse en mouvement, car elle se décompose et se recompose, tantôt en intégrant de nouveaux acteurs, tantôt en en évinçant d'autres. Parmi la diversité des équipements de pompage, bases de l'appropriation sociale de la ressource, l'ouvrage fait le pari d'étudier en particulier les moteurs pour saisir le contenu social de la société des eaux souterraines, celle-ci étant caractérisée par des moments de rupture et de transformation. En troisième et dernier lieu, nous avons exploré l'hypothèse d'un basculement dans les usages et pratiques d'extraction, ainsi que dans les valeurs et représentations associées à ces usages. Résultat du passage des eaux superficielles aux eaux profondes, ce basculement ferait émerger un nouveau monde où agriculteurs et artisans doivent ensemble, et chaque groupe séparément, organiser leurs interactions. L'avènement de ce nouveau monde amène à s'interroger sur l'existence d'une conscience chez ces acteurs, partageant un sort commun, afin de déterminer à quel niveau et comment elle se manifeste. En même temps, l'analyse de la société des eaux du Saïss ne pourrait pas être complète sans considérer le rôle que l'État a joué dans l'avènement de ce basculement.

Les trois chapitres présentés dans l'ouvrage ont pour objectif d'explorer l'ensemble de ces hypothèses et de définir la manière dont la question de la nature du social lié à l'exploitation des eaux souterraines, allait être abordée. À partir d'éléments de synthèse des principaux résultats de l'ouvrage, cette conclusion propose *in fine* une définition de la société des eaux cachées, soit des éléments de synthèse qui serviront de base de réflexion pour ouvrir la discussion et avancer de nouvelles hypothèses d'explication sur l'état actuel de cette société elle-même cachée, et pourtant insérée dans un contexte socio-économique globalisé.

1. In fine, une définition de la société des eaux cachées

La société des eaux cachées peut se définir par rapport à cinq éléments fondamentaux : un basculement du monde des puits à celui des forages ; une société minière œuvrant dans le sens de l'épuisement de la ressource ; des artisans au cœur de cette transition et de nouvelles formes d'interdépendance ; des systèmes d'échange qui s'inspirent du *bazar* traditionnel ; et enfin, le soutien ambigu des politiques publiques.

1.1. Un basculement du monde des puits à celui des forages

Le premier chapitre pose d'emblée les éléments de contexte qui ont conduit au basculement des usages de l'aquifère, des eaux souterraines superficielles aux eaux profondes. Le basculement, on le voit dans ce chapitre 1, opère par le biais des techniques : les puits d'abord, dont l'usage a commencé à se généraliser au début de la décennie 1980 ; les forages ensuite qui se développent surtout dans les années 2000. Ces deux différentes temporalités montrent bien la coévolution des ressources en eau de l'aquifère et des pratiques de pompage pour l'irrigation. Différents dans leurs formes et leur fonctionnement, les puits sont en effet conçus pour atteindre les eaux de la nappe phréatique de plus en plus rares et irrégulières, tandis que les forages peuvent pomper dans la nappe profonde, dont les eaux longtemps restées hors de portée, sont plus abondantes. C'est sur ces représentations sociales du fonctionnement de l'aquifère (d'un côté les eaux rares phréatiques et de l'autre les eaux profondes abondantes) que repose la constitution de deux mondes sociaux de l'exploitation des eaux souterraines. D'une part, le monde des puits ou de la rareté, où les acteurs apprennent à gérer des débits modestes, voire l'absence d'eau et doivent trouver le bon équilibre entre les rythmes de pompage et le rythme de recharge de la nappe phréatique. D'autre part, le monde des forages ou de l'abondance avec ses valeurs de profusion, d'aisance de pompage et qui porte la promesse d'un accès illimité à la ressource. Sur le plan cognitif, le monde des puits valorise des savoirs anciens et incrémentaux, qui se sont constitués sur plusieurs siècles de pratiques des sourciers et puisatiers ; alors que le monde des forages est le domaine de connaissances plus récentes, institutionnalisées, portées par des foreurs (formels ou informels), des bureaux d'études ou des académiciens. Si ces différents champs d'expertise peuvent entrer en concurrence dans l'exploitation de l'aquifère, l'évolution entre les deux mondes n'est toutefois pas linéaire. Elle s'apparente à une forme d'hybridité plutôt qu'à une rupture, car leurs frontières sont rendues poreuses par les mouvements des agriculteurs et des artisans.

En somme, le basculement qui caractérise la société des eaux cachées n'est pas seulement technique, car il entraîne, tout en étant lui-même le produit, la formation de mondes sociaux avec leurs langages et leurs registres de valeurs. Ce premier élément de définition amorce en filigrane les enjeux de médiation sociotechnique qui traversent une société des eaux cachées.

1.2. Une société minière œuvrant dans le sens de l'épuisement de la ressource

La société des eaux cachées est une société minière. La société minière fait référence à des regroupements d'acteurs qui doivent trouver des solutions pour continuer de pomper les eaux souterraines dans un contexte de raréfaction de ces ressources et de forte croissance des besoins et de la demande en eau. C'est pourquoi l'une des principales propriétés de la société des eaux cachées, qui fait l'objet du chapitre 2 de l'ouvrage, est l'activité minière de ses acteurs, dont l'objectif commun est de fournir les moyens pour s'affranchir de la baisse des nappes. Les réseaux sociotechniques mettent en scène des acteurs et des objets (moteurs et pompes) qui entrent en interaction dans le cadre d'opérations techniques souvent complexes. On y voit une grande diversification des RST appelés à faire émerger et entretenir un secteur d'accompagnement technique pour les agriculteurs. La raison d'être de cette société et des RST qui la composent est donc de répondre à la demande en eau d'irrigation des agriculteurs, par la résolution des problèmes liés à l'extraction des eaux souterraines. Elle s'adapte – et accompagne – le basculement des usages vers les eaux profondes, en proposant des moteurs et pompes d'extraction toujours plus performants. On retrouve ainsi des RST de pompage mécanique qui mobilisent des objets de pompage de même nature, ainsi que d'autres RST de pompage électrique et solaire. Si les objets sont importants pour définir et organiser la distinction entre RST, le rôle des acteurs qui les animent (artisans, vendeurs, réparateurs de matériel de pompage) est déterminant pour entretenir leur existence et leur déploiement. En outre, la société minière met particulièrement en valeur des savoirs ainsi que des modes d'extraction artisanaux proposés par des acteurs et un secteur minier privés et largement informels. Vis-à-vis de ce secteur minier artisanal, l'État va tantôt laisser faire, tantôt chercher à s'opposer aux techniques modernes d'extraction. Enfin, s'il existe bien une conscience collective de la finitude des ressources en eau, chaque acteur au sein de son réseau agit dans le sens de l'épuisement de ces ressources en participant au perfectionnement des techniques d'extraction. C'est le paradoxe de la société minière qui organise les moyens de sa propre finitude. Le projet de la société minière n'a donc pas de rapport avec la prise en charge ou la gestion de problématiques environnementales comme la protection ou la sauvegarde des ressources en eau encore disponibles. Elle partage la conscience du déclin de l'aquifère. Mais au lieu d'extérioriser cette conscience collective – ce qui se manifesterait par la restriction des RST –, les acteurs en son sein organisent plutôt leur « sortie » de l'économie agricole locale, laquelle se présente souvent sous la forme d'un redéploiement vers d'autres régions agricoles. Ceci est particulièrement vrai pour les artisans dont l'activité se nourrit des interdépendances qu'elle génère.

1.3. Des artisans au cœur des transitions sociotechniques et l'émergence de nouvelles formes d'interdépendance

La société des eaux cachées ne peut être appréhendée sans considérer les artisans, qui font tourner sa « salle des machines ». Ils travaillent dans l'ombre (le « *back office* ») d'une économie agricole qui met au-devant de la scène les agriculteurs (le « *front office* »). Le chapitre 3 de l'ouvrage met particulièrement les artisans à l'honneur. Il s'agit précisément des artisans de la transformation-vente du moteur Renault 25 recyclé dans le pompage des eaux souterraines. Le choix de s'intéresser aux artisans par le biais de ce moteur R25 se justifie sur plusieurs plans. D'une part, le moteur R25 est emblématique du basculement vers les eaux profondes. Conçu pour pomper dans la nappe profonde, il a constitué l'une des réponses sociales les plus innovantes à la baisse du niveau des nappes, et a créé autour de lui de nouveaux métiers, qu'exercent ces artisans aujourd'hui. D'autre part, ce moteur R25 est emblématique d'une société qui s'appuie sur des mécanismes complexes et ne se dévoile pas facilement. Lorsqu'on décompose le moteur R25, on réalise que cet objet est le fruit de l'agencement de plusieurs autres objets, d'une diversité d'acteurs et d'expertises. De par sa structure et son fonctionnement, il concentre sans doute les interactions les plus variées sur le plan technique, social, culturel et territorial. Du côté des artisans, ces interactions prennent plutôt la forme d'interdépendances, car quelle que soit la taille de leurs ateliers, leurs positions socioprofessionnelles, les rapports de force peuvent s'inverser à tout moment en raison de l'indifférenciation des actes d'achat et de vente autour du moteur R25. La focale mise sur les artisans permet aussi de cerner les trois temporalités qui rythment la construction de leurs métiers. Ici, l'ouvrage retrace le basculement des eaux superficielles aux eaux profondes tel que vécu/vu par les artisans et met en débat l'avenir de leurs métiers au regard de la finitude des ressources – certes abondantes – des eaux de la nappe profonde.

Le rôle des artisans, la constitution de métiers spécifiques pour la transformation et la vente des objets d'extraction, et les interdépendances fortes qui caractérisent les rapports entre ces artisans dévoilent une première face du fonctionnement interne des interactions au sein de la société des eaux cachées. On comprendra par la suite que toutes les interactions, que ce soit entre artisans, avec les agriculteurs et les acteurs publics, reposent sur la structure sociale du *bazar*.

1.4. Un système d'échanges entre « tradition » et « modernité » : le « bazar »

Le *bazar* est la forme sociale encadrant les échanges à l'intérieur de la société des eaux cachées. Désignant étymologiquement le *souk* ou marché oriental, le *bazar* est un système ancien de relations sociales, propre aux sociétés marocaines et du Maghreb en général, qui structure la production des biens et services et leur consommation (Geertz, 1979 [2003]). En d'autres termes, c'est le *bazar* qui fixe les règles et principes organisant la vie et les transactions des acteurs de cette société. Il oriente leurs manières d'agir et de penser suivant neuf principes ou propriétés fondamentales. Parmi ces principes, certains sont particulièrement ancrés dans les cadres de pensée et d'action des acteurs à l'intérieur du *souk* des moteurs. Il s'agit en premier lieu de l'importante segmentation des activités et des métiers. Une segmentation entretenue par des RST diversifiés, se traduisant par la présence d'entreprises de petite taille et une division très fine du travail. En deuxième lieu, l'accès et la diffusion de l'information jouent un rôle clé dans la conduite des échanges. L'information dans le *bazar* n'est pas institutionnalisée, ni centralisée. L'enjeu pour les acteurs est de trouver la bonne information sur l'état du marché afin d'orienter leurs stratégies et transactions commerciales. En troisième lieu, les échanges entre artisans et avec les agriculteurs sont essentiellement basés sur des relations interpersonnelles. À cet égard, la réputation et la confiance orientent la conclusion (ou non) de contrats eux-mêmes d'ordre interpersonnel.

Ainsi, les propriétés du *bazar* sont réinvesties dans la société actuelle pour régir les échanges en son sein. Toutefois, cette structure sociale du *bazar* a évolué dans le temps. Certains aspects sont devenus moins prégnants, dilués au contact des enjeux contemporains environnementaux, sociaux, techniques, économiques et politiques d'une économie agricole basée sur l'exploitation des eaux souterraines. On est donc en présence d'une forme recomposée de *bazar* privilégiant de nouvelles propriétés : l'ouverture à de nouveaux collectifs, espaces et territoires grâce au fonctionnement en RST ; l'importance accordée aux marques qui tend à homogénéiser certains biens et services ; la prééminence des compétences commerciales des artisans qui tentent de se démarquer dans un domaine compétitif où l'offre est variée et change rapidement ; et enfin la différenciation des actes (achat, fabrique, vente) qui accompagnent le parcours des moteurs d'extraction. Ce *bazar* recomposé se déploie sous le regard de politiques publiques qui semblent *a priori* indécises quant à l'attitude à adopter vis-à-vis de l'ensemble la société des eaux cachées.

1.5. Le soutien ambigu des politiques publiques

La société des eaux cachées se définit enfin par rapport au positionnement ambigu qu'entretiennent les politiques publiques vis-à-vis d'elle – une ambiguïté relayée par des instruments de politique publique aux attendus pas toujours clairement explicités. D'une part, l'État veut lever les freins au monde des forages et des eaux profondes, tout en encourageant les acteurs du monde des puits à basculer vers le monde des forages. Pour cela, il facilite l'accès aux ressources productives, que sont le foncier agricole (ouverture aux investissements agricoles) et les eaux souterraines profondes (suppression des contraintes juridiques et administratives aux pompages dans les nappes). Ce dernier point participe de sa stratégie d'affaiblissement de l'Agence de bassin, chargée de mener la politique environnementale dans le secteur de l'eau. Tandis qu'il favorise dans un premier temps le monde des forages dans son ensemble, l'État prend par la suite ses distances et fait le choix de ralentir deux de ses composantes, en particulier celle qui comprend l'activité de transformation-vente des moteurs de pompage et le monde des puits avec ses « petits » agriculteurs. Pour cela, il prend des mesures qui compromettent directement l'accès de ces groupes sociaux à leurs ressources productives (la ferraille pour les premiers, l'énergie butane pour les autres). Il les exclut aussi des alternatives de « sortie » de la dépendance à des eaux souterraines en cours d'épuisement, en l'occurrence en rendant très difficile, par une politique de tarification dissuasive, l'accès à des eaux de surface d'un nouveau barrage. Si l'enjeu environnemental de la préservation de la ressource est mobilisé pour justifier les choix de gouvernance des eaux souterraines, il s'avère en réalité un instrument de légitimation d'une politique surtout préoccupée par des intérêts d'ordre agro-économique. Ainsi, l'ouvrage s'attache à déconstruire les discours, à mettre en évidence des incompatibilités et des ambiguïtés, à partir d'une analyse de la rhétorique, des décisions et des orientations de l'action publique.

Au demeurant, les résultats obtenus dans cet ouvrage présentent l'archétype d'une société des eaux cachées qui se déploie ailleurs, potentiellement sous d'autres formes, mais avec des principes similaires. C'est le cas notamment dans le Maghreb où les évolutions des économies agricoles ont suivi approximativement les mêmes trajectoires (Kuper et al., 2016). En Algérie, le district de Biskra est une région oasienne où l'introduction massive des forages d'irrigation étatique et privée a révolutionné la culture des palmiers (Hamamouche et al., 2015). Une révolution agraire aussi bien technique, économique que sociale. Au cours de cette révolution, l'institution sociale traditionnelle qui encadre la gestion de l'irrigation par les eaux de surface a été adoptée pour gérer l'appropriation des eaux souterraines. Ses structures, règles et modes de fonctionnement ont été réinvestis afin d'encadrer les rapports sociaux autour des eaux souterraines. Elle est ainsi devenue le socle conjoint des interactions autour des eaux de surface et souterraines (Hamamouche et al., 2017). Cette analyse interpelle le regard porté sur les sociétés oasiennes en Tunisie ayant fait l'expérience du basculement des usages agricoles des oasis vers les eaux profondes (Mekki et al., 2013). La création en Tunisie d'institutions centrales (souvent contestées) pour encadrer la gestion des eaux souterraines pour l'irrigation, et surtout la « libération » des pratiques de pompage dans un contexte post-révolution politique (Kuper et al., 2016 ; Massuel et al., 2017) soulignent la singularité des recompositions qui traversent la société des eaux cachées dans ce pays. Il s'agit ainsi d'un processus général qui se décline avec des singularités.

En définitive, les éléments de définition de la société des eaux cachées permettent d'élargir la réflexion, en particulier sur les enjeux politiques et économiques qui sous-tendent l'évolution du *bazar* traditionnel au contact d'une économie néolibérale globalisée et du capitalisme.

2. Comment le capitalisme s'immisce-t-il dans la société des eaux cachées ?

Le *bazar,* on l'a vu, est la structure sociale qui encadre les interactions et le système de communication des acteurs de la société des eaux cachées. On pourrait voir dans la recomposition de ce *bazar* sous sa forme contemporaine, l'influence d'un capitalisme largement répandu dans les systèmes socio-économiques de ce XXIe siècle. Mais comment le capitalisme s'intègre-t-il dans cette économie du *bazar* ? Comment parvient-il à incorporer les éléments de la structure de l'ancien *bazar* pour s'étendre à de nouveaux territoires sociaux ? Telles sont les perspectives de réflexion que cette conclusion propose d'ouvrir.

2.1. L'utilisation des circuits du bazar pour porter la société des eaux cachées vers de nouveaux modes d'exploitation

Le capitalisme aurait utilisé les circuits du *bazar* pour porter la société vers de nouveaux modes d'exploitation. Ces nouveaux modes d'exploitation sont essentiellement basés sur la logique d'accumulation (Weber, 1905 [2008]). En effet, ceux qui possèdent le capital et les moyens de production pour investir dans l'agriculture irriguée recherchent majoritairement à augmenter leurs superficies irriguées et les gains qu'ils tirent de ces investissements. Le développement de ce mode d'accumulation intrinsèque à la politique d'intensification de l'agriculture conduit à réorganiser la stratification sociale, entre les grands investisseurs et les «petits» agriculteurs; entre les acteurs aux pratiques «modernes» qui utilisent les nouvelles technologies et ceux qui mobilisent des savoirs et des techniques incrémentaux pour les pompages des eaux souterraines; et enfin entre les nouveaux arrivants de cette économie agricole, ceux qui tentent de s'y maintenir et ceux qui en sont évincés. La croissance du profit et l'accumulation du capital s'accompagnent ainsi de formes d'exclusion. L'activité des artisans du *bazar* n'échappe pas à cette éthique d'accumulation du capitalisme. Ceci se traduit par l'importance désormais accordée aux marques de moteurs avec la recherche des modèles les plus récents, et la quête de nouveaux marchés dans et en dehors de leur espace territorial. De manière générale, on peut voir les effets de l'accumulation propre au capitalisme lorsque l'on observe la constitution et le fonctionnement des réseaux sociotechniques, avec leur rationalité minière et qui ont vocation à agréger continuellement – au même rythme qu'ils peuvent s'en détacher – des ressources naturelles, sociales, techniques, relationnelles, économiques et politiques.

2.2. Le nouvel esprit du capitalisme : incorporer de nouveaux éléments pour se développer

Dans leur ouvrage intitulé Le *nouvel esprit du capitalisme*, Boltanski et Chiapello (1999) analysent les nouvelles voies empruntées par le capitalisme pour se redéployer, illustrant ainsi son aptitude à incorporer de nouveaux référentiels pour renforcer son efficacité. La pénétration du capitalisme dans une économie comme celle du *bazar* jusqu'alors peu ouverte à l'extérieur, procède du modèle d'expansion de ce capitalisme moderne. Ce dernier se saisit des mécanismes qui définissent la société des eaux cachées pour en faire un élément de développement. Le basculement qui s'est produit dans les usages de l'aquifère du Saïss (au niveau des techniques, des pratiques de pompages, des valeurs associées à ces pratiques et du rapport aux ressources naturelles) porte la marque d'une adhésion aux modes de pensée et d'action capitalistes, qui emprunte les codes et les rapports sociaux propres à la configuration du *bazar*. La libéralisation par le pouvoir politique de l'accès aux ressources productives a eu évidemment sa part de responsabilité dans cette expansion. Mais il n'en reste pas moins que le *bazar* constitue bien la matrice commune qui rend possible le lien privilégié qui se tisse peu à peu entre des groupes sociaux, artisans et agriculteurs, peu appelés, hors irrigation, au croisement de leurs activités.

Au demeurant, cette hypothèse sur le modèle de pénétration du capitalisme dans les sociétés « traditionnelles », maintes fois proposée dans les travaux de l'anthropologie (Meillassoux, 1999), de l'économie (Servolin, 1972) et de la sociologie (Jollivet, 1972, 1978) rurales, apporte un éclairage supplémentaire sur les processus sociaux expliquant la trajectoire d'évolution des sociétés agraires reposant sur l'exploitation des eaux souterraines (Llamas et Martinez-Santos, 2005 ; Shah, 2009 ; Shah et al., 2003). On observe d'abord une phase de prise de conscience du potentiel des aquifères qui se traduit par l'accroissement systématiques des pompages ; suivie d'un « boom agricole » où les premiers signes de déclin deviennent progressivement visibles pour les acteurs. Si, dans un premier temps, les lobbies agricoles font pression pour pouvoir continuer à exploiter la ressource, ils se résolvent à la mise en place, rejoints en cela par les défenseurs de l'environnement, de mécanismes de régulation afin de freiner cette exploitation. Dans cette phase, les lobbies agricoles suivent une logique portée sur la limitation de la régulation des prélèvements, qui entre en opposition avec la logique environnementale focalisée sur la régulation. Puis survient l'effondrement (le collapse) de la groundwater economy qui s'accompagne de conflits sociaux et qui pourrait donner lieu à une nouvelle réorganisation permettant de définir d'autres bases pour une exploitation rationnelle des ressources. En d'autres termes, de la phase de prise de conscience du potentiel des nappes d'eaux souterraines jusqu'à l'effondrement de l'économie agricole qui en dépend, suite à l'intensification des pompages, ces sociétés agraires font l'expérience de la logique d'accumulation capitaliste au travers de la surexploitation des eaux cachées. Mais, la fuite en avant qui caractérise ces économies agricoles ne serait-elle pas un des multiples symptômes d'une crise du capitalisme ?

Bibliographie générale

Abric, J. C., 1987. Co*opération, compétition et représentations sociales*. Cousset, Delval, 229 p.

Adell N., 2011. *Anthropologie des savoirs*. Armand Colin, collection U, 336 p.

Agence de bassin hydraulique du Sebou (ABHS), 2011.Étude d'actualisation du plan directeur d'aménagement intégré des ressources en eau du bassin hydraulique de Sebou.Rapport du PDAIRE, 103 p.

Agence de bassin hydraulique du Sebou (ABHS), 2008. Établissement d'un scénario tendanciel pour le bassin de Sebou. Rapport du projet Ec'Eau Sebou. Fès, ed.ABHS, 105 p.

Akrich M., 1991. L'analyse sociotechnique. In Vinck D. (ed.), *La gestion de la recherche*, Bruxelles : De Boeck, pp. 339–353

Akrich M., 1989. La construction d'un système socio-technique. In *Anthropologie et sociétés*, p. 31–54.

Akrich M., 1987. Comment décrire les objets techniques ? In *Techniques & Culture*, pp. 49–64.

Akrich M., Callon M., Latour, B. 1988. « À quoi tient le succès des innovations ? 1 : L'art de l'intéressement », In *Gérer et comprendre, Annales des Mines* 11 : 4–17.

Al Karagi M., 1017 [1973]. *La civilisation des eaux cachées. Traité sur l'exploitation des eaux* souterraines [Texte établi, traduit et commenté par Mazaheri Aly], Institut d'études et de recherches interethniques et interculturelles (Études préliminaires-IDERIC, vol. 6), Nice, 187 p.

Akesbi N., 2006. Évolution et perspectives de l'agriculture marocaine. In Mouline M.T., Lazrak A. (dir), *50 ans de développement humain au Maroc et perspectives 2025*, Rapport général, ed. Cinquantenaire de l'Indépendance du Royaume du Maroc, pp. 85–198.

Ameur F., 2017. Construction de la surexploitation et reproduction des inégalités d'accès et d'usage des eaux souterraines : cas des exploitations agricoles dans le Saïss (Maroc). Thèse de Doctorat en Sciences de l'eau, Institut Agronomique et Vétérinaire Hassan II-Rabat et AgroParis-Tech, 159 p.

Ameur F., Kuper M., Hammani A., 2017a. Méthodes d'estimation et d'extrapolation des pompages des eaux souterraines par l'intégration des pratiques locales : cas de la plaine du Saïss au Maroc. In *Revue marocaine des sciences agronomiques et vétérinaires* 5 (1) : 52–63.

Ameur F., Amichi H., Kuper M., Hammani A., 2017b. Specifying the differentiated contribution of farmers to groundwater depletion in two irrigated areas in North Africa. In *Hydrogeology Journal*, doi: 10.1007/s10040-017-1569-1.

Ameur F., Kuper M., Lejars C., Dugué P., 2017c. Prosper, survive or exit: Contrasted fortunes of farmers in the groundwater economy in the Saiss plain (Morocco). In *Agricultural Water Management* 191: 207–217.

Ameur F., Hamamouche M.F., Kuper M., Benouniche M., 2013. La domestication d'une innovation technique : la diffusion de l'irrigation au goutte-à-goutte dans deux douars au Maroc. In *Cahiers Agricultures* 22: 311–318.

Anstett E., Ortar N., 2015. *Recyclage et récupération dans les sociétés modernes.* Éditions Pétra, coll. « Matière à recycler », 201 p.

Arborio A-M., Fournier P., 2015. *L'observation directe.* 4e édition, Paris : Armand Colin, 125p.

Aubert P-M., 2010. Action publique et société rurale dans la gestion des forêts marocaines : changement social et efficacité environnementale. Thèse de Doctorat en Sciences sociales de l'environnement, AgroParisTech, 402 p.

Auclair L., 1991. Bois de feu et sociétés rurales. Haut-Atlas et région présaharienne (Maroc). Comportements énergétiques et modes de gestion des ressources naturelles. Thèse de Doctorat en Agroéconomie, École Nationale Supérieure Agronomique de Montpellier, Montpellier, 334 p.

Banque Mondiale, 2008. Marchés fonciers pour la croissance économique au Maroc. Rapport, Volume 1 héritage et structure foncière au Maroc.

Banque Mondiale, 2007. Marchés fonciers pour la croissance économique du Maroc. Les contraintes structurelles et institutionnelles à l'émergence d'un marché efficient du foncier au Maroc. Rapport d'étude du

Groupe Développement économique et social, 53 pages, disponible sur http://documents.worldbank.org/curated/en/421131468062051705/pdf/695180v10FRENC0er0du0Maroc0Oct02007.pdf (consulté le 14/07/2017).

Barbier R., Boudes P., Bozonnet J-P., Candau J., Dobré M., Lewis N., Rudolf F. (dir). 2012. *Manuel de sociologie de l'environnement.* Presses de l'Université Laval, 506 p.

Becker H. S., 1982 [2010]. *Les mondes de l'art* [traduction de Jeanne Bouniort], Flammarion, Paris, 380 p.

Baszanger I., 1992. «Les chantiers de l'interactionnisme américain», In Strauss A., 1978 [1992], *La trame de la négociation : Sociologie qualitative et interactionnisme,* (Textes réunis et présentés par Isabelle Baszanger), L'Harmattan, Paris, pp. 11–63.

Benouniche M., 2014. Une innovation technique en train de se faire. Le goutte-à-goutte en pratique au Maroc : acteurs, bricolages et efficiences. Thèse de doctorat en Sciences agronomiques. UM2 Université Montpellier II Sciences et techniques, 144 p.

Berque J., 1958. Medinas, villeneuves et bidonvilles. *Les cahiers de Tunisie : Revue de sciences humaines,* vol. 6 (21) : 5–42.

Bertaux Daniel. 2010. L'enquête et ses méthodes. *Le récit de vie.* 3e édition, Paris, Armand Colin, 127 p.

Billaud J-P., 2012. Sociologie rurale et environnement : renouveau ou dépassement ? In Barbier R., Boudes P., Bozonnet J-P., Candau J., Dobré M., Lewis N., Rudolf F. (*dir*), 2012. *Manuel de sociologie de l'environnement.* Presses de l'Université Laval, pp. 99–112.

Blumer H., 1971. Social problems as collective behavior. In *Social Problems* 18 (3) : 298–306.

Boltanski L., Chiapello E., 1999. *Le nouvel esprit du* capitalisme. Gallimard, 843p.

Bouderbala N., 1999. Les systèmes de propriété foncière au Maghreb. Le cas du Maroc. In Jouve A.-M. (ed.), Bouderbala N. (ed.). *Politiques foncières et aménagement des structures agricoles dans les pays méditerranéens : à la mémoire de Pierre Coulomb.* Montpellier : CIHEAM, Cahiers Options Méditerranéennes 36 : 47–66.

Bouderbala N., 1977. Formation du système foncier au Maroc. In Bouderbala N., Chraïbi M., Pascon P. (dir.), *La question agraire au Maroc 2*, Bulletin économique et social du Maroc, n° double 133–134, juillet 1977, pp. 151–166.

Bouderbala N., Chraïbi M., Pascon P. (dir.), 1974. *La question agraire au Maroc 1.* Bulletin économique et social du Maroc, 423 p.

Boudes P., 2006. Les démarches des sociologies francophones de l'environnement : comment faire science avec la problématique environnementale ? In *VertigO – la revue électronique en sciences de l'environnement* [En ligne], Volume 7 Numéro 2 | septembre 2006, mis en ligne le 08 septembre 2006, consulté le 22 novembre 2012.

Bouzidi Z., 2015. *Se coordonner dans un périmètre irrigué public au Maroc. Contradictio in terminis?* Éditions Peter Lang, collection EcoPolis vol. 23, 373 p.

Centre des Travaux d'Aïn Taoujdate, 2010. *Monographie de la zone d'action du CT 23-04 d'Aîn Taoujdate*, 35 p.

Callon M., 1986. Éléments pour une sociologie de la traduction. La domestication des coquilles Saint-Jacques dans la Baie de Saint-Brieuc, in *L'Année sociologique*, 36, 345–357.

Candau J., Deldrève V., 2015. Environmental Sociology in France (1984–2014), In *Review of Agriculture and Environmental Studies* 96 (1) : 17–41.

Candau J., Deldrève V., Deuffic P., 2012, « Publicisation contrôlée de problèmes territoriaux autour de l'eau. Le cas des Pertuis charentais (France) », *SociologieS [En ligne]*, : http://sociologies.revues.org/3822

Cefaï D., 2003. Le souk de Sefrou. Analyse culturelle d'une forme sociale. Introduction à Clifford Geertz. In *Le souk de Sefrou. Sur l'économie de bazar.* Éditions Bouchene.

Célérier J., 1938. Travaux de petite hydraulique dans le Sud marocain. In *Annales de Géographie,* t. 47, n° 269. pp. 534–539.

Célérier J., Charton A., 1925. Les grands travaux d'hydraulique agricole au Maroc. In *Annales de Géographie*, t. 34, n° 187, pp. 76–80.

Chelq J-L. et Dupriez H., 1984. *Eau et terre en fuite. Métiers de l'eau au Sahel.* Éditions Terres et Vie, L'Harmattan, 128 p.

Chiche J., 2000. Des araires du Maroc atlantique. In Marzouk Y., Seignobos C., Sigaut F. (*dir.*), *Outils aratoires en Afrique : innovations, normes et traces*, Khartala, pp. 247–295.

Daoudi A., 2011. La régulation foncière au Maroc. In Elloumi M., Jouve A.-M., Napoléone C., Paoli J.C. (eds.). *Régulation foncière et protection des terres agricoles en Méditerranée*, Montpellier : CIHEAM (*Options Méditerranéennes n° 66)*, pp. 63–72.

Dardot P., Laval C., 2015.*Commun. Essai sur la révolution XXI*[e] *siècle*. Éditions La Découverte, 400 p.

Davis, D.K., 2005. Indigenous knowledge and the desertification debate: problematising expert knowledge in North Africa. In *Geoforum* 36 (4) :509–524.

Del Vecchio K., Mayaux P-L., 2017. Gouverner les eaux souterraines au Maroc. L'État en aménageur libéral. In *Gouvernement et action publique* 1 : 107–130.

Del Vecchio K., 2013. Une politique contractuelle sans contrôle? La régulation des ressources en eau souterraine dans la plaine du Saïss au Maroc. Mémoire de master 2 « Politiques publiques et gouvernements comparés », Université Lumière Lyon 2/Sciences Po Lyon, 167 p.

Deldrève, V., 2020. La fabrique des inégalités environnementales en France : Approches sociologiques qualitatives. *Revue de l'OFCE*, 165 (1), 117–144.

Direction générale des collectivités locales – ministère de l'Intérieur, 2015. Monographie de la région de Fès-Meknès, 57 pages.

Direction Provinciale de l'Agriculture d'El Hajeb, *Monographie de la Province d'El Hajeb.*

Dodier N., 2005. L'espace et le mouvement du sens critique. In *Annales. Histoire, Sciences Sociales* n° 1, 60e année, pp. 7–31.

Dodier N., 1997. Remarques sur la conscience du collectif dans les réseaux sociotechniques. In *Sociologie du Travail* 39 (2) : 131–148.

Dodier N., 1995. *Les hommes et les machines. La conscience collective dans les sociétés technicisées*. Éditions Métailié, 384 p.

Dubar C., 2002. L'articulation des temporalités dans la construction des identités personnelles. *Temporalistes*, 44 : 42–49.

Dugué P., Ameur F., Benouniche M., El Amrani M., Kuper M., 2015. Lorsque les agriculteurs familiaux innovent : cas des systèmes de production irrigués de la plaine du Saïs (Maroc). In *Agronomie, Environnement et sociétés 5 (2)* : 87–95.

Dugué P., Lejars C., Ameur F., Amichi F., Braiki H., Burte J., Errahj M., Hamamouche M. F., Kuper M., 2014. Recompositions des agricultures familiales au Maghreb : une analyse comparative dans trois situations d'irrigation avec les eaux souterraines. In *Revue Tiers Monde* 220 : 101–120.

Durkheim E., 1896. *Les Règles de la méthode sociologique*. Flammarion. 336 p.

El Alaoui M., 1993. L'expérience marocaine de vulgarisation–modernisation–développement en agriculture et problématique de la participation paysanne. In *Cahiers Options Méditerranéennes* 2 (4).

El Amrani M., 2001. Évaluation de l'impact de la diffusion d'une innovation technique agricole sur les systèmes de production et sur la durabilité de l'agriculture. Le cas de la motopompe à eau dans la zone semi-aride de Saïss au Maroc. Thèse de doctorat en sciences agronomiques et ingénierie biologique, Faculté universitaire des sciences agronomiques de Gembloux, Belgique, 228 p.

Ellul J., 1988. *Le bluff technologique*, Hachette, Paris, coll. La force des idées, 489 p.

FAO (Organisation des Nations Unies pour l'alimentation et l'agriculture), 2017. Étude sur la convergence des politiques/stratégies en matière d'agriculture et d'alimentation durables et leur mise en œuvre : cas de la politique de l'eau. Rapport provisoire du Programme « Initiative FAO : vision commune pour une alimentation et une agriculture durables (SFA) », Maroc, octobre 2017.

Fofack R., Kuper M., Petit O., 2015. Hybridation des règles d'accès à l'eau souterraine dans le saiss (Maroc) : entre anarchie et Léviathan ? In *Etudes rurales* 2 (196) : 127–150.

Fofack R., Billaud J-P. 2015. Objets sociotechniques et parcours d'innovateurs dans l'accès aux eaux souterraines au Maroc. 6e Congrès de l'Association Française de Sociologie, RT 22 « Parcours de vie et dynamiques sociales », 29 juin–2 juillet, Université de Versailles Saint-Quentin-En-Yvelines.

Fofack, 2012. Analyse des règles d'accès à l'eau souterraine dans un contexte de mutation de l'agriculture et des politiques publiques au Maroc. Mémoire de master 2 « Politiques territoriales de développement durable », Université Lille 2/Sciences Po Lille, 130 p.

François M., Valette E., El Hassane A., Debollini M. 2013. Urbanisation des terres agricoles : ressorts, dynamiques, et impacts sur l'agriculture à la périphérie de Meknès. In *Maghreb – Machrek* 215 :123–140.

Global Water Partnership, 2000. Integrated Water Resources Management. Technical Advisory Committee background paper n° 4, Stockholm, 67 p.

Gadille J., 1957. L'agriculture européenne au Maroc. Étude humaine et économique. In *Annales de Géographie,* t. 66, n° 354, pp. 144–158.

Gameroff T., Pommier P., 2012. Diagnostic agraire d'une petite région des plateaux du Saïs, Maroc 2012. Quelles dynamiques agraires à partir de conditions différenciées d'accès à l'eau ? Mémoire de stage ingénieur, AgroparisTech, 229 p.

Geertz C., 1979 [2003]. *Le souk de Sefrou. Sur l'économie de bazar* [Traduction de Cefaï D.]. Éditions Bouchene, 266 p.

Geertz C., 1968. *Islam Observed. Religious Development in Morocco and Indonesia.* New Haven and London, 1968, Yale University Press, xii + 136 p.

Gellner E., 1969 [2003]. *Les saints de l'Atlas.* Éditions Bouchene, 374 p.

Glaser B.G., Strauss A., 1967. *The discovery of grounded Theory: strategies for qualitative research.* AldineTransaction Éditions, Chicago, 271 p.

Goffman E., 1974 [2003]. *Les rites d'interaction.* [Traduction de Kihm A.], Les Éditions de Minuit, collection « Le sens commun », Paris, 225 p.

Goffman E., 1956 [1969]. *The Presentation of Self in Everyday Life*, Penguin, Harmondsworth, 256 p.

Guyot R, Le Tourneau R, Paye L., 1936. La corporation des tanneurs et l'industrie de la tannerie à Fès. *Hespéris* : 167–240.

Global Water Partnership, 2000. Integrated Water Resources Management. Technical Advisory Committee background paper n° 4, Stockholm, 67 p.

Hamamouche M.F., Kuper M., Riaux J., Leduc C. 2017. Conjunctive use of surface and ground water resources in a community-managed irrigation system – The case of the Sidi Okba palm grove in the Algerian Sahara. In Agricultural *Water Management* 193 : 116–130.

Hamamouche M.F., Kuper M., Lejars C., 2015. Émancipation des jeunes des oasis du Sahara algérien par le déverrouillage de l'accès à la terre et à l'eau. In *Cahiers Agricultures*, 24 (6) : 412–419.

Hasnaoui M.D., 2017. Les nouveautés de la loi de l'eau sur le secteur des forages. Journée de concertation avec les professionnels des forages, IAV Hassan II, Rabat, 9 octobre.

Haut-Commissariat au Plan, 2015. Recensement général de la population et de l'habitat 2014. Population légale des régions, provinces, préfectures, municipalités, arrondissements et communes du Royaume. Disponible sur http://rgph2014.hcp.ma/downloads/Publications-RGPH-2014_t18649.html (consulté le 06.07.17).

Haut-Commissariat au Plan, 2007. Agriculture 2030 : Quels avenirs pour le Maroc? Disponible sur http://www.hcp.ma/downloads/Maroc-2030_t11885.html (consulté le 06/09/2017), 107 p.

Hoffherr R., 1932. *L'économie marocaine*, Librairie du Recueil Sirey, Paris, 340 p.

Hilson G., McQuilken J., 2014. Four decades of support for artisanal and small-scale mining in sub-Saharan Africa: A critical review. In *The Extractive Industries and Society* 1 : 104–118.

Jennan L., Mutations récentes des campagnes du Moyen Atlas et de ses bordures. In *Méditerranée*, troisième série, tome 59, 4-1986. Villes et campagnes au Maroc. pp. 49–62.

Jodelet D., 2003. Représentations sociales : un domaine en expansion. In Jodelet D. (*dir.*), *Les représentations sociales*, Presses Universitaires de France, « Sociologie d'aujourd'hui », 7e édition, pp. 45–78.

Jollivet M., 1978. Rentes foncières et gestion des ressources naturelles. Quelques remarques sur la rente foncière dans une perspective interdisciplinaire. In *É*tudes Rurales 71 – 72 : 257–274.

Jollivet M., 1972. Sociétés rurales et classes sociales. In Tavernier Y., Gervais M., Servolin C. (dir), L'univers politique des paysans dans la France contemporaine. Paris : Presses de Sciences Po (P.F.N.S.P.), pp. 79–106.

Kuper M., Del Vecchio K., À paraître. Les artères des intérieurs du Maroc : mises en visibilité de l'eau souterraine et nouvelles frontières de l'irrigation. In Aderghal M., Simenel R. (éds), IRD, Université Mohamed V, ouvrage collectif sur les intérieurs du Maroc.

Kuper M., Molle F., 2017. Durabilité de l'exploitation des eaux souterraines dans le pourtour méditerranéen. In Caron P., Valette E., Wassenaar T., Geo Coppens d'Eeckenbrugge, Vatché Papazian (*dir..*), *Des territoires vivants pour transformer le monde.* Editions Quæ, coll. Agricultures et défis du monde, pp. 49–53.

Kuper M, Faysse N, Hammani A, Hartani T, Marlet S, Hamamouche M.F, Ameur F. 2016. Liberation or anarchy? The Janus nature of groundwater use on North Africa's new irrigation frontiers. In : Jakeman A. J, Barreteau O, Hunt Randall J, Rinaudo J-D, Ross A, (eds.). *Integrated groundwater management: concepts, approaches and challenges.* Cham: Springer International Publishing, pp. 583–615.

Kruseman G.P., Ridder (de) N. A., Meilhac A., 1974. *Interprétation et discussion des pompages d'essai.* Traduction du Bulletin 11 : Analysis and Evaluation of Pumping Test Data; ILRI Wageningen, 1973, 2nd edition. Disponible sur http://library.wur.nl/WebQuery/wurpubs/fulltext/72326 (consulté le 15/01/2018).

Lazarev G., 2012. *Les politiques agraires au Maroc 1956-2006. Un témoignage* engagé. Collection « Economie Critique », 232 p.

L'Economiste.com, 2017. Pompage solaire : de nouveaux mécanismes financiers pour l'irrigation. Article publié le 26/08/2017, sur http://www.leconomiste.com/article/1016688-pompage-solaire-de-nouveaux-mecanismes-financiers-pour-l-irrigation (consulté le 15/01/2018)

Latour B., 2006. *Changer de société, refaire la sociologie.* Paris, La Découverte, 401 p.

Latour B., 1987 [2005]. *La science en action. Introduction à la sociologie des sciences.* Éditions La Découverte Poche, Sciences humaines et sociales n° 202, 672 p.

Law, J. 1992. « Notes on the Theory of the Actor-Network: Ordering, Strategy and Heterogeneity » In *Systems Practice* 5 :379–393.

Le Bourhis J-P., 2012. « Le gouvernement territorial de l'environnement » ? In Barbier R., Boudes P., Bozonnet J-P., Candau J., Dobré M., Lewis N., Rudolf F. (*dir*), 2012. *Manuel de sociologie de l'environnement.* Presses de l'Université Laval, pp. 215–223.

Le Tourneau R., 1949. *Fès avant le Protectorat. Etude économique et sociale d'une ville de l'Occident musulman.* Société marocaine de librairie et d'édition. 670 p.

Lejars C., Daoudi A., Amichi H., 2017. The key role of supply chain actors in groundwater irrigation development in North Africa. Hydrogeology Journal, 25 (6) : 1593–1606.

Lejars C., Courilleaux S., 2015.Impact du développement de l'accès à l'eau souterraine sur la dynamique d'une filière irriguée.Le cas de l'oignon d'été dans le Saïs au Maroc. *Cahiers Agricultures*, 24 : 1–10.

Llamas M.R, Martinez-Santos P., 2005. Intensive groundwater use: silent revolution and potential source of social conflict. In: Journal of Water Resources Planning and Management 131 (5) : 337–341.

Margat J., 2008. Exploitations et utilisations des eaux souterraines dans le monde. Paris : UNESCO et BRGM.

Margat J., 1955. *Sur la poursuite des recherches d'eaux profondes dans le centre du plateau de Meknès.* Rapport, Centre des études hydrogéologiques, section de Meknès, n° 1404, 2 p.

Margat J., Ruf T., 2014. Les eaux souterraines sont-elles éternelles ? 90 clés pour comprendre les eaux souterraines. Quae, collection clés pour comprendre, 152 p.

Massignon L., 1924. Enquête sur les corporations musulmanes d'artisans et de commerçants au Maroc (1923–1924). *Revue du monde musulman*, LVIII, pp. 1–250

Massuel S., Amichi F., Ameur F., Calvez R., Jenhaoui Z., Bouarfa S., Kuper M., Hartani T., Hammani A., 2017. Considering groundwater use to improve the assessment of groundwater pumping for irrigation in North Africa. In *Hydrogeology Journal* 25 (6) :1565–1577.

Meillassoux C., 1999. *Anthropologie économique des Gouro de Côte d'Ivoire. De l'économie de subsistance à l'agriculture commerciale*. Édition de l'École des hautes études en sciences sociales, 382 p.

Mekki I., Jacob F., Marlet S., Ghazouani W., 2013. Management of groundwater resources in relation to oasis sustainability: The case of the Nefzawa region in Tunisia. In *Journal of Environmental Management* 121 : 142–151.

Ministère de l'agriculture (Maroc), 2017. L'agriculture en chiffres 2016. Rabat, Maroc, 29 p.

Ministère de l'agriculture (Maroc), 2015. Rapport « Dynamique des Plans Agricoles Régionaux. Campagne 2013–2014. Région Meknès-Tafilalet », 10 p.

Ministère de l'agriculture (Maroc), 2012. Situation de l'agriculture marocaine. Rabat, Maroc.

Molle F., 2017. Conflicting policies: agricultural intensification Vs. water conservation in Morocco. G-Eau working paper n° 1, Montpellier, 48 p.

Molle F., Tanouti O., 2017. « Squaring the circle: Agricultural intensification Vs. water conservation in Morocco ». In *Agricultural Water Management* 192 : 170–179.

Mormont M., 2006. Conflit et territorialisation. In *Géographie Économie Société* 8 (3) : 299–318.

Mormont M., 1983. The emergence of rural struggles. In *International Journal of Urban and Regional Research* 7 (4) : 559–575.

Ostrom E., 1990. *Governing the Commons: The Evolution of Institutions for Collective Action (Political Economy of Institutions and Decisions*, Cambridge University Press, 280 p.

ONU – Commission économique pour l'Afrique, 2003. Reports on Selected Themes in Natural Resources Development in Africa: Artisanal and Small-Scale Mining and Technology Challenges in Africa. United Nations Economic Commission for Africa (UNECA), Addis Ababa.

Pascon P., 1978. De l'eau du ciel à l'eau de l'État : psychosociologie de l'irrigation. In *Hommes, Terre et Eaux*. 8 (28) : 3–10.

Pascon P., 1977. « Le patrimoine de la colonisation privée en 1965 et dévolution des terres de colonisation de 1956 à 1976 ». In Bouderbala N., Chraïbi M., Pascon P. (*dir.*), *La question agraire au Maroc 2*. Bulletin économique et social du Maroc, n° 133–134, Rabat : Société' Maroc de Ed. Re'unis.

Petit O., Kuper M., López-Gunn E., Rinaudo J.D., Daoudi A., Lejars C., 2017. Can agricultural groundwater economies collapse? An inquiry into the pathways of four groundwater economies under threat. In *Hydrogeology Journal* 25 (6) : 1549–1564.

Petit O., Martin V., Kuper M., Ameur F., Papin Stammose C., 2015. Worker, Peasant or Entrepreneur? Analysis of the entrepreneurial logics and practices of family farmers in agrarian reform cooperatives in the Saïss (Morocco). Conference: International Commission on Irrigation and Drainage, 26th Euro-Mediterranean Regional Conference and Workshops « Innovate to improve Irrigation performances », Montpellier.

Petit O., 2009. Eau et développement durable : vers une gestion intégrée ? In Grumiaux F., Matagne P. (dir.), *Le développement durable sous le regard des sciences et de l'histoire*, Paris, L'Harmattan, Vol. 2, pp. 253–270.

Petit O., 2002. De la coordination des actions individuelles aux formes de l'action collective : une exploration des modes de gouvernance des eaux souterraines. Thèse de doctorat en sciences économiques, Université de Versailles-Saint-Quentin-En-Yvelines, 410 p.

Picon B., 2012. « La sociologie de l'environnement, l'héritage d'un questionnement sur les rapports nature-société », In Barbier R., Boudes P., Bozonnet J-P., Candau J., Dobré M., Lewis N., Rudolf F. (*dir*), 2012. Manuel de sociologie de l'environnement. Presses de l'Université Laval, pp. 17–31.

Poncet J., Kuper M., Chiche J. 2010. « Wandering off the paths of planned innovation: The role of formal and informal intermediaries in a large-scale irrigation scheme in Morocco ». In *Agricultural Systems* 103 :171–179.

Quemeneur J. 1941. *Le souk des babouches.* Institut des Belles Lettres Arabes, 4, n° 17.

Servolin C., 1972. L'absorption de l'agriculture dans le mode de production capitaliste. In Tavernier Y., Gervais M., Servolin C. (dir), L'univers politique des paysans dans la France contemporaine. Paris : Presses de Sciences Po (P.F.N.S.P.), pp. 41–77.

Riaux J., 2006. *Règles de l'État – règles de la communauté : une gouvernance locale de l'eau. Anthropologie comparée de deux systèmes d'irrigation anciens en contexte d'intervention publique : vallée des Aït Bou Guemez (Haut Atlas – Maroc), plaine de Vinça (Pyrénées – France).* Thèse de Doctorat en Anthropologie sociale, EHESS, Paris, 489 p.

Saïd E. W., 1995 [1979]. *L'Orientalisme. L'Orient crée par l'Occident.* Penguin Books, London.

Shah T., 2009. *Taming the Anarchy: Groundwater Governance in South Asia*, Washington DC, Resources for the Future Press.

Shah T., DebRoy A., Qureshi AS., Wang J. 2003. Sustaining Asia's Groundwater Boom: an overview of issues and evidence. In *Natural Resources Forum* 27(2:) : 130–140.

Sigaut F., 2010. Des idées pour observer, In *Techniques et Culture* 54–55 (1) :89–97.

Simondon G., 1960. Psychosociologie de la technicité. In *Sur la technique*, Puf, Paris, pp 27–73.

Simondon G., 1958. *Du mode d'existence des objets techniques.* Aubier, Paris, L'invention philosophique», xiv–336 p.

Stengers I., 1999. *L'invention des sciences modernes*, Flammarion, Paris, 207 p.

Strauss A., 1978 [1992]. *La trame de la négociation; Sociologie qualitative et interactionnisme.* [Textes réunis et présentés par Isabelle Baszanger], L'Harmattan, Paris, 311 p.

Taghbaloute A., 1994. *Le fellah marocain. L'exemple d'une tribu berbère : les Beni M'tir du XIXe siècle jusqu'à nos jours.* Centre interdisciplinaire d'études et de recherche sur les structures régionales, Université de Saint-Étienne, 373 p.

Tallec F, Bockel L. [FAO]. 2005. L'approche filière. Analyse fonctionnelle et identification des flux. Module EasyPol 043. 23 p.

Thoenig J-C., Duran P., 1996. L'État et la gestion publique territoriale. In *Revue française de science politique* 46 (4) : 580–623.

Touraine A., 1969. *La société post industrielle. Naissance d'une société.* Denoël, Paris, 315 p.

Troin J.F., 2002. *Maroc. Régions, pays, Territoires.* Paris, Maisonneuve et Larose et Casablanca, Tarik Éditions, 504 p.

Troin J-F., 1975. *Les souks marocains. Marchés ruraux et organisation de l'espace dans la moitié nord du Maroc.* Éditions Edisud, 502 p.

Valette E., Dugué P. Duval A., François M., Abdellaoui E.H., Amrani M. 2014. L'urbanisation : manne pour les agriculteurs propriétaires en périphérie des villes et facteur d'exclusion de l'agriculture familiale (le cas de la ville de Meknès, Maroc). Colloque SFER « *Le foncier agricole : usages tensions et régulations* », Lyon, 11–12 juin, 13 pages, disponible sur http://agritrop.cirad.fr/574278/1/document_574278.pdf (consulté le 14/07/2017).

Veith B., 2010. Lorsque les silences parlent dans les récits de vie : comment analyser la complexité du social ? In *L'Homme et la société* 2 (176–177) : 151–169.

Veith B., 2004. De la portée des récits de vie dans l'analyse des processus globaux. In *Bulletin de méthodologie sociologique, 84 :* 49–61.

Weber M., 1905 [2008]. *L'éthique protestante et l'esprit du capitalisme.* Flammarion, coll. Champs classiques, 394 p.

Tables des illustrations

Liste des photos

Liste des graphiques

Liste des tableaux

Liste des figures

ÉcoPolis

Collection fondée par Marc Mormont

Depuis sa création en 2002, la collection EcoPolis analyse les changements qui se produisent simultanément dans la société et dans l'environnement, quand celui-ci fait l'objet d'une préoccupation majeure. Au fil des volumes, la collection suit l'évolution des problématiques environnementales, en interrogeant la manière dont ces dernières sont devenues consubstantielles des questions économiques, sociales et politiques.

L'environnement a longtemps été défini comme extérieur à la société, comme un monde où la nature et les écosystèmes constituent le soubassement matériel de la vie sociale. Les politiques d'environnement avaient alors pour but de « préserver », « protéger », voire « gérer » ce qui était pensé comme une sorte d'infrastructure de nos sociétés. Après quelques décennies de politiques d'environnement, la nature et l'environnement sont devenus des objets de l'action publique et il apparaît que c'est dans un même mouvement que chaque société modèle son environnement et se construit elle-même. Cette dialectique prend une importance accrue quand les sociétés se trouvent confrontées, du fait de la montée en puissance des changements globaux, aux transformations irréversibles de l'environnement (changement climatique, perte de biodiversité, etc.). C'est le rapport entre la dialectique sociétés / environnement et ces transformations que la collection entend explorer.

Directeurs de collection :
Xavier Arnauld de Sartre et Olivier Petit

Comité scientifique

Claeys Cecilia, sociologie de l'environnement, Laboratoire Population Environnement Développement (LPED), Aix-Marseille Université, France.

Ghiotti Stéphane, géographe, centre de recherches Acteurs, Ressources et Territoires dans le Développement (ART-Dev), CNRS, Montpellier, France.

Hamman Philippe, sociologue, centre de recherches Sociétés, Acteurs et Gouvernement en Europe (SAGE), Université de Strasbourg, France.

Kull Christian, géographe, Institut de géographie et durabilité, Université de Lausanne, Suisse.

Lewis Nathalie, sociologue, Groupe de recherche interdisciplinaire sur le développement régional, de l'Est du Québec (GRIDEQ), Université du Québec à Rimouski, Canada.

Mormont Marc, sociologue, unité de Socio-Économie, Environnement et Développement (SEED), Université de Liège, Belgique.

Nahrath Stéphane, politiste, Institut de hautes études en administration publique (IDHEAP), Université de Lausanne, Suisse.

Petit Olivier, économiste, Centre Lillois d'Études et Recherches Sociologiques et Économiques (CLERSE), Université d'Artois, Arras, France.

Puerta Silva Claudia, anthropologue, Facultad de Ciencias Sociales y Humanas e Instituto de Estudios Regionales, Universidad de Antioquia, Medellin, Colombie.

Rey Valette Hélène, économiste, Center for Environmental Economics, Université de Montpellier, France.

Titre parus

N° 35 – Rhoda Fofack-Garcia, *La société des eaux cachées du Saïss. Ethnographie d'un basculement hydro-technique*, 2021, 252 p.

N° 34 – Valérie Deldrève, Jacqueline Candau, Camille Noûs (dir.), *Effort environnemental et équité. Les politiques publiques de l'eau et de la biodiversité en France*, 2021, 534 p.

N° 33 – Christine Bouisset et Sandrine Vaucelle (dir.), *Transition et reconfigurations des spatialités*, 2020, 348 p.

N° 32 – Jochen Sohnle (ed./dir.), *Environmental Constitutionalism: What Impact on Legal Systems?*, 2020, 244 p.

N° 31 – Cécilia Claeys (ed.), *Mosquitoes management. Between environmental and health issues*, 2019, 208 p.

N° 30 – Sylvain Guyot, *La nature, l'autre frontière. Fronts écologiques au Sud (Afrique du Sud, Argentine, Chili)*, 2017, 310 p.

N° 29 – Divya Leducq, Helga-Jane Scarwell et Patrizia Ingallina (dir.), *Modèles de la ville durable en Asie. Utopies, circulation des pratiques, gouvernance*, 2017, 424 p.

N° 28 – Ludovic Ginelli, *Jeux de nature, natures en jeu. Des loisirs aux prises avec l'écologisation des sociétés*, 2016, 240 pages.

N° 27 – Xavier Arnauld de Sartre, *Agriculture et changements globaux. Expertises globales et situations locales*, 2016, 204 pages.

N° 26 – Bernard Hubert et Nicole Mathieu (dir.), *Interdisciplinarités entre Natures et Sociétés. Colloque de Cerisy*, 2016, 396 pages.

N° 25 – Arnaud Buchs, *La pénurie en eau est-elle inéluctable ? Une approche institutionnaliste de l'évolution du mode d'usage de l'eau en Espagne et au Maroc*, 2016, 331 pages.

N° 24 – Valérie Deldrève, *Pour une sociologie des inégalités environnementales*, 2015, 243 pages.

N° 23 –Zhour Bouzidi, *Se coordonner dans un périmètre irrigué public au Maroc*. Contradictio in terminis ?, 2015, 373 pages.

N° 22 – Laura Silva-Castañeda, Étienne Verhaegen, Sophie Charlier, An Ansoms (dir.), *Au-delà de l'accaparement. Ruptures et continuités dans l'accès aux ressources naturelles*, 2014, 244 p.

N° 21 – Xavier Arnauld de Sartre, Monica Castro, Simon Dufour, Johan Oszwald (dir.), Political ecology *des services écosystémiques*, 2014, 288 pages.

N° 20 – Céline Granjou, *Micropolitiques de la biodiversité. Experts et professionnels de la nature*, 2013, 202 pages.

N° 19 – Corinne Larrue (dir.), *Le régime institutionnel d'une nouvelle ruralité. Analyses à partir des cas de la France, des Pays-Bas et de la Suisse*, 2013, 214 pages.

N° 18 – François Bertrand et Laurence Rocher (dir.), *Les territoires face aux changements climatiques. Une première génération d'initiatives locales*, 2013, 269 pages.

N° 17 – Véronique Ancey, Isabelle Avelange, Benoît Dedieu (dir.), *Agir en situation d'incertitude en agriculture. Regards pluridisciplinaires au Nord et au Sud*, 2013, 419 pages.

N° 16 – Cécilia Claeys and Marie Jacqué (eds.), *Environmental Democracy Facing Uncertainty*, 2012, 185 pages.

N° 15 – Josiane STOESSEL-RITZ, Maurice BLANC, Nicole MATHIEU (dir.), *Développement durable, communautés et sociétés. Dynamiques socio-anthropologiques*, 2012, 230 pages.

N° 14 – Philippe HAMMAN, Christine BLANC et Cécile FRANK, *La négociation dans les projets urbains de tramway. Éléments pour une sociologie de la « ville durable »*, 2011, 246 pages.

N° 13 – Denise VAN DAM, Michel STREITH et Jean NIZET (dir.), *L'agriculture bio en devenir. Le cas alsacien*, 2011, 140 pages.

N° 12 – Philippe HAMMAN et Jean-Yves CAUSER (dir.), *Ville, environnement et transactions démocratiques. Hommage au Professeur Maurice Blanc*, 2011, 291 pages.

N° 11 – Géraldine FROGER (dir.), *Tourisme durable dans les Suds ?*, 2010, 316 pages.

N° 10 – Muriel MAILLEFERT, Olivier PETIT et Sandrine ROUSSEAU (dir.), *Ressources, patrimoine, territoires et développement durable*, 2010, 283 pages.

N° 9 – Philippe HAMMAN et Christine BLANC, *Sociologie du développement durable urbain. Projets et stratégies métropolitaines françaises*, 2009, 260 pages.

N° 8 – François MÉLARD (dir.), *Écologisation. Objets et concepts intermédiaires*, 2008, 214 pages.

N° 7 – David AUBIN, *L'eau en partage. L'activation des règles dans les rivalités d'usages en Belgique et en Suisse*, 2007, 247 pages.

N° 6 – Géraldine FROGER (dir.), *La mondialisation contre le développement durable ?*, 2006, 315 pages.

N° 5 – Laurent MERMET (dir.), *Étudier des écologies futures. Un chantier ouvert pour les recherches prospectives environnementales*, 2005, 411 pages.

N° 4 – Jean-Baptiste NARCY, *Pour une gestion spatiale de l'eau. Comment sortir du tuyau ?*, 2004, 342 pages.

N° 3 – Pierre STASSART, *Produits fermiers : entre qualification et identité*, 2003, 424 pages.

N° 2 – Cécilia CLAEYS-MEKDADE, *Le lien politique à l'épreuve de l'environnement. Expériences camarguaises*, 2003, 245 pages.

N° 1 – Edwin ZACCAÏ, *Le développement durable. Dynamique et constitution d'un projet*, 2002 (2e tirage 2003), 358 pages.

www.peterlang.com

www.ingramcontent.com/pod-product-compliance
Ingram Content Group UK Ltd.
Pitfield, Milton Keynes, MK11 3LW, UK
UKHW021129041026
8980IPUK00034B/1411

9 782807 614000